西安交通大学人文社会科学学术著作出版基金支持项目

计算金融——期权定价理论、方法与实践

兰　蓉　编著

西安电子科技大学出版社

内 容 简 介

本书的核心在于解决金融资产的估值问题。全书共10章。首先，明确定义了金融资产的概念及估值框架，完成了对债券、股票、远期/期货的定价实现。然后，结合递归可计算思维模式，通过价格模型的可构造性及价格形成过程的可加性，对期权定价理论、定价模型、定价过程进行了有效分析，让读者在理解现代金融(学)理论的同时，结合计算(机)平台，进行估值过程的可计算性和结果的可视性的学习实践。

本书可作为金融工程专业的本科生教材，也可用作金融量化分析职业培训人员及金融工程专业研究生的参考用书。同时，对于金融爱好者和从业人员，本书也可作为创建金融逻辑的参考读物。

图书在版编目(CIP)数据

计算金融：期权定价理论、方法与实践/兰蓉编著. — 西安：
西安电子科技大学出版社，2022.6
ISBN 978-7-5606-5868-1

Ⅰ.①计…　Ⅱ.①兰…　Ⅲ.①计算机应用—金融—
高等学校—教材 Ⅳ.①F830.49

中国版本图书馆CIP数据核字(2022)第026532号

策　　划　李惠萍
责任编辑　许青青
出版发行　西安电子科技大学出版社(西安市太白南路2号)
电　　话　(029)88202421　88201467　　邮　　编　710071
网　　址　www.xduph.com　　电子邮箱　xdupfxb001@163.com
经　　销　新华书店
印刷单位　咸阳华盛印务有限责任公司
版　　次　2022年6月第1版　2022年6月第1次印刷
开　　本　787毫米×960毫米　1/16　　印　　张　13.5
字　　数　232千字
印　　数　1～1000册
定　　价　30.00元
ISBN 978-7-5606-5868-1/F
XDUP 6170001-1

＊＊＊如有印装问题可调换＊＊＊

本著作获得“西安交通大学人文社会科学学术著作出版基金”和“中央高校基本科研业务费专项资金”资助。

前　言

“计算金融”是金融工程专业的核心课程之一，是开展21世纪“能读、能写、能算”3R(Reading，wRiting and aRithmetic)金融人才培养的重要环节。

金融(学)的核心命题是估值和管理。估值包括资产定价和风险评估。管理则是在估值的基础上围绕金融目标的决策过程。该决策过程也可以归结为资产买卖时间、数量、种类的确立过程。估值是管理的基础，也是金融量化分析的起点。

本书的核心在于解决金融资产的估值问题，通过明确定义金融资产的概念及估值框架，在统一的金融资产估值模型下，开展对债券、股票、远期/期货、期权的定价，结合递归可计算思维模式，对期权定价理论、定价模型、定价过程进行系统分析，让读者在理解现代金融(学)理论的同时，利用现代通信与计算(机)平台，开展估值过程的可计算性和结果的可视性的学习实践，从而实现“所有结果都在数值中”的金融(学)生态环境，培养能够开发、设计、运用新型金融工具和交易手段创造性地解决金融问题的高端金融人才。

全书共10章，包括四个部分。第一部分为第1章，通过金融与IT技术的融合，提出从计算思维的角度开展金融问题的研究。第二部分为金融基础，包括第2～5章，通过对金融、金融资产的定义，给出资产定价的框架结构，为更复杂期权的定价奠定理论基础。第三部分为计算思维下的期权定价理论，包括第6～7章，通过价格模型的可构造性及价格形成过程的可加性，为期权产品设计、定价建立计算方法。第四部分为期权定价实践，包括第8～10章，通过随机数生成算法、市场参数估值的介绍，为蒙特卡罗定价方法下的各种期权资产定价进行算法设计和MATLAB程序实现。在这一部分，读者可结合计算实验感受定价过程，同时可以更深刻地理解无套利定价原理。

需要特别说明的是：

• 计算金融跨越了金融学、数学、计算机科学等多学科领域，我们可以从任何一门学科入手，不断融合其他学科的精华，完善金融量化分析问题。事实上，我们确实先后见识了“数理金融”“金融工程”“计算金融”等专业术语的出现和量化金融内容及方法的变迁，追踪其提出和发展历史，这代表了不同学科领域知识与人才对金融学的渗透和发展，为基于现代科学技术的金融学的发展注入了新的知识体系和人才资源。

• 多学科融合可以有效解决社会、经济问题，是学科的发展趋势，更是人才培养的范式。本书结合递归可计算理论，对有效市场假说及期权估值模型进行计算思维下的理论、逻辑和算法的梳理，从而将金融量化过程建立在严密的逻辑基础上，打破了金融量化分析的神秘性，让金融教学成为一门具有完整科学逻辑和可进行计算实验的通识课程。

本书作者在西安交通大学金融工程专业本科生及研究生教学实践中实现了本课程的教育、教学理念，取得了优秀的教学成果。为了更好地配合教学过程和扩大教学成果，现将多年的教育、教学理念及成果进行总结，形成本书，旨在为现代金融人才知识体系的建立和金融人才能力的培养做出贡献。

本书可作为金融工程专业的本科生教材，也可用作金融量化分析职业培训人员及金融工程专业研究生的参考用书。同时，对于具有一定数理基础的金融爱好者和从业人员，本书也可作为创建金融逻辑的参考读物。由于作者水平有限，书中不妥之处在所难免，恳请广大读者批评指正。

作　者

2022 年 1 月

本书所用符号说明

资产定价基本元素

t　时间

T　到期时间

τ　美权停止执行时间

N　Monte Carlo 模拟标的资产价格的轨迹数量

Δt　时间增量

M　从开始时刻到到期日包含的时间增量数目，$M=\frac{T}{\Delta t}$

Π　无风险资产组合

S　标的资产价格

$S_j, S_{j,i}$　特殊时点的标的资产价格

S_t　t 时刻的资产价格

K　期权执行价

payoff()　期权支付函数

V　期权价格

V_{C}　买权价格

V_{P}　卖权价格

V^{Eu}　欧权价格

V^{Am}　美式买权价格

V^{con}　继续持有期权的价格

σ　波动率

σ_{imp}　隐含波动率

r　收益率

r_f　无风险收益率

Q　风险中性概率

一般数学符号

$\mathbb{R}$　实数集合

$\mathbb{N}$　整数集合

P　概率

E　期望

Var　方差

$:=$　定义为

$\equiv$　等同于

$\Rightarrow$　隐含

$\Leftrightarrow$　等价

$\rightarrow$　推导出，命题的“条件”运算

$\forall$　所有的，全称量词，全称命题

$\sim N(\mu,\sigma^2)$　具有均值 μ、方差 σ^2 的正态分布

$\sim U[0,1]$　$[0,1]$上的均匀分布

$f^+ := \max\{f,0\}$

$X_t, X, X(t)$　随机变量

$W_t, W, W(t)$　维纳过程，布朗运动

(Ω, F, P)　概率空间

目　录

第 1 章　可计算视野下的金融量化研究

1.1　金融业与 IT 业发展的关系

金融业天生具有数字化特征，具有与通信及计算机技术的自然连接。通信与计算机技术的发展为金融业的发展提供了更强、更快、更有利的物质和技术基础；金融业的发展对计算机及通信技术的要求不断提高，金融业成为除军事领域外 IT 技术应用最为广泛的领域。

1.1.1　金融业与 IT 技术的融合

金融带给我们的直观感受是价格、收益、亏损等概念，所有这些都以数值表示。数字化是金融的特征，也成就了金融业与计算机业、通信业的必然联系。

图 1－1 和图 1－2 是 19 世纪 30 年代电报发明之前和几年之后的华尔街街景对比照片。

在现代科学技术的加持下，资本的流通速度是很快的，资本环游世界一圈仅需数秒，这样的金融活动往往进行得迅捷猛烈却又悄无声息，让人看不见，摸不着。但也有看得见的金融，那便是我们下面要介绍的各大证券交易所。著名的证券交易所都建在全球的各大金融中心，如伦敦、纽约、苏黎世等，这些金融中心里的证券交易所如同一个个信号基站，将金融信息一一发出、传递，影响着金融市场的发展。回顾证券交易所（主要是美国交易所）的发展，我们可以感受金融业的发展及其与 IT 技术的融合过程。

图 1-1　19 世纪早期，电报发明之前的华尔街

[David J. Leinweber, *Nerds on Wall Street*: *Math*, *Machines and Wired Markets* (Hoboken: John Wiley &Sons, Inc., 2009), P. 2]

图 1-2　电报出现之后华尔街的街景

[David J. Leinweber, *Nerds on Wall Street*: *Math*, *Machines and Wired Markets* (Hoboken: John Wiley &Sons, Inc., 2009), P. 4]

1. 从“梧桐树协议”到纽约证券交易所

1792 年 5 月，纽约华尔街 68 号的一棵梧桐树下，24 位股票经纪人签下了一份协议：“我们，在此签字——作为股票买卖的经纪人庄严宣誓，并向彼此承诺：从今天起，我们将以不低于 0.25％ 的佣金率为任何客户买卖任何股票，同时在任何交易的磋商中我们将给予彼此优先权。”这 24 位经纪人都具有良好的信誉，而且报价都放在场内统一进行，再也没人能够在价格上欺骗散户。这就是著名的“梧桐树协议”，它代表着现在金融交易所及交易代理机制的创建。图 1-3 是“梧桐树协议”签署地的历史照片。

图 1-3　“梧桐树协议”签署地

最初的场内交易位于华尔街和沃特街交界处的唐提咖啡屋（Tontine Coffee House），这正是纽约证券交易所的前身。1817 年 3 月 8 日，交易者联盟在“梧桐树协议”的基础之上草拟了《纽约证券和交易管理处条例》。1863 年，纽约证券和交易管理处正式更名为纽约证券交易所（New York Stock Exchange，NYSE，https：//www.nyse.com/index）。今天，它已成为全球最大的证券交易市场。图 1-4 是 20 世纪 80 年代的纽约交易所场景。

图 1-4　20 世纪 80 年代的纽约证券交易所

2. 从人工交易员交易到纳斯达克完全电子证券交易

不断创新高的交易量并不是纽约证券交易所要面对的最严峻的问题，1971 年成立的纳斯达克证券交易所（National Association of Securities Dealers Automated Quotation，NASDAQ，https：//www.nasdaq.com)迅速成了纽约证券交易所最强劲的竞争对手。

不同于纽约证券交易所，纳斯达克证券交易所是完全电子化的，没有实体的交易场所，他们采取做市商制度①。做市商会提供大量竞买和竞卖的价格，计算机自动处理这些价格，并通过电子方式向各地的投资者显示最优报价，买

① 金融市场是由各种各样的交易制度构成的，做市商制度便是其中的一种。它让具备一定实力和信誉的法人充当做市商，然后不断向市场提供买/卖价格，投/融资者不必等到交易对手出现，而是直接与做市商交易，从而让市场具备交易性和流动性。同时，做市商通过买卖差价实现一定的利润。做市商制度也称为报价驱动的交易制度，与其对应的是竞价交易制度。竞价交易制度又称委托驱动制度，其特征是开市价格由集合竞价形成，随后交易系统对不断进入的投资者交易指令，按价格优先与时间优先的原则排序，将买卖指令配对竞价成交，因此，这种制度也称为指令驱动的竞价交易制度。一般而言，做市商制度在流动性比较低、交易对手比较少的市场使用，竞价交易制度则在流动性好、交易对手多的市场使用。目前，我国 A 股市场采用竞价机制，新三板市场采用做市商制度。

方和卖方再也不用等合适的交易对象出现才能进行交易了。图1-5展现了纳斯达克行情墙的状态。

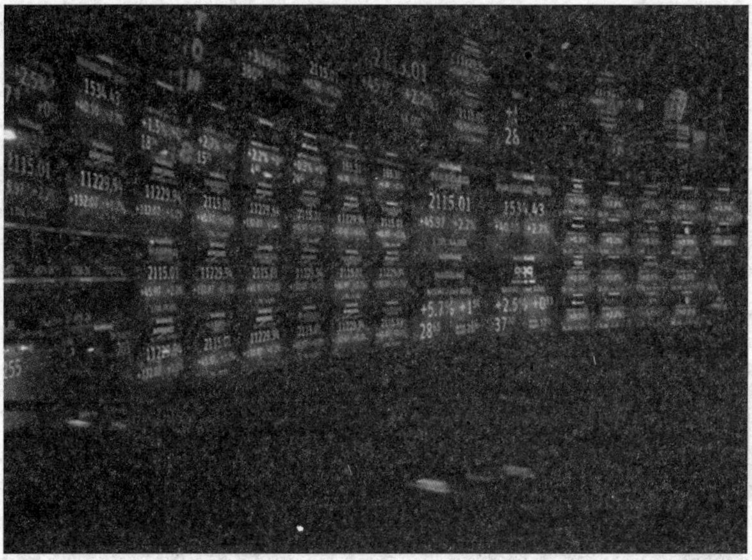

图1-5　纳斯达克行情墙

3. 第一个全球交易所——纽约—泛欧证券交易所

2007年，纽约证券交易所与泛欧证券交易所(N. V. Euronext, http://www.euronext.com)①合并，史上首个跨大西洋股票与衍生品市场诞生，新公司纽约—泛欧证券交易所(NYSE-Euronext)价值200亿美元。2008年，纽约—泛欧证券交易所收购美国证券交易所(American Stock Exchange, AMEX)②，成为全美第三大期权交易市场。

① 2000年3月18日，阿姆斯特丹交易所、布鲁塞尔交易所、巴黎交易所签署协议，合并为泛欧交易所。该交易所于2000年12月22日正式成立，总部位于巴黎，分部分别位于比利时、法国、荷兰、葡萄牙、卢森堡和英国。该交易所除了提供资产和衍生品市场，还提供结算服务和信息服务。2006年1月31日，泛欧证券交易所内交易的资产市值达到2.9万亿美元，成为世界上第五大交易所。2007年4月，泛欧证券交易所和纽约证券交易所合并为纽约—泛欧证券交易所(NYSE-Euronext)，这是第一个全球证券交易所。

② 美国证券交易所是唯一一家能同时进行股票、期权和衍生产品交易的交易所，也是唯一一家关注易被人忽略的中小市值公司并为其提供一系列服务来增加其关注度的交易所。

4. 美国洲际交易所——从交易大厅到服务器农场

2013 年，网上期货交易平台洲际交易所集团(Intercontinental Exchange，ICE)① 以 82 亿美元的价格收购了纽约—泛欧证券交易所。在这笔交易宣布时，纽约证券交易所数年来推行电子交易的做法已经有了成效，其标志性的交易大厅所处理的股票交易量占总交易量的比例只剩下 20%，其余交易量被服务器农场(Server Farm)代替。图 1－6 是由计算机主导完成交易过程的服务器农场的场景。

图 1－6　服务器农场

“交易大厅会变成古罗马广场那样的地方，是个参观的好地方，但已经没什么正在进行的东西了。”华尔街历史学家查尔斯 · R. 盖斯特(Charles R. Geisst)如此概括交易大厅的现状。确实，现在纽约证券交易所也已经变得远不如过去那样重要了。图 1－7 展示的经典的纽约证券交易所已成了一个具有象征意义的场景。

① 洲际交易所集团(Intercontinental Exchange，ICE)是美国的一个网上期货交易平台，亦提供能源、商品及其衍生产品的柜台买卖(OTC)服务。该集团最初主要经营能源相关产品，如原油、天然气、电力及碳排放，通过近年的收购合并，其经营范围已拓展到其他“软性”的商品，如糖、棉花、咖啡、外汇及指数期货。该集团拥有 14 间证券及期货交易所以及 5 间结算所，是全球第三大期货交易所。

图 1－7　经典的纽约证券交易所的场景

2015 年 7 月 8 日，因为技术故障，上午 11:32 至下午 3:10 期间，纽约证券交易所暂停了交易。然而纽约证券交易所只处理美国股票交易中 14%的业务量，投资者不再单纯依赖于传统交易所来交易股票，因此，有些交易公司甚至没意识到纽约交易所出现了问题。

1.1.2　IT 发展与金融机构的 IT 开支

摩尔定律①主宰了 IT 业 50 年。1980 年存储器的容量为 0.001 GB②，2015 年为 10 000 GB，35 年增长了 10^7 倍。如果将开始时的存储容量比喻为步行速度，那么从步行速度发展到飞船速度只用了 20 年。同样，微处理器包含晶体管的数量在 1971 年为 2300 个，2000 年为 1 亿个，到 2015 年为 26 亿个，44 年增长了 10^6 倍。

随着计算机的普及，互联网成为计算机应用的生态环境，在线交易、程序交易、远程交易是金融交易的常态，从这个角度来看，IT 技术发展首先实现了金融电子化和全球化。各个金融机构为了获得更大的市场份额和更强的竞争力，不断采用最新的 IT 技术实现金融产品创新和金融服务创新。以摩根大通集团(J. P. Morgan Chase & Co)为例，2010 年其 IT 预算额高达 46 亿美元，

① 摩尔定律是英特尔公司创始人之一戈登·摩尔(Gordon Moore)的经验之谈，其核心内容为集成电路上可以容纳的晶体管数目大约每经过 18 个月便会增加一倍。换言之，处理器的性能每隔两年翻一倍。摩尔定律是内行人摩尔的经验之谈，译为“定律”，但并非自然科学定律，它在一定程度上揭示了信息技术进步的速度。

② GB(Giga Byte，十亿字节)是描述存储器容量的单位，1 GB=1×10^9 B。

主要用在企业的通信设备、软件、硬件开支上。

增加 IT 开支能够增加金融企业的业务量，获得更大收益，同时，IT 投入也成为金融业发展的主要成本之一。

1.1.3　IT 技术应用最为广泛的领域——金融计算

以 1990 年的资产组合理论和 1997 年的期权定价理论为代表的两次诺贝尔经济学奖获奖成果，标志着金融量化分析理论体系的建立，也使金融学成为经济学领域唯一称科学的学科。

1953 年，美国经济学家哈里 · M. 马科维茨(Harry M. Markowitz)通过资产收益率均值、方差以及不同资产价格发展的相关性，定义了金融资产风险的量化方法，构建了风险化解理论，并为投资组合策略创建了计量模型。该成果获得了 1990 年的诺贝尔经济学奖。然而，要实现有效的资产组合策略设计，需要完成大量资产价格变化的均值、方差及相关系数的统计。虽然投资组合理论奠定了现代金融学的基础，但在“转瞬即逝”的投资实践中，由于缺乏计算工具，因此，在很长一段时间里很难实际地将投资组合理论转换为具体的投资策略，并应用到交易实践中。

1973 年 5 月，经济学家麦伦 · 斯克尔斯(Myron Scholes)与他的同事、已故数学家费雪 · 布莱克(Fischer Black)在美国《政治经济学学报》(*Journal of Political Economy*)上发表论文《期权定价与公司债务》(“The Pricing of Option and Corporate Liabilities”)。论文首页如图 1 - 8 所示。该论文给出了一个期权定价的复杂公式。与此同时，经济学家罗伯特 · C. 默顿(Robert C. Merton)也发现了同样的公式及许多其他期权的有用结论，并于 1973 年在第一期《贝尔经济与管理科学学报》(*The Bell Journal of Economics and Management Science*)上发表论文《合理期权定价理论》(“Theory of rational option pricing”)。图 1 - 9 是默顿所著论文的首页。两篇论文几乎同时在不同刊物上发表，所以，布莱克—斯克尔斯期权定价模型(简称 B - S 模型)亦代表布莱克—斯克尔斯/默顿定价模型(简称 B - S/M 模型)。该模型为包括股票、债券、货币、商品在内的新兴衍生金融市场的各种以市场价格变动定价的衍生金融工具的合理定价奠定了基础。1997 年 10 月 10 日，诺贝尔经济学奖授予了两位美国学者——哈佛大学的默顿教授和斯坦福大学的斯克尔斯教授(此时布莱克教授已去世，未获奖)。瑞典皇家科学协会赞誉他们在期权定价方面的研究成果是今后 25 年经济科学中的最杰出贡献。

The Pricing of Options and Corporate Liabilities

Fischer Black
University of Chicago
Myron Scholes
Massachusetts Institute of Technology

If options are correctly priced in the market, it should not be possible to make sure profits by creating portfolios of long and short positions in options and their underlying stocks. Using this principle, a theoretical valuation formula for options is derived. Since almost all corporate liabilities can be viewed as combinations of options, the formula and the analysis that led to it are also applicable to corporate liabilities such as common stock, corporate bonds, and warrants. In particular, the formula can be used to derive the discount that should be applied to a corporate bond because of the possibility of default.

Introduction

An option is a security giving the right to buy or sell an asset, subject to certain conditions, within a specified period of time. An "American option" is one that can be exercised at any time up to the date the option expires. A "European option" is one that can be exercised only on a specified future date. The price that is paid for the asset when the option is exercised is called the "exercise price" or "striking price." The last day on which the option may be exercised is called the "expiration date" or "maturity date."

The simplest kind of option is one that gives the right to buy a single share of common stock. Throughout most of the paper, we will be discussing this kind of option, which is often referred to as a "call option."

Received for publication November 11, 1970. Final version received May 9, 1972.
The inspiration for this work was provided by Jack L. Treynor (1961*a*, 1961*b*). We are grateful for extensive comments on earlier drafts by Eugene F. Fama, Robert C. Merton, and Merton H. Miller. This work was supported in part by the Ford Foundation.

图 1-8　布莱克与斯克尔斯的获奖论文首页

Theory of rational option pricing

Robert C. Merton

Assistant Professor of Finance
Sloan School of Management
Massachusetts Institute of Technology

The long history of the theory of option pricing began in 1900 when the French mathematician Louis Bachelier deduced an option pricing formula based on the assumption that stock prices follow a Brownian motion with zero drift. Since that time, numerous researchers have contributed to the theory. The present paper begins by deducing a set of restrictions on option pricing formulas from the assumption that investors prefer more to less. These restrictions are necessary conditions for a formula to be consistent with a rational pricing theory. Attention is given to the problems created when dividends are paid on the underlying common stock and when the terms of the option contract can be changed explicitly by a change in exercise price or implicitly by a shift in the investment or capital structure policy of the firm. Since the deduced restrictions are not sufficient to uniquely determine an option pricing formula, additional assumptions are introduced to examine and extend the seminal Black-Scholes theory of option pricing. Explicit formulas for pricing both call and put options as well as for warrants and the new "down-and-out" option are derived. The effects of dividends and call provisions on the warrant price are examined. The possibilities for further extension of the theory to the pricing of corporate liabilities are discussed.

1. Introduction

■ The theory of warrant and option pricing has been studied extensively in both the academic and trade literature.[1] The approaches taken range from sophisticated general equilibrium models to ad hoc statistical fits. Because options are specialized and relatively unimportant financial securities, the amount of time and space devoted to the development of a pricing theory might be questioned. One justification is that, since the option is a particularly simple type of contingent-claim asset, a theory of option pricing may lead to a general theory of contingent-claims pricing. Some have argued that all such securities can be expressed as combinations of basic option contracts, and, as such, a theory of option pricing constitutes a

Robert C. Merton received the B.S. in engineering mathematics from Columbia University's School of Engineering and Applied Science (1966), the M.S. in applied mathematics from the California Institute of Technology (1967), and the Ph.D. from the Massachusetts Institute of Technology (1970). Currently he is Assistant Professor of Finance at M.I.T., where he is conducting research in capital theory under uncertainty.

The paper is a substantial revision of sections of Merton [34] and [29]. I am particularly grateful to Myron Scholes for reading an earlier draft and for his comments. I have benefited from discussion with P. A. Samuelson and F. Black. I thank Robert K. Merton for editorial assistance. Any errors remaining are mine. Aid from the National Science Foundation is gratefully acknowledged.

[1] See the bibliography for a substantial, but partial, listing of papers.

图 1－9　默顿的获奖论文首页

在期权定价理论发表的同时，1973 年 4 月 26 日美国芝加哥期权交易市场成立，为期权产品交易提供了交易平台。虽然有了定价方法，交易可以进行，但由于定价算法复杂，限制了交易量和交易规模，当年交易量仅为100 万张。

1976 年可编程计算器上市，期权定价模型转化为定价公式，并成为计算器的一个基本函数，方便交易员定价。虽然当时一个可编程计算器的价格为 400 美元，相当于今天的 6000 美元，但比起一笔好的期权交易来说，这点开支不是问题。从此，由计算技术支持的期权交易量迅速提升。图 1 - 10 是 1973—2003 年芝加哥期权交易所交易量的发展速度。

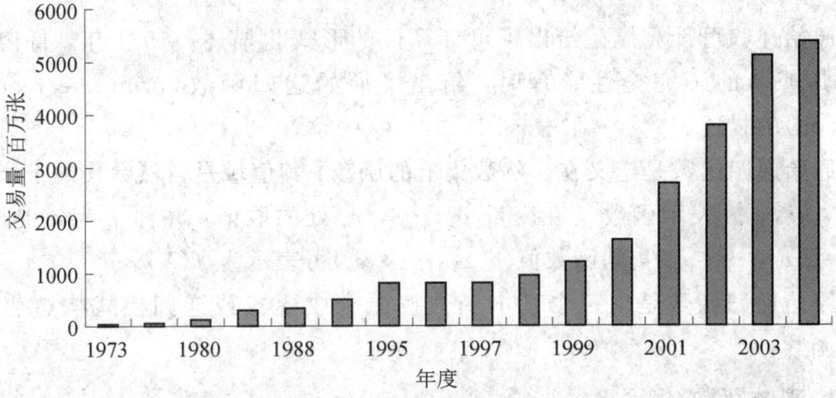

图 1 - 10　1973—2003 年期权交易发展速度

2003 年，完全电子化的期权交易市场——国际证券交易所(International Securities Exchange, Inc. , ISE)成立，成为美国第一家完全电子化的期权交易所。如今，ISE 的交易量与芝加哥期权交易市场的交易量相同。截至 2010 年，各个期权交易市场的总交易额为 35 亿美元。与纽约交易所一样，真正的交易所已由服务器农场代替。

1.2 可计算的含义

计算与数相关，最初属于数学领域的研究和概念范畴，但计算真正含义的确定则是在回答可计算性概念之后明确的。“为了回答究竟什么是计算、什么是可计算性等问题，人们采取的是建立计算模型的方法。”在模型的寻找过程中，不同时期的数学家给出了不同的可计算性模型，尤其以 1936 年前后由美籍奥地利数学家、逻辑学家和哲学家库尔特 · 哥德尔(Kurt Gödel)的递归函数可计算模型，美国数学家阿隆佐·丘奇(Alonzo Church)的λ函数演算及英国数学家、逻辑学家、计算机科学及人工智能之父艾伦·图灵(Alan Turing)提出的图灵机可计算模型最具代表性。这些模型各不相同，表面上看区别很大，它们完全是从不同角度探究计算过程或证明过程的。但事实上，这几种模型却是等价的，即他们具有完全一样的计算能力。这些模型在可计算性描述能力上等价，并从不同角度给出了什么样的命题才具有“可计算性”，更重要的是不同的可计算模型共同揭示了计算的本质。

1.2.1 递归可计算模型

原始递归可计算模型给出了可计算性的形式化描述。1931年，哥德尔在证明其著名的不完全性定理时，给出了原始递归函数(primitive recursive function)的描述。

原始递归函数是定义在自然数集上的函数，其值域是自然数集的子集。用 $f(x_1, \cdots, x_n)$ 表示函数 f 在变量 $x_1, \cdots, x_n$ 处的取值，并称 f 为 n 元函数。令 $\boldsymbol{X}=(x_1, \cdots, x_n)$，则函数值 $f(x_1, \cdots, x_n)$ 可表示为 $f(\boldsymbol{X})$。

原始递归函数是由三个基本函数按照合成模式或递归模式构造生成的所有函数。

1. 基本函数

下列基本函数是原始递归函数。

(1) 零函数 O，即对任意的 $x\in\mathbb{N}$，$O(x)=0$；

(2) 后继函数 S，即对任意的 $x\in\mathbb{N}$，$S(x)=x+1$；

(3) 投影函数 P_i^n，即对任意的 $n, x_1, \cdots, x_n\in\mathbb{N}$，$n\geqslant 0$，$1\leqslant i\leqslant n$，$P_i^n(x_1, \cdots, x_n)=x_i$。

2. 合成模式

设 $f(y_1, \cdots, y_k)$ 和 $g_1(\boldsymbol{X}), \cdots, g_k(\boldsymbol{X})$ 是原始递归函数，其中 $\boldsymbol{X}=(x_1, \cdots, x_n)$，则运用合成模式产生的函数 $h(\boldsymbol{X})=f(g_1(\boldsymbol{X}), \cdots, g_k(\boldsymbol{X}))$ 也是原始递归函数。

3. 递归模式

设 $f(\boldsymbol{X})$ 和 $g(\boldsymbol{X}, y, z)$ 是原始递归函数，其中 $\boldsymbol{X}=(x_1, \cdots, x_n)$，则运用递归模式产生的函数 $h(\boldsymbol{X}, 0)=f(\boldsymbol{X})$，$h(\boldsymbol{X}, y+1)=g(\boldsymbol{X}, y, h(\boldsymbol{X}, y))$ 也是原始递归函数。

通常人们把能够用“纸”和“笔”在有限步里可以计算的函数称为“直观可计算函

数”或“可计算函数”。显然，原始递归函数都是可计算函数。

三个原始函数给出了计算的基础，合成模式和递归模式给出了复杂函数的构造方法，按照这种构造方法，可以形成复杂的可计算函数；其逆过程，一个复杂的函数可以通过逐层分解，完成从复杂到简单的转化过程，最终实现对复杂函数的计算。因此，递归可计算模型采用这种构造思想给出了可计算命题的组成，递归性等同于构造性，虽然构造过程可能不是唯一的，但只要按照规则构造，即是可计算的。因此，递归性和可构造性是可计算性的重要本质。

1.2.2　图灵机可计算模型

递归函数可计算模型回答了什么样的函数是可计算的，但没有给出计算的细节，或者说没有给出构造过程。1936 年，图灵在分析了人在计算过程中的行为特点之后，把计算归结在了一些简单、明确的基本操作之上，给出了一种抽象计算模型，称之为图灵机模型。该模型在回答了什么函数是可计算的同时，还给出了完成具体计算的过程。更为重要的是，这个模型的提出与递归可计算模型几乎是同一时间段完成的，并具有相同的可计算能力，因此，这两个模型分别从不同侧面阐述了可计算性的本质。

1. 图灵机的工作原理

1）图灵机的组成

图灵机由控制器、读写头和纸带组成，如图 1 - 11 所示。

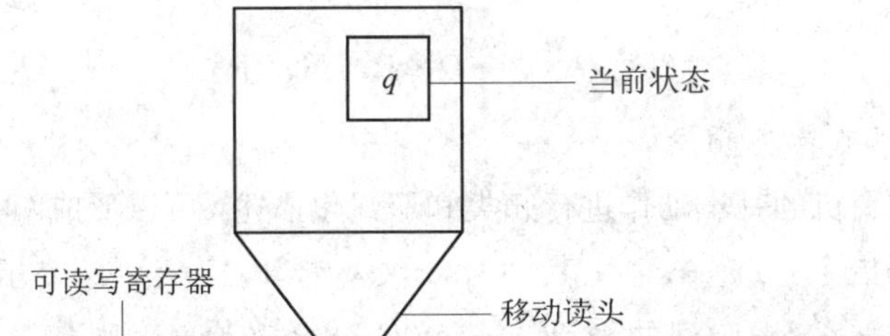

图 1 - 11　图灵机的结构

（张再跃、张晓茹：《数理逻辑》，清华大学出版社，2013，第 35 页）

控制器有一套状态转移规则(F)和一个状态寄存器。状态转移规则就是图灵机程序，它是由图灵机指令(图灵机最基本的动作)组成的有穷序列。状态寄存器则记录机器当前的状态，结合纸带的新读入数据和状态寄存器的当前状态，按照转移规则，进入下一个新状态，并可在读写头指定位置上向纸带写入新内容。读写头指向纸带上的格子，负责从纸带上读出和写入符号。

2）图灵机使用的基本符号

（1）有穷符号集 $\boldsymbol{P}$：代表相应函数的输入参数和输出结果。

（2）有穷状态集 $\boldsymbol{Q}$：q_0，q_1，q_2，…，q_n 用以表示计算过程中每一时刻图灵机的状态，其中，q_0 专门用以表示停机状态，q_1 为初始状态。

（3）移位符：R 和 L，分别表示读写头的“右移”和“左移”。

在此，一个非常重要的事实：任意数制与二进制之间存在 1∶1的对应映射关系，如果有穷符号集 $\boldsymbol{P}$ 及有穷状态集 $\boldsymbol{Q}$ 中的任何符号均采用二进制编码，则将简化整个符号系统为{0，1}。

3）图灵机读写头的五个基本动作

图灵机读写头的五个基本动作如下：

（1）向左移一步；

（2）向右移一步；

（3）读当前位置符号；

（4）在当前位置写入“0”；

（5）在当前位置写入“1”。

读写头的五个基本动作与有穷符号集 $\boldsymbol{P}$、有穷状态集 $\boldsymbol{Q}$ 一起形成完成不同计算的状态转换关系 F：

$$F\text{：}\boldsymbol{Q}\times\boldsymbol{P}\rightarrow\boldsymbol{Q}\times\boldsymbol{P}\times\{\mathrm{L},\ \mathrm{R}\}$$

4）图灵机的基本指令

如果将图灵机的基本动作进行归类和形式化描述，可以形成两类基本指令：

（1）读写指令：$q_i s_j \rightarrow s_k q_l$，其中 s_j，$s_k \in \{0，1\}$，q_i 和 q_l 表示状态。其语义是如果在状态 q_i 读头读到的纸带上（存储器）内容为 s_j，则把该存储器的内容改成 s_k 并进入状态 q_l。

（2）移位指令：$q_i s_j \rightarrow \alpha q_l$，其中 $s_j \in \{0，1\}$，$\alpha \in \{\mathrm{R}，\mathrm{L}\}$，$q_i$ 和 q_l 表示状态。其语义是如果在状态 q_i 读头读到的存储器内容为 s_j，则把移动读头右移（如果 α 是 R）或左移（如果 α 是 L）一格并进入状态 q_l。

那么，结合状态转换图，可以形成完成函数计算的图灵程序。一个状态转换案例如图 1－12 所示。

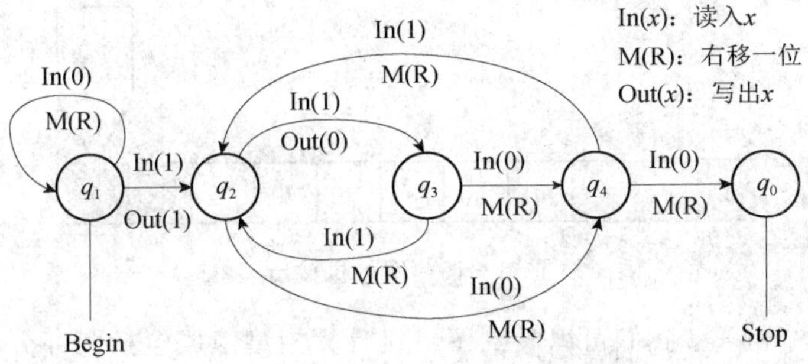

图 1－12　状态转换案例

假设存在一个编码标准，即任一自然数 x 取值为 n，那么，采用连续 n 个“1”来表示，同时，用“0”来区分不同的数。如果存在一个计算的状态转换规则，如图 1－12(状态转换图)所示，在执行图 1－13 所示的图灵机指令序列后，纸带上“1”的个数就为计算结果。那么，这个状态转换规则(或称为程序，算法)为完成函数 $f(x)=\ x/2$ （$x/2$ 向上取整）的算法程序。随着纸带输入内容的不同，可以完成不同数值的函数计算并输出结果。

$$I_1:\ q_1 0 \rightarrow R\ q_1$$
$$I_2:\ q_1 1 \rightarrow 1\ q_2$$
$$I_3:\ q_2 1 \rightarrow 0\ q_3$$
$$I_4:\ q_2 0 \rightarrow R\ q_4$$
$$I_5:\ q_3 1 \rightarrow R\ q_2$$
$$I_6:\ q_3 0 \rightarrow R\ q_4$$
$$I_7:\ q_4 1 \rightarrow R\ q_2$$
$$I_8:\ q_4 0 \rightarrow 0\ q_0$$

图 1－13　图灵机程序

（张再跃、张晓茹：《数理逻辑》，清华大学出版社，2013，第 36 页）

假设纸带输入(即图灵机输入)内容如图 1－14 所示，这是自然数“6”的编码，执行上述图灵程序后，纸带输出为“3”，如图 1－15 所示。

图 1－14　图灵机输入

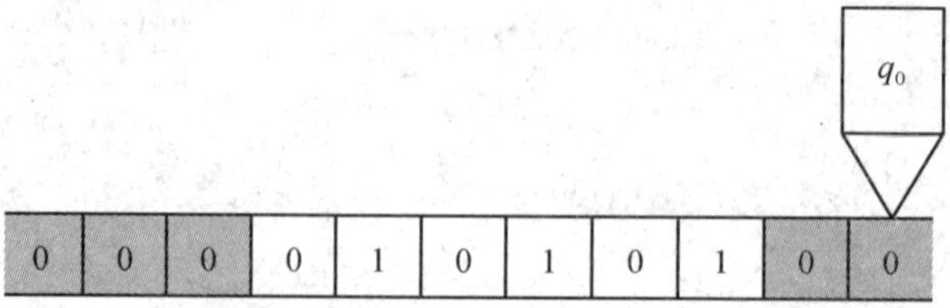

图 1-15　图灵机输出

通过这个例子，我们可以看到图灵机计算模型组成包括两部分：固定不变的部分和可变的部分，如表 1-1 所示。

表 1-1　通用图灵机固定与可变部分对比

固定部分	可变部分
纸带(具有存储、输入、输出功能)	纸带上存储的内容
读写头五个基本动作(抽象为 2 条机器指令)	状态转换表 F(程序)
固定符号集 $P=\{0, 1, \varnothing\}$，$\varnothing$为空集	状态数量 Q

具有存储、输入和输出功能的纸带、二进制编码、读写头五个基本动作以及最后提炼出的 2 条机器指令是不变的，或者说是“通用的”。而纸带上存储的输入/输出内容、状态转换规则及相应所需要的状态数量是变化的。

这里一个非常重要的概念就是“通用的”，其英文为“univerical”。univerical 具有通用的、万能的两层含义。正是这个通用性，在一个固定的图灵机结构模型上，可以设定不同的输入内容和不同的转换规则，从而实现对不同函数的计算。图灵机通用的、固定的功能部分与可变的规则(或称之为程序)部分的有机结合是实现通用图灵机可计算模型的核心所在，而这个结合点就是“程序存储”理念。将程序与输入数据统一对待，存储在存储纸带上，控制器通过对存储带上指令的读取，按要求计算，这就是通用图灵机，更是图灵可计算模型提出十年后(1946 年)理论计算模型的物理落实。可以说，可计算模型与计算模型的落实之间完美的映射关系，既保持了计算的递归可构造性本质，又加入了电子学和信息的电子表示的线索，奠定了现代计算机科学技术的基础，并创造出了今天计算机科学技术发展的神话。

2. 图灵可计算函数

“设 $f(x_1, \cdots, x_n)$为定义在自然数集上的函数，如果存在图灵程序P_f，对任意的输入$x_1, \cdots, x_n$，当 $f(x_1, \cdots, x_n)\downarrow=y$ 时，P_f的执行在有限步终止并且输出 y，那么就称P_f是计算 $f(x_1, \cdots, x_n)$的图灵程序，函数 $f(x_1, \cdots, x_n)$

称为图灵可计算函数。”[①]

任何可计算函数都是图灵机可计算函数，这就是图灵论题。同时，任何可计算函数都具有图灵算法，用于实现状态的逐步转化过程，因此，状态的逐步转化过程就是计算的本质，可计算性就是有完成状态转化过程的算法。命题有算法和命题可计算是一个概念。计算描述的是一个动作，算法描述的是一个函数的计算过程。

1.2.3　丘奇-图灵论题

递归函数和图灵可计算函数都是对直观可计算函数的精确描述，此外还有一些其他表述形式，较早的有丘奇在 1932 年给出的 λ-可定义函数的概念。一个显而易见的事实是，凡由数学精确定义的可计算函数都是直观可计算的。问题是直观可计算函数是否恰好就是这些精确定义的可计算函数呢？对此丘奇认为：凡直观可计算函数都是 λ-可定义的。1937 年，图灵证明了图灵可计算函数与 λ-可定义函数是等价的，从而拓广了丘奇的论点，即

直观可计算函数＝部分递归函数＝λ-可定义函数＝图灵可计算函数

这就是著名的丘奇—图灵论题(Church - Turing Thesis)。

由于直观可计算函数不是一个精确的数学概念，因此，丘奇-图灵论题是不能加以证明的。从 20 世纪 30 年代伊始直到当今的计算机时代，计算科学取得了长足进步，人们也提出了许多不同的精确计算模型，并且证明了这些模型都是与图灵机等价的。这充分表明了图灵机和其他等价的计算模型确实合理地定义了可计算性概念，因此丘奇－图灵论题得到了计算机科学界和数学界的公认。从理论上讲，现代计算设备所能完成的计算在图灵机上都能实现，这一点充分展示了先辈科学大家的伟大智慧与灵感。

1.3　计算机与计算科学

上述递归可计算模型和图灵机可计算模型的分析，阐明了计算的本质、可

---

① 在图灵可计算函数的描述中，$f(x_1, \cdots, x_n)\downarrow = y$ 表示函数 f 在 $x_1, \cdots, x_n$ 处收敛并且函数值为 y。函数 f 可能在某些地方没有定义，造成 P_f 在相应输入的运行过程中进入“死循环”而不会终止。这种情况是允许的，因此图灵可计算函数未必是全函数，可以是部分函数。同时，对一个图灵可计算函数而言，计算该函数的图灵程序不是唯一的，这与人们解决问题的思路和程序设计的风格有关。图灵可计算函数是通过图灵程序计算的。参见张再跃、张晓茹的《数理逻辑》(清华大学出版社 2013 版)第 38 页。

计算的含义。所谓可计算函数即有算法的函数，但对于算法由谁来执行并没有更多涉及。20世纪30年代，丘奇和图灵之所以在人化计算语境下提出关于有效计算的丘奇一图灵论题，是因为当时他们希望在逻辑和数学理论层面为直觉上的可计算性提供一个形式化的模型。而在可计算模型形式化之后，随着计算机的诞生和发展，研究者们主要的关注点在于机器到底能够解决哪些问题，因此在机器计算语境下，将有效计算理解为机器所能实现的计算是适当的。也就是说，在计算机科学中，图灵关于有效计算是一个机械过程的认识被延续了下来，但是执行计算的抽象的人类计算员(Human Computer)变成了某种计算机器。

1.3.1 计算与计算的落实

“一切运算都是通过某种物理媒介进行的，或者说，落实在一个物理系统中。”在我们可以形式化描述计算过程后，将计算过程交给机器执行可以实现计算过程机械化，减轻大脑的工作量，提高计算效率。

图灵论题中提出，任何一个人类能行的计算过程，都可以用一台图灵机来模拟。图灵还提出，存在着一种特殊的图灵机，它可以模拟任何图灵机，这种特殊的图灵机被称为通用图灵机。那么如何将图灵机这种抽象或者理论计算机落实为一台物理计算机，这是计算科学的另一方面，称为计算的落实。

广义来说，用一个物理系统把一个抽象结构体现出来，我们称之为落实。落实是一种映射，用一个遵循物理规律的因果结构反映出一种抽象的关系结构。我们说，在一个被落实的计算和一个落实系统之间存在一个同构关系，它是该计算的形式结构与该落实系统的因果结构之间的同构。

到目前为止，通用图灵机理论计算(机)模型最成功的落实是遵循约翰·冯·诺依曼(John von Neumann)体系结构的电子数字计算机，简称冯·诺依曼或 von Neumann 计算机。随着计算科学及生物科学、生命科学、认知科学等交叉学科的发展，人们还在探索其它落实，包括 DNA 分子计算机、量子计算机。因此，图灵机理论是现代计算机理论的基石，计算机科学领域的最高奖项命名为图灵奖是有其深刻意义的。

1.3.2 图灵机的落实

在电子数字计算机落实通用图灵机计算模型时，将图灵机模型的固定部分进行有效的物理设备映射，是实现落实的核心工作。冯·诺依曼体系结构计算机完全模拟和落实图灵机的计算的思想，明确规定出计算机的五大组成部件：运算器、逻辑控制器、存储器、输入装置和输出装置，如图 1-16 所示。

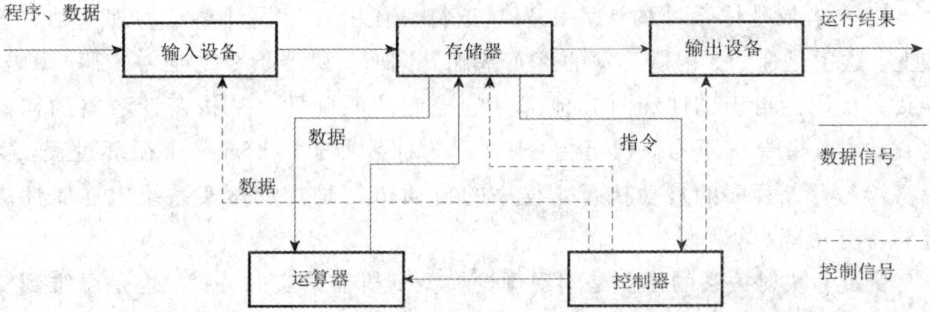

图 1-16　冯·诺依曼计算机结构模型

运算器是计算机进行算术运算和逻辑运算的基本部件，它在控制器的控制下，从存储器中读取数据进行运算，然后将结果写回存储器。控制器用来控制程序和数据的输入/输出以及各个部件之间的协调运行。控制器由程序计数器、指令寄存器、指令译码器和其他控制单元组成。它根据程序计数器中的地址从存储器中读取指令，存入指令寄存器，然后经过译码器译码指令并发出一系列控制信号，送到有关硬件部件，引起相应动作，完成指令规定操作。存储器用于存放程序和数据。对存储单元的基本操作是数据的写入或读出。输入设备可以将数据输入到计算机，也可以将用户对计算机的控制输入到计算机。输出设备将计算机处理的结果显示给用户。

五大硬件组成部分之间通过两组线路——数据线和控制线连接，在指令译码信号控制下，实现相互之间的因果互动，实现存储状态转变，完成计算过程。

这里需要指出的是，冯·诺依曼计算机结构中的存储器指的是内存单元。如果从都具有输入/输出功能的角度看，可以将内存储器、输入设备、输出设备归为一类，统称为存储器；将控制器和运算器一起定义为中央控制单元(CPU)，那么，五大系统组成可以简化为两个组成部分：CPU 及存储器，如图 1-17 所示。

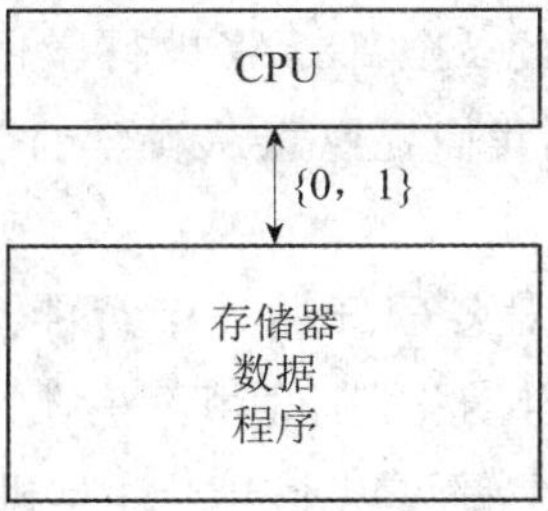

图 1-17　简化计算机的组成结构

冯·诺依曼体系结构计算机为基于符号化的程序设计奠定物理基础。事实上，这也是递归、构造技术的落实基础。同时，机器指令的唯一编码/译码，导致了代码的可识别性和对其他部件的控制的明确性。从指令计数器的初始值开始，取指令→译码→执行指令→(指令计数器+1)形成一个循环过程，实现机器对存储程序的自动执行。程序的自动执行是物理落实系统内在属性决定的特有功能。

因此，映射关系的建立是实现理论模型到机器落实的关键，也是思维到实现转换的关键。“映射”“递归”“构造”“符号化”“确定性”是计算科学的核心概念和学科的主要内容，自动执行是计算机硬件固有的性能。正是计算机的可自动执行功能，使得计算机成为人类思维的辅助工具，帮助实现部分脑力劳动的自动化。

直到今天我们所用的计算机，都没能够跳出冯·诺依曼框架。冯·诺依曼教授为现代计算机的发展指明了方向，从这个意义上讲，他是当之无愧的“电子计算机之父”。

1.3.3 计算(机)科学的定义

在可计算模型被落实到电子数字计算机后，可计算概念模型转化为实际的物理机器系统，以设计、实现及使用计算机为主要内容的计算机科学与工程学科创建并迅速发展。

随着多学科纵深和横向的交叉发展以及社会实践的深入，计算的含义不断扩大，尤其是在信息科学和通信技术发展的基础上，人们总结和完成了一个认知与技术互动、互进的递进发展过程，即事物状态变化产生信息，状态用数据表示，任何数据都可以用二进制编码标识，0、1编码可以转换为物理信号，物理信号能实现信息承载和传播。而整个信息转换和传输的过程可以在电子计算机系统之间无缝实现，因此，全部计算机科学的基本问题是“什么能(有效地)自动进行?”。然而，在此我们更愿意从科学哲学的角度来定位和认识计算机科学与技术。

1983年，钱学森教在面对各国开始人工智能及新型计算机研制竞赛时指出，机械化在于体力劳动的自动化，计算机程序化则使得脑力劳动自动化。因为一切逻辑思维的东西基本上都可以上电子计算机，都可以用电子计算机来代替人的劳动。现在电子计算机的最大作用就是如此。它可以代替人的抽象思维，但不能创造新科学技术。也就是说，由人搞形象思维及抽象思维，让计算机做它能做的事以节省人的脑力劳动，这是人-机结合的、辩证思维的智能体系。钱学森教授的阐述更是道出了计算机科学的本质。

随着科学技术的发展，需要处理的信息越来越多，高性能计算机成为人们应付社会发展的必须，计算机科学技术发展无论在科学本身还是社会进步、人类生活幸福方面都具有重要的地位和作用。

1.4 计算思维

1.4.1 思维的定义

思维最初是人脑借助于语言对客观事物的概括和间接的反应过程。思维以感知为基础又超越感知的界限。它探索与发现事物的内部本质联系和规律性，是认识过程的高级阶段。这里，思维对事物的间接反映是指它通过其他媒介作用认识客观事物，及借助于已有的知识和经验、已知的条件推测未知的事物的过程；思维的概括性表现在它对一类事物非本质属性的摒弃和对其共同本质特征的反映。

百度百科将"思维"解释为人用头脑进行逻辑推导的属性、能力和过程，将"记忆"解释为人类思维中信息内容的储备与使用过程。可以看出，记忆是思维的基础，因此，思维是人所特有的认识能力，是人的意识掌握客观事物的高级形式。思维在社会实践的基础上，对感性材料进行分析和综合，通过概念、判断、推理的形式，造成合乎逻辑的理论体系，反映客观事物的本质属性和运动规律。依照"计算主义"观点，思维就是以大脑为硬件、心灵为软件的一次计算过程。

思维是通过一系列比较复杂的操作来实现的。人们在头脑中，运用储存在长时记忆中的知识经验，对外界输入的信息进行分析、综合、比较、抽象和概括的过程，就是思维过程。整个思维过程是一个从具体到抽象、再从抽象到具体的过程，其目的是在思维中再现客观事物的本质，达到对客观事物的具体认识。因此，"抽象"和"映射"是思维中的两个重要概念，合理的抽象和有效的映射是思维的基本过程，决定了思维的质量。

1.4.2 科学思维的三种主要模式

"到目前为止，思维模式大体上可以分为三种：

(1) 以观察和归纳自然(包括人类社会活动)规律为特征的实证思维；

(2) 以推理和演绎为特征的逻辑思维；

(3) 以抽象化和自动化为特征的计算思维。”

实证思维通过重复实验和结果再现，证明结论的正确性，属于实验科学。逻辑思维的正确性源于公理的正确性和推理规则的可靠性，属于理论科学。计算思维是人类科学思维的一个远早于计算机出现的组成部分。从人类思维产生的时候，形式、结构、可行这些意识就已经存在于思维之中，随着信息科学与技术的不断提高和普及，特别是互联网和 Cyberspace 应用的不断深化，计算思维将成为我们时代思维的主要方式和手段，计算思维的一些主要特征将从实证思维和逻辑思维中独立出来，不再是前面两者的附属，而成为与前面两者并驾齐驱的第三类思维模式。可以说，随着 20 世纪 40 年代计算机科学的诞生与发展，关于思维的三个方面才真正形成了相互支撑的科学体系，关于科学研究也明确提出了理论、实验和计算三大手段。

1.4.3 计算思维概念的提出背景

辩证唯物主义关于思维的观点是思维科学研究的基础。任何思维方法都是主观性和客观性的辩证统一，其辩证关系具体表现如下：

(1) 思维方法归根结底是客观事物之间的关系和规律的反映。

(2) 思维方法的发展受到社会实践的规模和水平、实践方式的发展程度等客观条件的制约，并随着社会历史实践的发展而发展。

(3) 思维方法的选择和评价具有客观性，这种客观性在于思维方法的适用性，即思维方法是否与认识对象和实践对象相一致、相适应。

自 1951 年第一台具有程序存储概念的电子计算机诞生到今天，计算机科学技术经历了指数式的发展，摩尔定律主宰了集成电路的发展速度，而与之相对应的软件技术及软件产品也以与之匹配的速度发展，尤其是近 20 年互联网技术的高速发展和普及之后，人—机融合的生态环境促使人们对计算、计算机以及计算思维有了更深刻的体会和总结。2006 年，美国卡内基大学计算机系主任周以真(Jeannette M. Wing)教授在美国计算机权威期刊 *Communication of ACM* 上发表论文“Computational Thinking”，随后“计算思维”概念被正式推到前台，引发学术界的广泛关注。

1.4.4　计算思维的定义及核心内容

周以真教授对计算思维的定义："计算思维是运用计算机科学的基础概念进行问题求解、系统设计以及人类行为理解等涵盖计算机科学之广度的一系列思维活动。"

周以真教授定义的计算思维与计算机基本特性密切相关，其思维本质是抽象(Abstract)和自动化(Automation)，其中，抽象为完成问题到其对应模型的一个映射过程，自动化为实现模型到求解过程的转化，即可执行语言算法的描述，有了算法就完成了机器可执行代码的设计，自动执行是程序存储计算机的固有能力。计算思维的核心内容有以下两个方面：

(1) 基于计算机基础上的、需要求解的问题与问题模型映射关系的建立；

(2) 利用算法描述语言，基于问题映射框架下的求解过程设计与描述。

抽象的前提是好的问题映射关系的创立，自动化的前提是递归可计算模型设计。递归过程是一个从复杂到简单的解析过程，对应着算法设计的构造性和层次性，存储器记忆能力为层次化结构设计提供符号化基础，同时，符号化为新思维产生和表达提供了有效平台。因此，计算思维是在融合了计算的本质以及计算的落实特点基础上的思维。(可)计算的本质属性、电子数字计算机的体系结构和硬件属性、算法设计技巧都是计算思维的有效手段和方法。

1.5　计算思维下的金融——计算金融

金融是现代经济的核心，当金融得到健康有效的发展时，它积极促进经济的发展。计算金融的主旨和目标是利用计算思维作为研究思想，以计算机科学技术作为认知手段及工具平台，去解决金融领域的问题，实现对金融更全面的认识和掌握。

金融的核心在于资源跨期的有效分配，分配的好坏评价标准在于资本的盈利能力。在金融中各种资源被证券化、符号化，包括股票、债券和各种票证。证券化的资源成为金融资产，资产价值用价格衡量，价格以货币表示。因此，金融领域的资产具有证券化、货币化、符号化、编码化、计算机化、网络化的特点。金融过程全息记录，为利用计算手段研究金融提供基础，因此，计算、计算机与金融具有天然的吻合性，金融成为计算机科学技术应用最早且应用深度最高的领域之一，同时，计算机系统是金融运行的载体，承载着对金融体系的完整映射，反映着人类对金融体系的构造和再造过程。人—机结合、人—机融合是 21 世纪金融体系运行的生态环境，计算及计算科学是实现金融认知、金融优化、金融运行的基础。

现代计算机及网络技术为金融全球化、网络化提供了技术支持，加快了金融发展的速度、增强了强度。金融的高速发展也带来许多新的问题，如频发的全球金融危机促使人们掌握金融规律的迫切性。在计算科学发展的环境下，采用计算思维进行金融问题求解新探索，提高金融问题求解速度和精度，了解金融市场的内在规律，获得对复杂大系统更全面、更深入的认知，从而实现对金融这个复杂大系统的有效利用，为人类福祉服务。

第 2 章　金融的逻辑

2.1　金融的定义

通俗地说，金融指的是在经济生活中，银行、证券或保险业者专门从市场主体处去筹得资金，然后借贷给其他市场主体的经济活动。金融主体通过金融工具把资金流向稀缺的地方，整个过程无非是对货币进行发行、投放、流通和回笼以及各种存款的吸收和提取。依据经典的经济流模型，如图 2-1 所示，整个经济体系通过三大市场(劳动力市场、产品市场、资本市场)相连接，形成经济运行系统。其中，由金融中介连接家庭及非金融机构，通过资本市场提供劳动力市场及产品市场所需资金的流动。

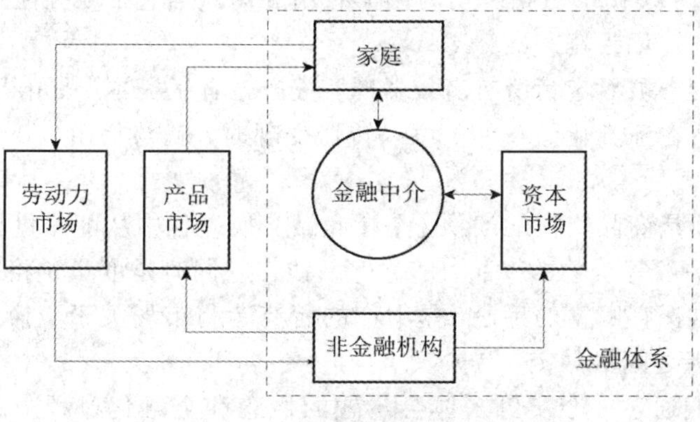

图 2-1　经济流模型结构图

从广义上说，政府、个人、组织等都可以作为金融市场的主体，它们通过公开募集、配置和使用资金从而产生的各种资金流通都叫作金融。因此，不论是金融行业的从业者，还是有关政府的财政，企业、个人的行为等都算作金融的一部分。

金融可以当成对资金再筹集使用、从事金融投资和融资的行为。

金融的关键就在于是超越了时间、超越了空间的价值交换，一些有关资产价值或者收入在不同阶段、不同空间内进行分配的交易都属于金融交易。在此，我们引用陈志武教授在《金融的逻辑》一书中给出的定义作为本书中金融的内涵。

"按照我的定义，金融的核心是跨时间、跨空间的价值交换，所有涉及价值或者收入在不同时间、不同空间之间进行配置的交易都是金融交易，金融学就是研究跨时间、跨空间的价值交换为什么会出现，如何发生，怎样发展，等等。"

著名银行家肖四如指出"我们的生活比任何时代都依赖于人类创造的一种机制：金融。"金融决定着我们的生存状态，决定着我们产生、使用和分配财富的方式。因此，了解金融运行和演化的逻辑，学会在经济金融化中有效生存，决定着我们的生存质量。

金融是经济文明进步导致的产业分化的直接结果，是交易深化而引起的财富的货币化进程。

"金融体系绝不是一蹴而就的，而是经过了人类经济文明的漫长演变过程。一部金融发展史，实际上是一部财富转变为资产、资产转变为资本、资本转变为钱(货币)的过程不断深化的历史，即金融化历史。而所谓金融化，就是财富或资本的货币化，就是财富转变为资本和钱的范围和方式的便利化过程。"

2.1.1 金融活动的三个核心概念

金融活动构成的三个核心概念为资产、资本和货币。

(1) 财富(wealth)泛指一切为人类有用的物。当它稀缺并能带来未来的收益时，财富则转化为资产(asset)。

(2) 当资产被界定为所有者权益时，资产就有了资本(capital)的意义。

(3) 资本在证券化的条件下可以转让变现时，就与货币(money)建立了等价关系。

(4) 货币是商品交换的产物，是在商品交换过程中从商品世界分离出来的固定地充当一般等价物的商品，俗称(金)钱。它同时是度量价格的工具、购买货物的媒介、保存财富的手段，是财产的所有者与市场关于交换权的契约，本质上是所有者之间的约定。

这里我们通过一个实例来体会金融的概念和金融化过程。假设我们拥有一套房产，当市场上仍然有房屋需求和房屋买卖价格时，房屋就有了一个可能的未来现金流，成为资产。更进一步，如果我们拥有这套住房的房产证，就由资产转化为资本。房产证是资本的证券化，可以抵押贷款，也可以出售，具有了货币的功能。因此，我们可以简单总结三者的关系：资产是具有未来收益流的财富，资本是权益化的资产，货币是一切资产转化的媒介。当一种资产极具流动性时(如股票和其他证券)，也就有了货币的功能。

2.1.2 金融举例

陈志武教授在《金融的逻辑》一书中给出了一个有趣的中国人的传统理念(或者说文化)——“养儿防老”的金融学意义的解释：在农业社会，人际金融交易也以人格化的隐性方式实现，其交易范围缩小到家庭、家族这些血缘体系内。家庭、家族之间不分你我，养子就是为了防老，子女是人格化的保险品、信贷品和养老投资品。亲戚间“礼尚往来”就是跨时间价值交换的代名词。得到一份礼就让你“欠一份人情”，下次回送礼时你才还了那份“人情”，所以在那种金融交易的安排下，交易头寸是以“人情”记下的，而不是以先行金融合约的形式记录的。随着社会、科技、文化的发展。现在我们熟悉的由金融市场提供的信贷、保险、证券、基金等金融产品，并非人与人之间跨时间、跨空间金融交换的唯一形式，只不过它们是超越血缘、超越社团组织的非人格化的实现形式：在金融市场，那些金融公司不管你姓什么，是谁的儿子，读过多少书，有什么意识形态，保留什么政治信仰，信过什么宗教，只要你具有交易信用，有支付能力，他们就会跟你做金融交易。

陈志武教授同时得出结论：不管是古代还是现代，单个人生存下去的能力是很低的，天灾人祸、生老病死时你都需要其他人的帮助。所以，为了能够更好地活下去，也为了生命的延续，个人必须跟其他人进行跨时间、跨空间的利益交换，即人与人之间的金融交易是人类活下去必须进行的活动。

2.2 金融的重要性

如何评价金融业对国家、民族及世界经济的重要性都不为过。我们可以通过以下四个方面来阐述这一观点。

2.2.1 商业银行存款的货币创造功能

经济发展是金融发展的前提和基础，金融发展是经济发展的驱动力和提升经济发展的手段。金融是现代经济的核心，而商业银行是我国金融业的主体组成部分。因此，了解商业银行职能，从而完善银行管理体系，对经济和社会发展具有重要意义。

商业银行的一项重要职能/功能是存贷业务。通过存贷，实现货币创造，从而为经济运行和发展提供动力。

在一个高效、完善的商业银行体系环境下，有如下定义：

(1) 原始存款的初始增加额为 ΔR；

(2) 法定存款准备金率为 r_d；

（3）包括原始存款增加额在内的、经过派生的存款增加总额为 ΔD；

（4）货币创造乘数为 K。

设

$$\Delta D=\Delta R\times K \tag{2-1}$$

经济活动促使货币在以银行为中介的一系列经济实体之间进行流动，支持实体经济发展，完成由银行支持的货币创造功能，那么

$$K=(1-r_{\mathrm{d}})^{0}+(1-r_{\mathrm{d}})^{1}+(1-r_{\mathrm{d}})^{2}+\cdots+(1-r_{\mathrm{d}})^{n} \tag{2-2}$$

$$K=\frac{1}{r_{\mathrm{d}}}\quad(n\to\infty) \tag{2-3}$$

例如，如果法定存款准备金率 $r_{\mathrm{d}}=5\%$，那么存款乘数 $K=20$。假设原始存款增加额 $\Delta R=100$ 元，那么经过商业银行体系可以创造出 2000 元的新增货币，这些货币为经济链条运行提供资金支持。但在商业银行存款的货币创造功能支持经济发展的过程中也应该看到和认识到这中间存在的风险。

货币创造过程是在整个经济环境顺利进行的条件下完成的。如果资金链中间任何一个环节无法按时还款，那么将导致资金链的断裂，从而引发连锁反应。小规模的断裂引发局部的金融动荡，大范围、大规模的资金链断裂将导致国家范围甚至世界范围的动荡，从而引发金融危机。

总之，金融是双刃剑，一方面为经济发展提供动力，同时也埋下了可能的祸根。因此，发展金融，尤其是商业银行体系非常重要，而商业银行要做好经济发展的中介，保持资金链安全、稳定，必须提高自身的风险评估意识，提高自身的资产管理水平，从而避免银行风险以及银行引发的整个经济危机。

2.2.2 保险业对民族发展的重要性

当前，保险已演化为保护人们在面临损失及不确定情况下的利益的一个过程。它被描述为一个减少或限制生命和财产损失风险的社会基础措施。

安全感是影响任何生物体生存和发展的重要因素。医疗保险、人寿保险、旅游保险等都是一种为人类生存和发展提供安全感的具体措施。在欧洲一些国家，保险业(保费)的权重占 GDP 的 10%以上，而在欧洲发达国家，这一数字更是超过了 14%。保费(保险业)占 GDP 比例的高低成为衡量一个国家发展水平的标志之一。2019 年末，人类社会经历了有史以来最大规模的疫情。面对巨大的社会灾害，保险、保险业更显得重要。

2.2.3 金融市场开放度对国家安全的影响

金融安全是指保持一国的金融系统运行与金融发展不受内外部各种因素

根本性威胁和侵害的状态。”

金融安全事关国家主权安全。1997 年东南亚金融危机之后，有关金融开放与金融安全的问题开始引起学者和金融界人士的注意。2001 年我国加入 WTO 之后，随着我国金融开放步伐的加快，特别是 2004 年以来国有商业银行推进股份制改造，交通银行、中国银行、建设银行、工商银行相继引进境外战略投资者后，有关银行业“贱卖论”、银行引资上市危及中国金融安全的争论盛极一时。争论主要集中在以下五个方面：一是银行在引进境外战略投资者的过程中是否存在“贱卖”；二是我国金融业对外开放是否导致我国的金融控制权丧失；三是信息安全问题；四是国际资本流动影响金融安全问题；五是金融对等开放问题。

根据银保监会公布的数据，截至 2017 年底，外资银行在华营业性机构总数达到 1013 家，近 15 年来增长了约 5 倍，年均增速达 13%。在华外资银行总资产已从加入世贸组织初期的 3000 多亿元增加到 2017 年末的 3.24 万亿元，增长逾 9 倍。2017 年，在华外资银行累计实现净利润相当于 2002 年的 10 倍。2017 年末，外资银行注册资本比 2002 年末增长了 6 倍多。然而，金融开放存在严重不对等性。早在 2008 年，交通银行董事长蒋超良在其《金融开放条件下的金融安全》一文中指出，中资金融机构的“走出去”远比“引进外资”要困难得多，许多国家，特别是发达国家，对外资金融机构进入本国都有严格的控制。例如，早在 2005 年 6 月，新加坡的政府投资公司淡马锡斥资 14 亿美元购买中国建设银行股票，占股 5.1%，而中国的银行(包括建设银行)直至 2012 年才获得在新加坡的银行执照；虽然英国的汇丰等金融机构大量入股中资金融机构并在中国内地广泛设立分支机构，但中国交行、中国建行早在 1991 年 11 月在伦敦设代表处，英国监管当局一直以母国监管不力为借口不允许在其境内设立分行，直至 2009 年 3 月，中国建设银行(伦敦)有限公司(建行伦敦)才正式成立。

考虑到目前国际上大多数国家对外资进入都实行严格的监管政策，从维护国家战略利益的角度考虑，必须保持国家对重点国有金融企业的绝对控制力，这对我国如何保障金融业安全与稳定提出了新的挑战。

我们必须把握好金融开放与金融安全的平衡。在对外开放的同时，必须坚持本国对金融资产及金融资源的主导权和控制权。

2.2.4　汇率制度

从理论上说，汇率是不同货币的交换比例。它可以由无穷多个因素决定，但最重要的因素仅有四个：一是政治稳定前提之下的居民购买力；二是交易各国之间的通货膨胀水准；三是交易量是否平衡；四是金融投机的活跃度。

汇率是金融问题，而非贸易问题。由国际货币基金组织(International

Monetary Fund，IMF)管理，而非美国。按照 IMF 的规则，一个汇率操纵国(Exchange Rate Manipulator)将被加征 27.5%的关税。改革开放以来，我国经济高速发展，我国加入世界贸易组织后，中美贸易及由贸易引发的汇率变化频繁发生。2018 年由美国发起的对中国的贸易战更是不断对更多从中国进口的商品加征高额关税，意在遏制中国的发展。汇率战、贸易战引发了国家、企业、个人，尤其是学者对如下问题的思考：

(1) 汇率变化对中国/美国经济发展的影响；

(2) 应该采用怎样的汇率政策，是固定汇率，还是浮动汇率；

(3) 进出口企业如何防控汇率变化引发的风险；

(4) 国家、企业、家庭(个人)如何进行外汇市场投资以获利或避险。

2.3 金融体系的构成

2.3.1 金融体系的含义

从一般意义上看，金融体系是一个经济体中资金流动的基本框架，它是资金流动的工具(金融资产)、市场参与者(中介机构)和交易方式(市场)等各金融要素构成的综合体，同时，由于金融活动具有很强的外部性，在一定程度上可以视为准公共产品，因此，政府的管制框架也是金融体系中一个密不可分的组成部分。

一个金融体系包括金融调控体系、金融企业体系(组织体系)、金融监管体系、金融市场体系、金融环境体系五个方面，具体如下：

(1) 金融调控体系既是国家宏观调控体系的组成部分，包括货币政策与财政政策相互配合，保持币值稳定和总量平衡，健全传导机制，做好统计监测工作，提高调控水平等，又是金融宏观调控机制，包括利率市场化、利率形成机制、汇率形成机制、资本项目可兑换、支付清算系统、金融市场(货币、资本、保险)有机结合等。

(2) 金融企业体系不仅包括商业银行、证券公司、保险公司、信托投资公司等现代金融企业，也包括中国人民银行、国有商业银行上市，政策性银行、金融资产管理公司、中小金融机构的重组改革，发展各种所有制金融企业、农村信用社等。

(3) 金融监管体系(金融监管体制)包括健全金融风险监控、预警和处置机制，实行市场退出制度，增强监管信息透明度，接受社会监督，处理好监管与支持金融创新的关系，建立对银行、证券、保险、央行、财政等部门之间的监管协调机制等。在分业经营和分业监管时，监管机构包括银保监会、证监会；在混业经营时，则统一进行监管。

(4) 金融市场体系(资本市场)包括扩大直接融资，建立多层次资本市场体系，完善资本市场结构，丰富资本市场产品，推进风险投资和创业板市场建设，拓展债券市场、扩大公司债券发行规模，发展机构投资者，完善交易、登记和结算体系，稳步发展期货市场。

(5) 金融环境体系包括建立健全现代产权制度，完善公司法人治理结构，建设全国统一市场，建立健全社会信用体系，转变政府经济管理职能，深化投资体制改革。

2.3.2　金融体系的两种类型

由于现实中不同国家的金融制度差异较大，因此很多研究认为存在着不同的金融体系：一是以英美为代表的市场主导型金融体系；二是以法、德、日为代表的银行主导型金融体系。

在美国，银行资产占 GDP 的 53%，只有德国的三分之一；相反，美国的股票市值占 GDP 的 82%，大约比德国高三倍。因此，美国、英国的金融体制常常被称为市场主导型，而德国、法国、日本的金融体系则被称为银行主导型。

我国的金融体系结构如图 2－2 所示。

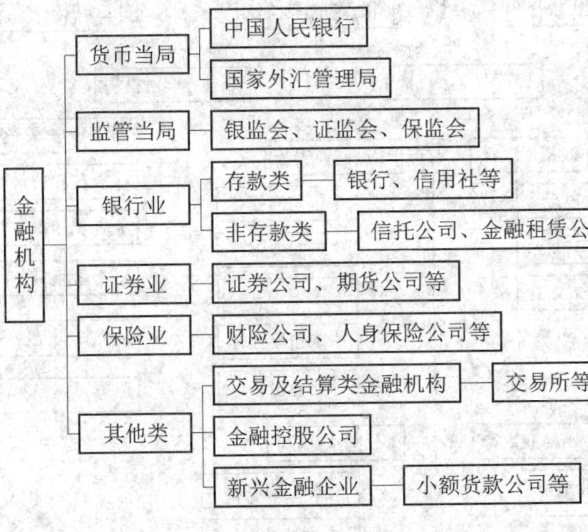

图 2－2　中国金融体系结构图

我国的金融体系仍然是以银行业为主的金融体系。银行业金融机构分为银行业存款类金融机构和银行业非存款类金融机构。

银行业存款类金融机构包括如下几部分：

(1) 银行[商业银行(国有银行、股份制银行、城市商业银行、农村商业银行、村镇银行)和政策性银行]；

(2) 城市信用合作社(含联社);

(3) 农村信用合作社(含联社);

(4) 农村资金互助社;

(5) 财务公司。

银行业非存款类金融机构包括如下几部分:

(1) 信托公司;

(2) 金融资产管理公司;

(3) 金融租赁公司;

(4) 汽车金融公司;

(5) 贷款公司;

(6) 货币经纪公司。

中国银行体系结构如图 2-3 所示。

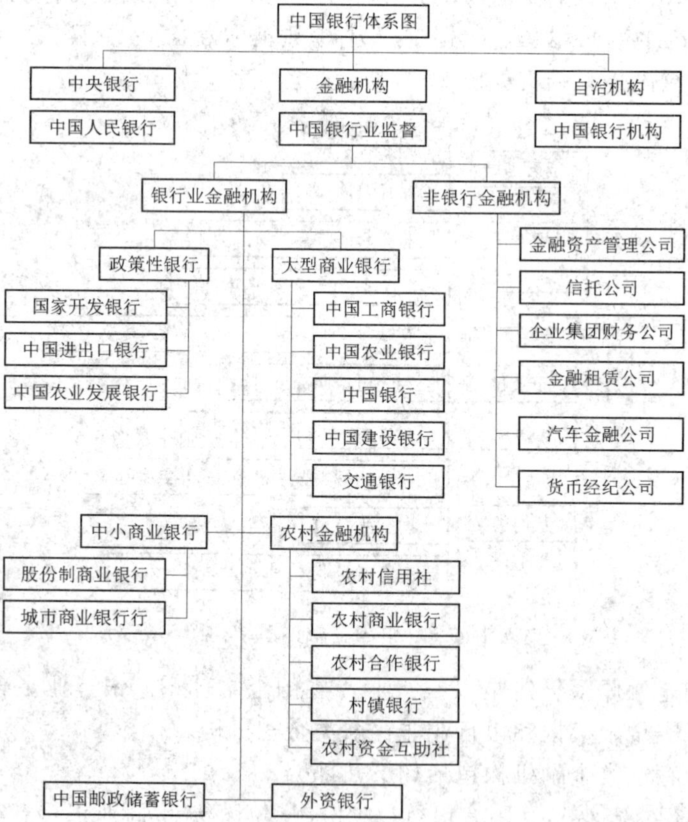

图 2-3　中国银行体系结构图

2018 年末，我国共有银行业金融机构 4588 家，机构类型有 20 余种，工商银行、农业银行、中国银行、建设银行、交通银行五家大型银行的资产总额为 105 万亿元，占银行业金融机构资产总额的比例为 37%。各项存款余额为 76 万亿元，占银行业存款余额的比例为 44%，各项贷款余额为 58 万亿元，占银行业贷款余额的比例为 38%，员工人数为 165 万人，占银行业从业人员的比例为 40%。

民间资本控股的银行业机构已超过 3000 家。民间资本在股份制银行、城市商业银行和农村合作金融机构总股本中的占比分别超过 40%、50%和 80%，民营银行自 2014 年以来已批准开业 17 家。

保险业占整个金融业的比重是衡量保险业发展水平的一个重要度量，2018 年我国保险业在金融中的占比明显偏低(只有 6%)，像美国这样的金融市场较为成熟的发达经济体中，保险行业资产会占到整个金融行业资产的 30%左右。这样来看，我国保险业的发展仍具有较大的发展前景。

第3章 金融的挑战Ⅰ——时间

3.1 金融的挑战命题

所有商业活动可以归结为两项功能：资产估值和资产管理。资产包括了实物资产和金融资产、有形资产和无形资产；资产管理主要指资产的获得和出售。因此，商业决策包括了估值和管理两个方面。你不能对你不能测度(估量)的东西进行管理，换句话说，估值是管理的开始点，一旦确立了价值，管理就成为相对容易的事。因此，确立目标，进行估值，这就是管理的内容和过程。

一般来说，估值独立于目标，通过金融市场的买和卖供求适配过程，完成价格的发现过程。

估值采用的主要方法是折现与净现值理论，然而，估值过程中存在以下几方面的问题：

(1) 现在(当下)的现金流与以后的现金流不同；

(2) 时间总是单方向流动的，即从现在流向未来；

(3) 如何为时间差(时间变化率，也可以说是收益率)建模是完成定价的基础。

需要估值的金融资产主要包括了股票、债券等基础金融产品和期货、远期、期权等衍生金融产品的定价。要完成资产估值，需要确立以下四个环节：

(1) 金融资产是如何被估值的?

(2) 金融资产应该如何被估值?

(3) 金融市场是如何确立资产价值?

(4) 金融市场工作效率如何?

对于金融管理，我们同样需要对以下四个方面的问题进行回答：

(1) 我们需要多少储蓄或开支?

(2) 我们需要买或卖什么?

(3) 什么时候买或卖?

(4) 如何为交易融资?

上述估值及管理内容既是个人理财内容，也是公司金融决策的内容。

除了资产估值和管理，另外两个金融挑战命题是对资产时间价值的度量及未来价值的不确定性，也称为“风险”的度量。

风险分析包括如下三个递进关系问题的求解：

(1) 风险度量：对资产未来价值变化率进行度量。一般采用马科维茨收益率$\left(\frac{\partial S}{\partial t}\right)$[①]的标准差，也称波动率($\sigma$)来衡量。从数学的角度，这个量可以理解为价格随时间变化的二阶偏导数$\left(\frac{\partial^2 S}{\partial t^2}\right)$；另一种方法是采用在险价值(Value at Risk, VaR)法，这是上述方法的一个改进，利用概率获得在不同置信度下价值偏离均值的取值范围。

(2) 风险管理(投资组合理论)：在明确单个资产风险后，通过资产的多样化来降低持有一种资产的风险值。

(3) 将风险纳入资产估值方法中：通过对资产面临风险强度的测度后，为风险制定价格，也称为风险溢价，将风险溢价加入折现率中，从而将风险纳入到估值中。

在完全确定的条件下，金融理论是完整和完备的，而事实是时间具有价值，未来具有不确定性。因此，风险评估很重要，如何为未知事物建立模型成为风险分析的基本任务。

无论是资产定价还是风险评估，我们始终借用如下三个手段来完成：

(1) 用历史数据；

(2) 运用数学(概率和统计)方法；

(3) 这一领域存在的挑战问题很容易压倒目前的已有的数学描述和求解能力。创新性思维和观察视角是解决复杂度不断增加的金融领域问题的关键。因此，金融学研究不是缺乏数学，而是缺乏想象力。

经典的金融资产估值和风险分析是建立在市场具有价格发现功能的基础上。那么，完成价格发现的市场工作效率决定价值发现的有效性。对市场有效性分析是评估定价结果及风险度量结果有效的前提。因此，市场有效性研究需

---

① 这里 S 代表资产价格，$t>0$ 为时间，$\partial S/\partial t$ 为价格随时间的变化率，由于价格发展的影响因素可能包括多种因素，因此这里用价格对时间的偏导数来定义未来随时间发展带来的价格变化率。

要我们回答以下问题：

（1）金融市场是否总能工作得很好以发现价格？

（2）行为偏差及人类心理对价格形成有什么影响？

（3）金融理论如何应用于金融实践？

本书中，我们在基于市场有效假设下，即在有效市场假说下，对资产估值完成理论模型构建、模型数值求解。

3.2 金融六原则

金融学六项基本原则①如下：

（1）没有免费的午餐。

（2）在其他都相同的条件下，每个个体都具有如下特点：

① 喜欢更多而非更少的钱(不满足性)；

② 喜欢现在拥有而非以后拥有(无耐心性)；

③ 喜欢规避风险(风险厌恶性)。

（3）所有人的行为都是为了自己的利益。

（4）金融市场的价格变化用以平衡供求关系。

（5）金融市场是高度适应和竞争的。

（6）风险分担和市场摩擦是金融创新的核心。

3.3 现金流与金融资产的定义

麻省理工学院著名华裔金融学家罗闻全教授（Andrew Loo)在其公开课“金融学理论Ⅰ”中强调：“金融分析中只有两个挑战问题，时间与不确定性问题。一旦你理解并解决了这两个挑战，那么你就掌握了金融。我致力于为你们提供一个思维框架，用于思考挑战问题”。

金融分析的首要问题是资产估值。在这里我们首先对资产估值给出一个框架，在完成资产估值之前，必须对什么是“资产”进行金融学定义。

---

① Andrew Loo，麻省理工学院公开课“Financial Principle I”，https：//ocw. mit. edu/courses/sloan - school - of - management/15 - 401 - finance - theory - i - fall - 2008/video - lectures - and - slides/introduction - and - course - overview。

1. 金融资产

谈到“资产”，我们很容易想到和列举多种内容，例如：

(1) 企业实体；

(2) 财富、工厂、设备；

(3) 专利、研究与开发；

(4) 股票、债券、期权；

(5) 知识、声望、机会等。

抛开形式看本质，我们给出“资产”的商业角度的定义。资产是一个现金流序列：

$$\text{Asset}_t \equiv \{\text{CF}_t,\ \text{CF}_{t+1},\ \text{CF}_{t+2},\ \cdots\} \tag{3-1}$$

式中，CF_t 表示 t 时刻的现金流，CF_{t+1} 表示 $t+1$ 时刻的现金流，CF_{t+i} 表示 $t+i$ 时刻的现金流。

在这样的概念下，可以有不同形式的资产。

2. 金融资产举例

例 3-1　波音公司正在评估是否开发新的支线飞机项目。预计开发此项目需要用时 3 年并花费 8.5 亿美元。公司期望每架飞机的成本可以降至 0.33 亿美元。预测波音公司每年可以 0.41 亿美元的价格销售 30 架飞机。这个项目对应一系列现金流，如图 3-1 所示。

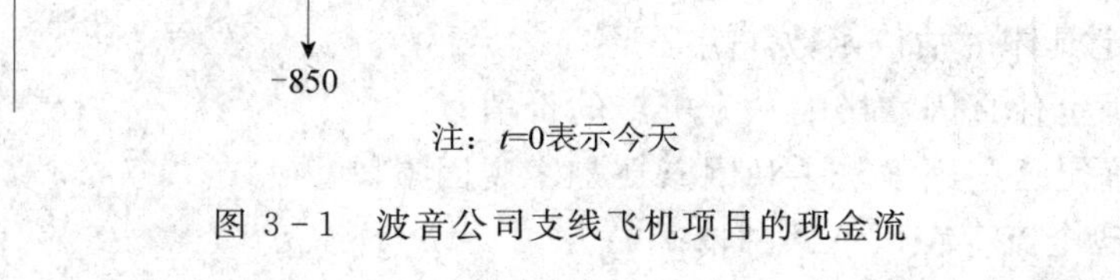

注：t=0表示今天

图 3-1　波音公司支线飞机项目的现金流

这个项目本身是一个资产。我们可以对这个资产进行估值，即得到项目的净现值：

$$\text{NPV}_0 = -\frac{850}{(1+r)^3} + \frac{(4\quad 33)\times 30}{(1+r)^4} + \cdots + \frac{(41-33)\times 30}{(1+r)^n} + \cdots$$

例 3-2　假设你被惠普公司雇用，初始工资中包括 50 000 份公司股票期权。该期权执行价为 24.92 美元，生存期为 10 年。过去两年中惠普公司的股价在 16.08～26.03 美元之间变化。这份工资部分具有一个可能的现金流，即 10 年到期时，这部分期权有一个支付函数。以目前观察到的惠普的股票价格，预测到期支付函数的取值范围为[0，26.03－24.92]，相应的现金流为[0，(26.03－24.92)×50 000]，如图3-2 所示。现在预测这部分工资的净现值为$\left[0,\ \dfrac{(26.03-24.92)\times 50\ 000}{(1+r)^{10}}\right]$。

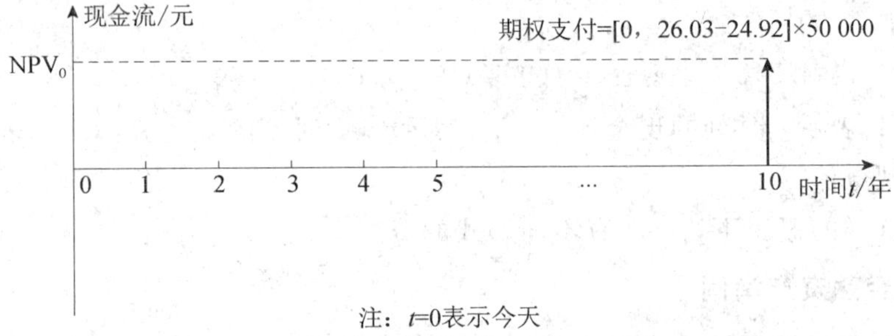

图 3-2　股票期权工资现价预测

要估值一个资产，需要对该资产所对应的一系列现金流进行价值计算，因此，现金流是金融量化分析的基础。

3.4　现价估值框架

对资产 asset 在 t 时刻价值的评估V_{asset_t}，就是对一系列现金流进行估值，形成资产现价估值运算函数$V_t(\text{CF}_t, \text{CF}_{t+1}, \text{CF}_{t+2}, \cdots)$，即

$$V_{\text{asset}_t}=V_t(\text{CF}_t, \text{CF}_{t+1}, \text{CF}_{t+2}, \cdots) \tag{3-2}$$

要确定具体的估值函数，就需要：

(1) 确定什么因素影响一个资产的价值；

(2) 确定这些因素是主观因素还是客观因素。

资产现金流存在以下两种情况：

(1) 无不确定因素。也就是说，我们有一个确切的现金流和确切的估值结果(解)；

(2) 现金流处于不确定环境中，存在不确定因素。也就是说，我们的估值是一个部分的、近似的估值结果。

估值是一个过程，我们需要知道如何来完成估值过程。一个重要观念是，不同日期的现金流是不同的“货币”。一个比较好理解的例子是，假设这里有多种外币，我们想要加总，常识告诉我们不能简单地相加，必须将它们转换为同一种货币，然后进行汇总。例如，我们有150元人民币(￥150)和300美元($300)，计算￥150＋$300。如果美元与人民币的汇率为1∶6.5，也就是1美元兑换6.5元人民币，那么

$$￥150+\$300=￥150+\$300\times\frac{6.5￥}{\$}=￥2100$$

或者

$$\begin{aligned}￥150+\$300&=￥150\times\frac{1\$}{6.5￥}+\$300=\$23.08+\$300\\&=\$323.08\end{aligned}$$

这个例子告诉我们，当我们有了不同货币的兑换率后，就可以以任何一种货币为计价单位或价值标准(numeraire)获得在该标准下的计算结果值。

这一思想同样适用于不同日期的现金流价值计算中。计算时需注意如下几点：

(1) 过去、未来的现金流在没有进行兑换之前不能进行直接累加。

(2) 一旦有了不同时刻(日期)货币之间的兑换率，将不同时刻的现金流累加到一起是一件很简单的事情。

(3) 在进行不同时刻现金流的累加时，首先应该确立价值时间基准点，然后将不同时刻的现金流转化到一个统一的时间点上，从而实现货币的统一，进而实现汇总。一般这个基准点选择今天(即$t=0$)为价值计算的基准点，相应的价值是今天的价值，即现价。

(4) 当$t=0$为基准点时，现金流转化为现价(Present Value，PV)，相应的估值函数为

$$V_0(CF_1, CF_2, CF_3, \cdots)=\left(\frac{\$_1}{\$_0}\right)\times CF_1+\left(\frac{\$_2}{\$_0}\right)\times CF_2+\left(\frac{\$_3}{\$_0}\right)\times CF_3+\cdots \quad (3-3)$$

这里$\left(\frac{\$_i}{\$_0}\right)$($i=1, 2, 3, \cdots$)表示$t_i$时刻与$t_0$时刻现金流的折现率。

更进一步，我们引入净现值(Net Present Value，NPV)的概念。净现值是包括了初始成本(或称为投资，用CF_0表示)的现金流。净现值$V_0(CF_0, CF_1, CF_2, \cdots)$的计算方法为

$$\begin{aligned}V_0(CF_0, CF_1, CF_2, \cdots)=&CF_0+\left(\frac{\$_1}{\$_0}\right)\times CF_1+\left(\frac{\$_2}{\$_0}\right)\times CF_2+\\&\left(\frac{\$_3}{\$_0}\right)\times CF_3+\cdots\end{aligned}\quad (3-4)$$

公式(3-4)就是资产估值框架。

因此，要进行资产估值，首先要有明确的现金流。图 3-3 为不同时刻现金流的累加过程图。

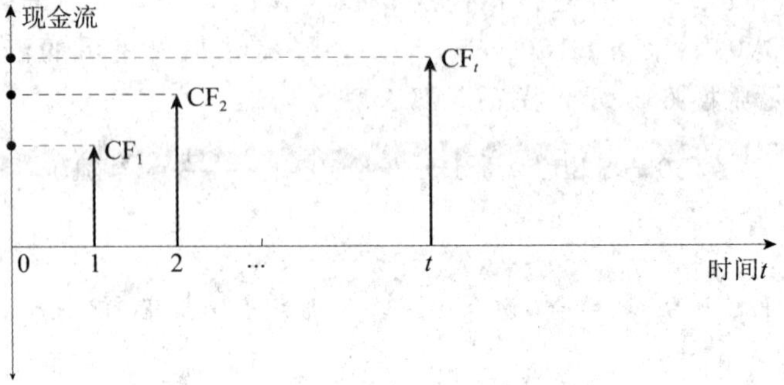

图 3-3　不同时刻现金流的累加过程

例如，我们有如下转换率：

$$\left(\frac{\$_1}{\$_0}\right)=0.90,\ \left(\frac{\$_2}{\$_0}\right)=0.80$$

一个项目当前需要 100 万元的投资，并在第一年和第二年分别有 50 万和 70 万的收入，那么现金流如图 3-4 所示。

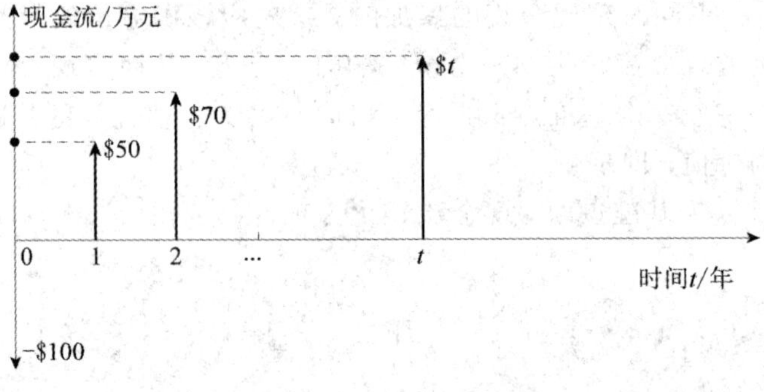

图 3-4　项目现金流图

按照公式(3-4)，我们可以计算当前时刻(或者说今天，即 $t=0$)，该项目的净现值(NPV_0)为

$$NPV_0=-100+50\times0.9+70\times0.80=1\text{ 万}$$

假设一个买家想要买断这个项目，但两年后支付项目价格，两年后项目价格 NPV_2 为

$$NPV_2=NPV_0\times\left(\frac{\$_0}{\$_2}\right)=1.0\times\frac{1}{0.8}=1.25\text{ 万}$$

3.5　货币的时间价值

3.5.1　货币价值随时间的增长率

为了简单起见，我们以单位货币为例进行货币时间价值分析。假设现在有一个单位货币（$1），那么经过 T 年后，单位货币价值应该大于1。这可以从两个方面给出解释：

（1）没有耐心性。根据金融六原则，人们更愿意现在拥有资产，而非以后拥有。因此，对货币的需求大于供给，这就导致同样数额的货币其现在的价格高于以后的价格。

（2）带来机会成本。现在拥有资产就可以获得拥有该资产带来的各种机会，从而获得资产收益，这同时也给出了拥有资产的成本 r。

因此有

$$\text{今天的 \$1} = \text{第一年后的 \$1} \times (1+r)$$

$$\text{今天的 \$1} = \text{第二年后的 \$1} \times (1+r)^2$$

$$\vdots$$

$$\text{今天的 \$1} = \text{第 } T \text{ 年后的 \$1} \times (1+r)^T$$

等号右边的数值是今天的 $1 对应的在未来时刻的价值。

例如，假设我们今天有 $1，利率为 5%，那么

1 年后：$1×1.05＝$1.05

2 年后：$1×1.05×1.05＝$1.1025

3 年后：$1×1.05×1.05×1.05＝$1.157

3.5.2　未来货币对应的今天价值

未来的单位货币（$1）在今天的价值应该低于1，其原因与 3.5.1 节的实例相同。

假设资本的机会成本为 r，则

$$\text{当前的} \frac{\$1}{1+r} = \text{第 1 年的 \$1}$$

$$\text{当前的} \frac{\$1}{(1+r)^2} = \text{第 2 年的 \$1}$$

$$\vdots$$

$$\text{当前的} \frac{\$1}{(1+r)^T} = \text{第 } T \text{ 年的 \$1}$$

因此，我们有不同时刻 t 的货币兑换率 $\left(\frac{\$_t}{\$_0}\right)$，也称折现率(Exchange Rate)，它们分别为

$$\text{exchange\_rate}_t=\frac{1}{(1+r)^t} \tag{3-5}$$

每年一个单位货币的现金流，其净现值 V_0 的计算式如下：

$$V_0=\mathrm{CF}_0+\frac{1}{1+r}\mathrm{CF}_1+\frac{1}{(1+r)^2}\mathrm{CF}_2+\cdots \tag{3-6}$$

$$V_0=\mathrm{CF}_0+\frac{\mathrm{CF}_1}{1+r}+\frac{\mathrm{CF}_2}{(1+r)^2}+\cdots \tag{3-7}$$

利用公式(3-7)，任何现金流都可以被估值。

采用净现值 NPV_0 法，我们可以完成对任意资产的价值评估，那么当我们需要为一个项目或者说资产进行金融决策时，应依据以下原则进行分析：

(1) 选择 NPV_0 为正的项目，拒绝负的项目；

(2) 将不同项目的 NPV_0 进行排序，选择取值最大的项目；

(3) 将所有资产预算和公司金融归约为公式(3-7)，完成当前价值评估；

(4) 我们这里进行了假设，其中一个假设处于一个完美的市场中，没有不同货币兑换费用的发生。

上述过程反过来理解就是：t 年后的 \$1 等价于今天的 $\frac{\$1}{(1+r)^t}$。

图 3-5 是不同利率 r 下今天的 \$1 等价于 t 年后的价值。可以看出，r 值越大，今天的 \$1 的未来价值越低，当 $r=12\%$ 时，30 年后的价值几乎为 0。

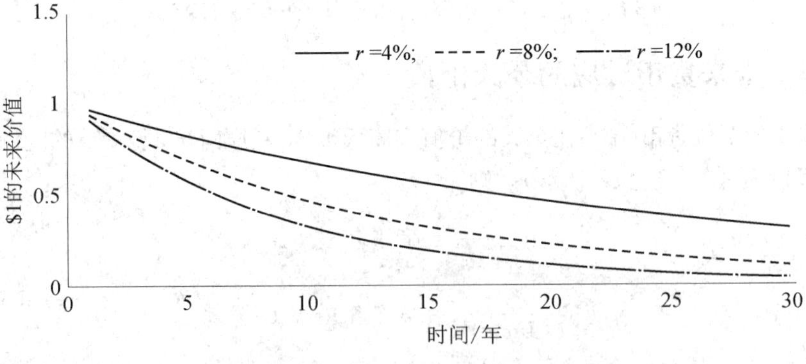

图 3-5 不同利率下今天的 \$1 等价的未来价值

3.5.3　金融资产估值举例

例 3-3　某公司每年花费 80 万元电费。企业技术主管提议安装一个新的计算机控制灯光系统，这个系统将在随后的三年中每年减少 9 万元电费。如果安装这套灯管系统的总成本为 23 万元，请问：这是一项好的投资吗？假设利率为 4%。

根据项目描述列表如表 3-1 所示。

表 3-1　灯光系统现金流

年	0	1	2	3
现金流/万元	−23	9	9	9
折现率		1.04	1.04^2	1.04^3
现价/万元	−23	8.6528	8.3210	8.0010

由表 3-1 可知：

$$NPV_0 = -23 + 8.6528 + 8.3210 + 8.0010 = 1.9758 > 0$$

因为 $NPV_0 > 0$，所以这是一个好项目。

例 3-4　中海油(China National Offshore Oil Corporation，CNOOC)最近对优尼科(Unocal)提出每股 67 美元的收购要约。作为收购的一部分，中海油将从母公司获得 70 亿美元的“廉价”贷款：25 亿美元的 2 年零息贷款和 45 亿美元的年息 3.5%的 30 年贷款。其贴息现金流如图 3-6 所示。如果中海油的正常借款利率为 8%，贴息值为多少？

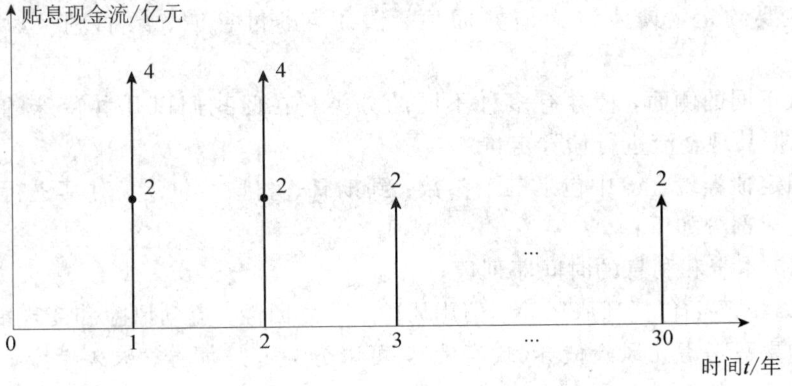

图 3-6　项目 2 贴息现金流

解　贷款 1 节省利息：25×(0.08−0)=2 亿

贷款 2 节省利息：45×(0.08−0.035)=2 亿

$$PV=\frac{4}{1.08}+\frac{4}{1.08^2}+\frac{2}{1.08^3}+\cdots+\frac{2}{1.08^{30}}=26.2\text{ 亿}$$

以上为利用现金流进行资产估值的案例。针对不同金融资产，采用现金流折现是估值的基础，但对于不同的合约要素，估值框架又具有不同的表现形式。在此，我们依据不同资产的合约结构，分析其现金流的组成，从而给出其定价的框架结构。

3.6　不同金融资产的估值实践

3.6.1　债券估值

债券(Bonds/Debenture)是一种金融契约，是政府、金融机构、工商企业等直接向社会借债筹借资金时，向投资者发行，同时承诺按一定利率支付利息并按约定条件偿还本金的债权债务凭证。债券的本质是债的证明书，具有法律效力。债券购买者或投资者与发行者之间是一种债权债务关系，债券发行人即债务人，投资者(债券购买者)即债权人。

债券是一种有价证券。由于债券的利息通常是事先确定的，所以债券是固定利息证券(定息证券)的一种。在金融市场发达的国家和地区，债券可以上市流通。

尽管债券的种类多种多样，但是其内容都包含一些基本要素。这些要素是指发行的债券上必须载明的基本内容，这是明确债权人和债务人权利与义务的主要约定，具体包括债券面值、偿还期、付息期、票面利率、发行人名称。

从不同的侧面，债券有多种不同的分类。在此我们以几种特殊的债券为例，根据其现金流进行债券定价。

固定债券现金流中包括三个参数：到期日、利息、本金。对其进行估值需要的组成部分如下：

(1) 本金和利息的时间序列值；

(2) 风险：包括通胀风险、信用风险、可赎回性、流动风险和变现能力。

如果只考虑无风险债券(政府债)，可以分为零息债券、永久年金、增长型永久年金及年金。

1. 零息债券(Zero - Coupon Bond)

零息债券也称为折现债券(Discount Bond)。不偿付本金，以票面价值(Face Value，FV)折现售出，到期偿还票面价值。其现金流如图 3 - 7 所示。现价P_0为

$$P_0=\frac{F}{(1+r)^T} \tag{3-8}$$

(P_0，r，F)三个参数之间是完全确定的。如果知道其中两个参数取值，那么第三个参数就是确定的。

图 3 - 7　零息债券现金流

2. 永久年金(the Perpetuity)

永久年金为不还本金，但每年支付固定数额(C)的利息，而且永久支付，其现金流如图 3 - 8 所示。

$$P_0=\frac{C}{1+r}+\frac{C}{(1+r)^2}+\frac{C}{(1+r)^3}+\cdots \tag{3-9}$$

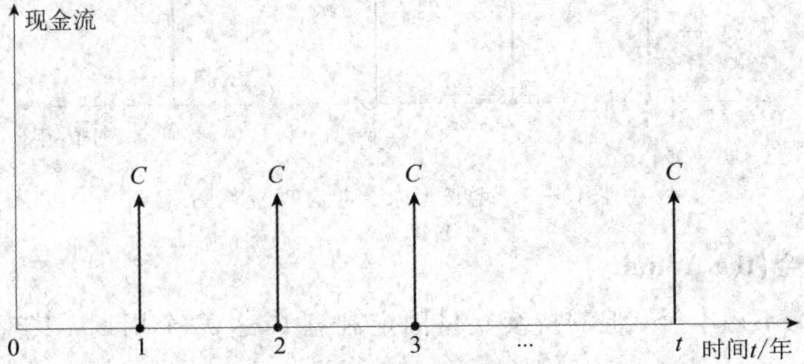

图 3 - 8　永久年金现金流图

$$(1+r)\times P_0=C+\frac{C}{1+r}+\frac{C}{(1+r)^2}+\cdots \tag{3-10}$$

由式(3－10)和式(3－9)得

$$r\times P_0=C \tag{3-11}$$

$$P_0=\frac{C}{r} \tag{3-12}$$

3. 增长型永久年金(Growing Perpetuity)

增长型永久年金为不还本，但每年支付利息。利息率以每年 $g\%$ 的速度增长，即每年的利息为$C(1+g\%)^t$，t 为第 t 年。增长型永久年金现金流入图 3－9 所示。

$$P_0=\frac{C}{1+r}+\frac{C(1+g)}{(1+r)^2}+\frac{C(1+g)^2}{(1+r)^3}+\cdots \tag{3-13}$$

$$\frac{1+r}{1+g}\times P_0=\frac{C}{1+g}+\frac{C}{1+r}+\frac{C(1+g)}{(1+r)^2}+\cdots \tag{3-14}$$

由式(3－14)和式(3－13)得

$$\frac{r-g}{1+g}\times P_0=\frac{C}{1+g} \tag{3-15}$$

$$P_0=\frac{C}{r-g}\quad (r>g) \tag{3-16}$$

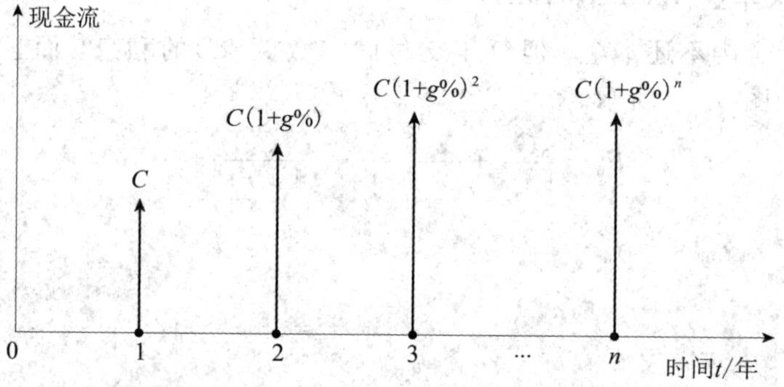

图 3－9　增长型永久年金现金流图

4. 年金(the Annuity)

年金为不还本金，但需持续支付固定利息 C 达 T 个周期，其现金流如图 3－10所示。

$$P_0=\frac{C}{1+r}+\frac{C}{(1+r)^2}+\cdots+\frac{C}{(1+r)^T} \tag{3-17}$$

$$(1+r)P_0=C+\frac{C}{1+r}+\frac{C}{(1+r)^2}+\cdots+\frac{C}{(1+r)^{T-1}} \tag{3-18}$$

$$P_0=C\times\frac{1}{r}\left[1-\frac{1}{(1+r)^T}\right] \tag{3-19}$$
$$=C\times \mathrm{ADF}(r,\ T)$$

这里，年金折现率(Annuity Discount Factor，ADF)为

$$\mathrm{ADF}(r,\ T)\equiv\frac{1}{r}\left[1-\frac{1}{(1+r)^T}\right] \tag{3-20}$$

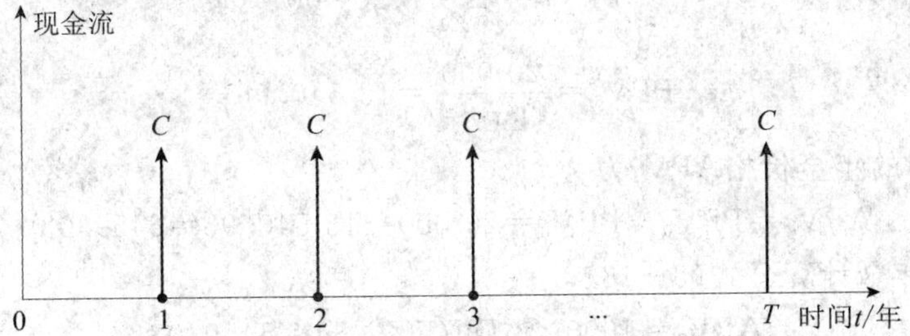

图 3-10　年金债券现金流图

5. 永久年金与年金的关系

根据永久年金与年金的现金流图，我们可以发现两者的关系如图 3-11 所示。

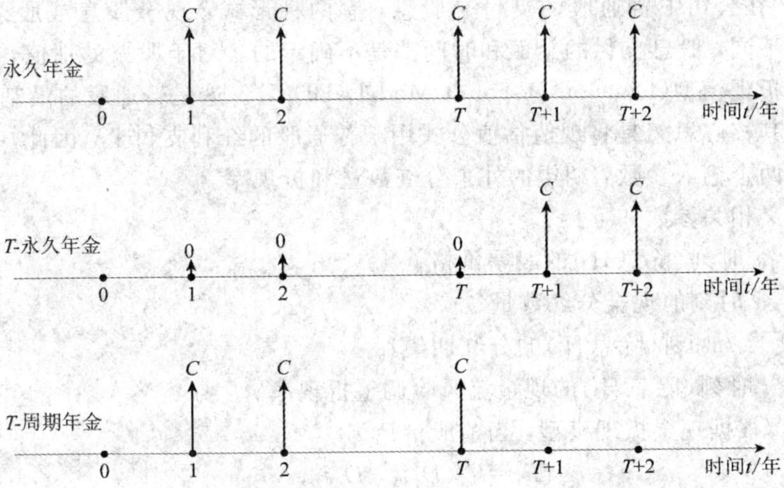

注：永久年金－(T-永久年金)＝(T-周期年金)。

图 3-11　永久年金与年金的关系图

要想获得一个从现在开始的年金，可以通过买入一个永久年金、卖出一个 T 时刻开始的永久年金，那么获得一个周期为 T 的现金流序列 $\{C, T\}$。它的成本是买入一个现在开始的永久年金的价格(PPV_0)减去卖出一个 T 时刻开始的永久年金的价格(PPV_T)的差值。

例 3-5 希望获得一个周期为 8 年的年金，每年付息 1000 元，利率为 5%。我们可以通过买入一个年息 1000 元的永久年金和卖出一个从第 8 年开始的年息为 1000 元的、在第 T 年开始的年息为 1000 元的 T 永久年金获得，即

$$PPV_0 = \frac{1000}{5\%} = 20\ 000$$

$$PPV_8 = \frac{20\ 000}{(1+r)^8} = 13\ 540.96$$

因此，8 年的年金价格 APV_0 为

$$APV_0 = PPV_0 - PPV_8 = 20\ 000 - 13\ 540.98 = 6459.03$$

按照年金计算公式(3-18)，

$$APV_0 = 1000 \times ADF(5\%, 8) = 6459.03$$

通过两种计算方法，获得了相同的计算结果，说明不同融资模式的资产估值等价。

3.6.2 股票估值

普通股票是一种所有权地位，代表了公司资产的剩余索取权(债券持有人之后)。在公司中普通股的支付是股息，有两种形式：现金股息或股票股息。与债券不同，股息支付的金额和时间都是不确定的。对于股票的估值，主要采用分红折现模型(Division Discount Model, DDM)。这是普通股的最基本估值模型。其核心思想是将现值估值公式用于普通股的红利支付上，因此，模型应用时有两个输入参数：期望的外来分红数量和折现率。

定义相关参数如下：

P_t：t 时刻(除息日)的股票价格。

D_t：t 时刻的现金分红数量。

$E_t[\,]$：t 时刻(除息日)的分红期望。

r_t：t 时刻(除息日)的现金流风险调整折现率。

(1) 根据现金折现模型，当前股价 P_t 为

$$\begin{aligned} P_t &= V_t(D_{t+1}, D_{t+2}, \cdots) \\ &= \frac{E_t[D_{t+1}]}{1+r_{t+1}} + \frac{E_t[D_{t+2}]}{(1+r_{t+2})^2} + \cdots \end{aligned} \tag{3-21}$$

$$P_t \equiv \sum_{k=1}^{\infty} \frac{E_t[D_{t+k}]}{(1+r_{t+k})^k} \tag{3-22}$$

(2) 假设分红数量及折现率保持不变，即$E_t[D_{t+k}]=D$，$r_{t+k}=r$，在这种情况下，分红折现模型或称折现现金流(Discount Cash Flow，DCF)模型为

$$P_t \equiv \sum_{k=1}^{\infty} \frac{E_t[D_{t+k}]}{(1+r_{t+k})^k} = \sum_{k=1}^{\infty} \frac{D}{(1+r)^k} = \frac{D}{r} \tag{3-23}$$

(3) 假设随时间增长的分红增长率为 g，分红折现模型公式(3-16)发展为戈登股利增长模型(Gordon Growth Model，GGM)，即

$$P_t \equiv \sum_{k=1}^{\infty} \frac{E_t[D_{t+k}]}{(1+r_{t+k})^k} = \sum_{k=1}^{\infty} \frac{D(1+g)^{k-1}}{(1+r)^k} = \frac{D}{r-g} \quad (r > g) \tag{3-24}$$

从公式(3-24)我们可以推导出一个折现率表达式：

$$P_t = \frac{D}{r-g} \tag{3-25}$$

$$r-g = \frac{D}{P_t} \tag{3-26}$$

$$r = \frac{D}{P_t} + g = \frac{D_0(1+g)}{P_t} + g \tag{3-27}$$

例如，期望分红每年增长 6%，现在分红为每股 1 元，期望收益率是 20%，那么现在的股价为

$$P_0 = \frac{1.06}{0.20-0.06} \times 1 = 7.57$$

利用分红折现模型，在分红具有一个固定的增长率 g 的假设下，在股票现价、现在分红数额、分红增长率及期望收益率之间形成了一个对应关系，知道其中三个参数，另一个也就确定了。

3.6.3　远期/期货估值

1. 金融衍生资产的概念及定价原则

金融资产包括了现金、债券、股票这种证券化资产，同时也包括了一组基于这些基础资产(或称标的资产，Underlying)之上构造出来的衍生资产。

衍生品交易具有合约订立时间与合约交割时间相分离的特点，即现在订立合约，未来(合约到期日)完成合约的交割，因此，衍生品交易具有图 3-12 所

示的时间结构图。

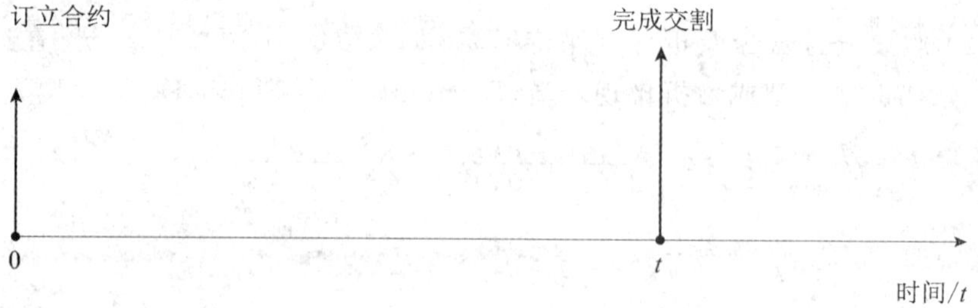

图 3-12　衍生品合约签订与交割时间图

典型的衍生资产包括远期/期货(Forward/ Future)、期权(Option)、互换(Swaps)。远期/期货是在未来以特定的价格和时间交割标的资产的合约；期权是赋予权力持有人以指定价格在指定时间购买或出售标的资产的权利；互换是按规定的价格和时间交换一系列现金流的协议。

现金流折现模型仍然是衍生品的定价方法，同时，定价结果无套利机会是正确定价的根本原则。只是衍生品价格依赖标的资产价格，因此，标的资产价格的确定是衍生品价格确立的最根本内容。

2. 远期/期货定价模型

1) 远期价格

远期价格是今天(t)确定的未来到期日(T)标的资产交易价格($F_{t,T}$)。远期合约多头(Long the Forward)是指到期日买入标的资产者，空头(Short the Forward)为到期卖出标的资产者。

2) 远期合约的特点

远期合约具有如下特点：

(1) 定制化的；

(2) 非标准的和场外交易；

(3) 在到期日之前没有现金易手；

(4) 不可忽视的交易对手风险，即违约风险。

3) 远期合约举例

当前大豆的价格为 160 美元/吨，豆腐制造商 3 个月里需要 1000 吨，现在想要确保 1000 吨大豆的货源能供应上，豆腐制造商确立了一个 3 个月的 1000 吨大豆远期合约多头，即到期以 165 美元/吨的价格买入 1000 吨黄豆的合约。合约空头将在 3 个月后以每吨 165 美元的价格售出 1000 吨大豆。

4）期货与远期的不同

远期合约具有流动性不足及存在交易对手风险两个局限性。期货合约对远期合约进行了如下改进：

（1）标准化合约；

（2）交易所交易；

（3）由清算所担保，无交易对手风险；

（4）每日结算损益（按市价计算）；

（5）需要保证金做担保，以弥补多头或空头违约造成的交易所面临的交易损失。

有了这些改进后，期货市场有效弥补了远期交易的不足，但两种衍生产品仍然具有相同的属性。

5）期货合约举例

美国纽约商品交易所（New York Mercantile Exchange，NYMEX）2007 年 12 月交割的原油期货价格为 75.06 美元/桶。在 2007 年 7 月 27 日共成交 51 475 份合约。每个合约是 1000 桶，最小报价单位（tick size）是每桶 0.01 美元，一个合约 10 美元的最小价格变动。合约最初保证金为 4050 美元，维持保证金 3000 美元。在合约买卖当天没有现金易手。合约购买者有一个“多头”仓位，当原油价格上涨时将获利；合约出售者有一个“空头”仓位，当原油价格下跌时获利。

图 3-13 是期货（远期）合约在不同的标的资产价格下的合约收益图。

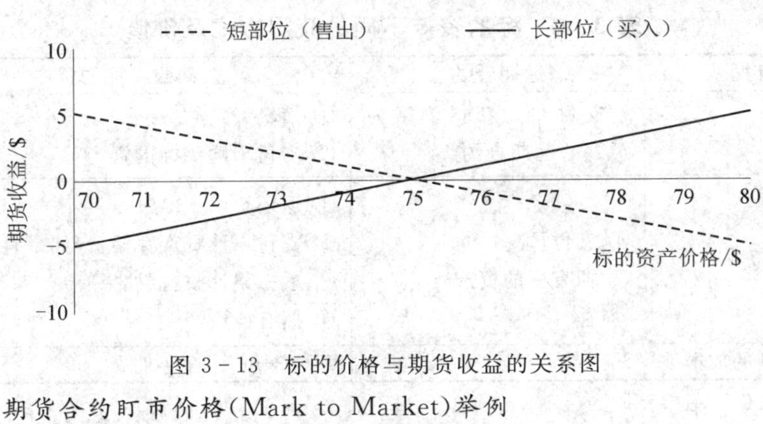

图 3-13　标的价格与期货收益的关系图

6）期货合约盯市价格（Mark to Market）举例

假设期货多头昨天在芝加哥商品交易所（Chicago Mercantile Exchange，CME）购买了 10 份 12 月交割的活畜合约，该期货价格为 0.7455 美元/磅，合约的规模为 40 000 磅，也就是同意在 12 月购买 40 000 磅活畜。

昨天合约价值为

$$(0.7455)(10)(40\ 000)=298\ 200 \text{ 美元}$$

但昨天在期货多头和空头之间并没有现金易手，只是双方需要向期货交易所提供保证金，最初保证金要求5%～20%的合约价值。

假设今天该期货价格为0.7435美元/磅，比昨天低0.20分，则现在合约的价值为

$$(0.7435)(10)(40\ 000)=297\ 400\text{ 美元}$$

比昨天低了800美元，即期货多头损失了800美元。

7）期货及远期估值

远期/期货价格最终与未来即期(T)标的资产价格S_T相关。

假设合约订立时刻为t，此时标的资产价格为S_t，合约到期日为T，未来即期标的资产价格为S_T，那么，t时刻签订的远期合约到期价格为$F_{t,T}$，期货合约到期价格为$H_{t,T}$。

忽略远期与期货现价差异，则

$$F_{t,T}\approx H_{t,T} \tag{3-28}$$

可以有如下两种方法买交割日为T的标的资产：

(1) 购买到期日为T的远期或期货；

(2) 现在购买标的资产，保存到T时刻。

表3-2是采用不同方式获得标的资产时，各自在现在时刻($t=0$)及未来到期时刻($t=T$)价值的对比分析。

表3-2 标的资产不同的获得方式及价值

日期	远期合约	立刻购买标的资产
0	支付0元获得价格为$F_{0,T}$的远期合约	① 借S_0； ② 支付S_0购买标的资产
T	① 支付$F_{0,T}$； ② 拥有标的资产	① 返还$S_0(1+r)^T$； ② 支付累计资产存储费(如果有)； ③ 减去累计收益(如果有)； ④ 拥有该资产
T时刻的成本	$F_{0,T}$	$S_0(1+r)^T$+净存储费

表3-2中，$F_{0,T}$为

$$F_{0,T}\approx H_{0,T}=(1+r_f)^T S_0+\mathrm{FV}_T(\text{到期资产保管费}) \tag{3-29}$$

因此

$$\frac{F_{0,T}}{(1+r_f)^T}\approx\frac{H_{0,T}}{(1+r_f)^T}=S_0+\mathrm{PV}_0(\text{保管费折现值}) \tag{3-30}$$

公式(3-29)是现在($t=0$)制定的远期/期货合约的到期价值$F_{0,T}/H_{0,T}$，

它由现在直接购买标的资产价格为S_0的累计成本$S_0(1+r)^T$加上购买标的资产后累计到期所花费的总保管费FV_T组成。如果对等式两边进行折现，即按公式(3-30)计算，分别表示期货/远期合约的现在价值。

将远期/期货定价模型公式(3-29)一般化，对于任何时刻$t(0\leqslant t<T)$开始的远期/期货合约，其价格$F_{t,T}$、$H_{t,T}$的价格为

$$F_{t,T}\approx H_{t,T}=(1+r_f)^{T-t}S_t+FV_T(\text{到期净保管费}) \tag{3-31}$$

$$\frac{F_{t,T}}{(1+r_f)^{T-t}}\approx\frac{H_{t,T}}{(1+r_f)^{T-t}}=S_t+PV_t(\text{保管费折现}) \tag{3-32}$$

直接购买标的资产与购买期货有如下不同：

(1) 成本上：直接购买标的资产需要支付提前购买的存储费用；

(2) 优势上：对于商品，提前购买具有方便性；对于金融资产，可能有分红。

但是，依据无套利原则，无论采用哪种方法获得标的资产，两种方法的成本相同。

8) 不同标的资产的远期/期货定价模型

(1) 黄金期货。

黄金易于存储(忽略保存成本)，同时没有分红或什么其他特有的好处。有如下两种方法用于购买 T 时刻黄金：

① 现在以S_t价格直接购买黄金，并保存到 T 时刻；

② 在 t 时刻买到期日为 T 的远期合约$F_{t,T}$，在到期日 T 以$F_{t,T}$价格交割。

按照无套利定价原则有

$$F_{t,T}\approx H_{t,T}=(1+r_f)^{T-t}S_t \tag{3-33}$$

黄金期货的价格为购买现货价格的累计成本。

(2) 汽油期货。

汽油要花费储存成本(设 C 是每个周期的保存成本)，而储存汽油可以带来价格变化而产生的收益：设 y 是每个周期的收益率；同时，汽油不是像黄金储备一样为了长期投资，而是为了未来使用。

以下两种方法可以完成 T 时刻买到汽油：

① 现在以S_t价格买入，保存到 T 时刻；

② 现在买入远期合约$F_{t,T}$，在到期日 T 交割。

按照无套利原则，要求：

$$F_{t,T}\approx H_{t,T}=(1+r_f+C-y)^{T-t}S_t \tag{3-34}$$

(3) 金融期货。

标的为金融资产，那么就没有存储成本，标的资产有分红或利息。例如，股指期货具备如下条件：

① 标的为一组股票，

② 未来用现金流结算，没有交割，

③ 假设分红比例为 d，

那么

$$F_{t,T} \approx H_{t,T} = (1 + r_f - d)^{T-t} S_t \tag{3-35}$$

9）不同标的资产的期货定价模型应用案例

例 3-6 黄金 2001 年 8 月 2 日报价是现货价格 267.00 美元/盎司，芝加哥期货市场10 月黄金期货为 269.00 美元/盎司，隐含利率是多少？

解

$$F = S_0 (1 + r_f)^{\frac{2}{12}}$$

$$r_f = \left(\frac{F}{S_0}\right)^6 - 1 = 4.58\%$$

例 3-7 汽油 2001 年 8 月 2 日报价是现货 0.7330 美元/升，2002 年 2 月期货价格为0.7330 美元/升，6 个月利率为 3.40%，那么汽油年化的存储成本是多少？

解

$$0.7330 = (0.7760)(1 + 0.0340 - y)^{6/12}$$

$$y = 1.0340 - \left(\frac{0.7330}{0.7760}\right)^2 = 14.18\%$$

例 3-8 2001 年 8 月 2 日标准 500(S&P500)收盘价 1232.50 美元，12 月到期期货收盘价为 1233.50 美元。假设国债利率为 3.50%，那么隐含年分红利率为多少？

解

$$d = \left[1 + r_f - \left(\frac{F}{S_0}\right)^{\frac{12}{4}}\right] = \left[1 + 0.0350 - \left(\frac{1233.50}{1220.75}\right)^3\right] = 0.33\%$$

3.6.4 期权估值

期权赋予持有人以指定价格购买或出售标的资产的权利。因此，期权有买权(看涨期权，Call Option)和卖权(看跌期权，Put Option)之分。同时，根据期权执行时间的限定可以分为具有固定执行时间的欧式期权(European Option)和在到期日之前任何时刻都可执行的美式期权(American Option)两种。

期权是一种选择执行的权利。它是指在指定日期，期权拥有者是否按照事先规定好的价格(即执行价，Strike Price)买入或卖出基础资产的权力。因此，期权是一种衍生品。

假设 K 为执行价，T 为成熟期，S_t为标的资产价格，C_t为买权价格，P_t为卖权价格。在到期日 T，期权支付函数为

$$C_T = \max[0, S_T - K] \tag{3-36}$$

$$P_T = \max[0, K - S_T] \tag{3-37}$$

期权到期支付现金流如图 3-14 所示。

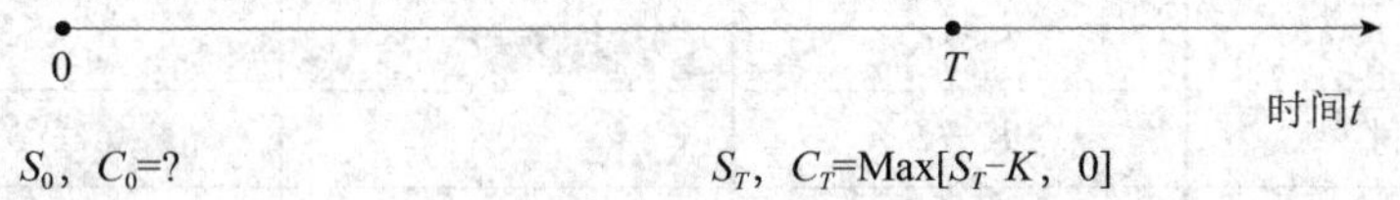

图 3-14　期权到期支付现金流图

设一个买权合约($K=20$，到期日 $=T$)，T 时刻基础资产价格与该选择权的支付函数及拥有该期权资产的收益如图 3-15 所示，而一个拥有相同执行价和到期日的卖权支付函数即资产收益如图 3-16 所示。

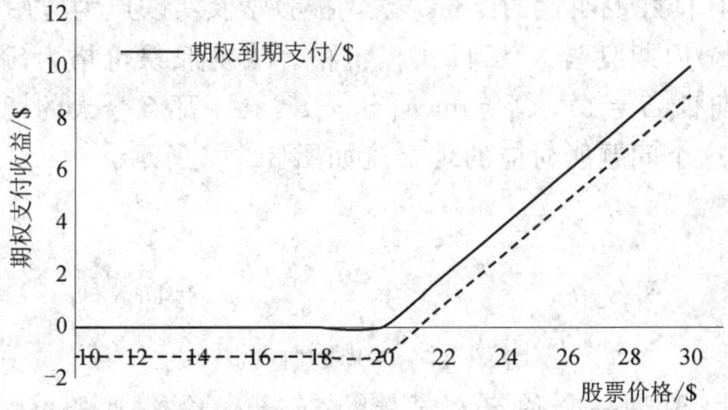

图 3-15　买权支付/收益图

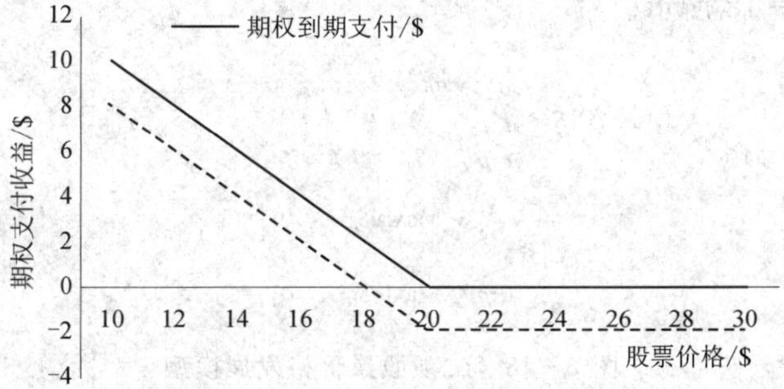

图 3-16　卖权支付/收益图

买权和卖权支付情况分别如表 3-3 和表 3-4 所示。

表 3-3　到期买权支付/收益表

支付情况	$S<K$	$S=K$	$S>K$
支付	0	0	$S-K$
收益	$-C$	$-C$	$S-K-C$

表 3-4　到期卖权支付/收益表

支付情况	$S<K$	$S=K$	$S>K$
支付	$K-S$	0	0
收益	$K-S-P$	$-P$	$-P$

期权定价问题代表了金融量化分析的发展历程，是一个漫长、复杂、多样的演进过程。1979 年约翰 · C. 考克斯(John C. Cox)、斯蒂芬 · A. 罗斯(Stephen A. Ross)及马克 · 鲁宾斯坦(Mark Rubinstein)提出的二项期权定价模型，成为具有良好说明性的定价方法，被教学及实践广为应用。

先考虑 1 个周期股票 XYZ 的买权价格。当前股票价格为S_0，执行价格为K，明天为到期日($T=1$)，$C_1=\max[S_1-K, 0]$，那么今天的期权价格C_0是我们要确立的。这个问题所对应的现金流如图 3-17 所示。

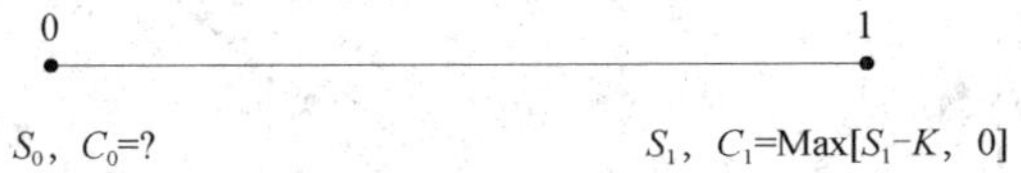

图 3-17　一周期期权定价

假设从$S_0 \rightarrow S_1$是一个伯努利试验①，p 概率价格上涨，上涨幅度为 u，$(1-p)$概率下跌，下跌幅度为 d。因此，基础资产价格及期权价格在一个周期的发展如图 3-18 所示。

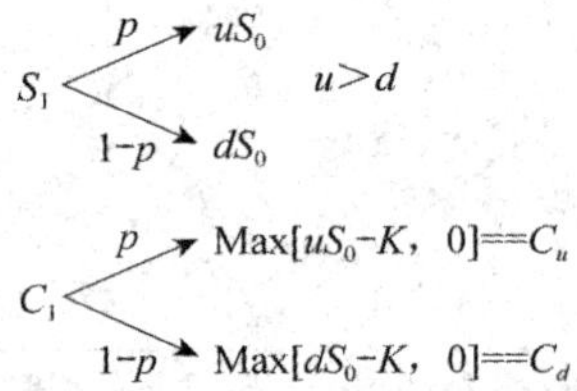

图 3-18　二项股票价格发展模型

现在的任务在于回答$C_0=f(\cdot)$，$f(\cdot)$包括参数S_0、K、u、d、p、r。为求解这个问题，我们通过构造包括标的资产及衍生资产的资产组合，并在保证组合资产为无风险资产这个约束条件下，按照无风险资产期初与期末价值的内

① 由瑞士科学家詹姆斯 · 伯努利(Jacob Bernoulli)始创的。由于实验结果值只有性质不同的两项群体的概率分布，因此实验结果统计量分布称为伯努利分布或二项分布，这是一种离散型随机变量的概率分布。所谓两项群体是按两种不同性质划分的统计变量，是二项试验的一个，两个观测值是对立的，因而两项分布又可以说是两个对立事件的概率分布。

在关系，获得标的资产与衍生资产之间内在的价格关系，并获得衍生资产期初价格，实现衍生资产的定价过程。

考虑一个今天的投资组合，包括股票和债券：Δ 数额的股票，B 数额的债券，这个组合今天的成本$V_0=S_0\Delta+B$，明天的支付V_1的结构如图 3-19 所示。

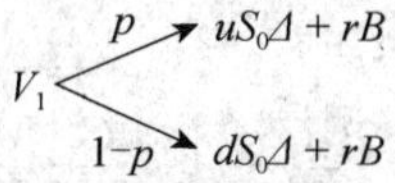

图 3-19　明天期权支付函数V_1结构图

现在选取 Δ 和 B，其所具有的关系如图 3-20 所示，则

$$C_0=V_0=S_0\Delta^*+B^*=\frac{1}{r}\left[\frac{r-d}{u-d}\cdot C_u+\frac{u-r}{u-d}\cdot C_d\right] \tag{3-38}$$

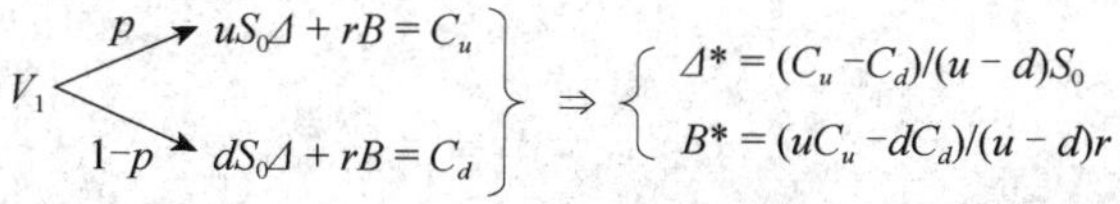

图 3-20　投资组合系数 Δ 及 B 关系图

按照无套利原则有：

(1) 假设$C_0>V_0$，则

今天：卖出C_0，买入V_0，获得$C_0-V_0>0$；

明天：拥有C_1，但V_1是等价C_1的。

(2) 假设$C_0<V_0$，则

今天：买入C_0，卖出V_0，获得$V_0-C_0>0$；

明天：拥有V_1，但是C_1是等价V_1的。

从而得出$C_0=V_0$，否则便存在套利，那么

$$C_0=V_0=S_0\Delta^*+B^*=\frac{1}{r}\left[\frac{r-d}{u-d}\cdot C_u+\frac{u-r}{u-d}\cdot C_d\right] \tag{3-39}$$

值得注意的是，公式(3-39)没有出现 p，说明我们可以对 p 有不同的认知，但对期权价格有一致的认识。

上述为一个时间阶段(one-period)的定价模型，时间段的长短没有严格的规定，可以是一天、一个月、一年等。我们可以将一个时间段的发展规律复制和扩展，构造出多阶段(multi-period)发展，从而形成多阶段定价规律。

多阶段的一般化表达式为

$$C_0=\frac{1}{r^n}\sum_{k=0}^{n}\binom{n}{k}p^{*k}(1-p^*)^{n-k}\max\left[0,\ u^k d^{n-k}S_0-K\right] \tag{3-40}$$

$$p^*=\frac{r-d}{u-d} \tag{3-41}$$

其具体推导过程将在 6.3 节给出。

如果将多阶段模型中的时间间隔取值趋于无穷小，那么离散模型将转化为连续模型。连续时间/连续状态版本的定价公式是布莱克—舒尔茨/默顿(B-S/M)模型，即

$$\frac{1}{2}\sigma^2 S^2\frac{\partial^2 C}{\partial S^2}+rS\frac{\partial C}{\partial S}+\frac{\partial S}{\partial t}=rC$$

B-S/M 模型的推导将在 6.2.5 节给出，而连续与离散模型的一致性将在 7.2.7 证明。

第 4 章　金融的挑战Ⅱ——风险

4.1　风　　险

4.1.1　风险的定义

所谓风险，就是指在一个特定的时间内和一定的环境条件下，人们所期望的目标与实际结果之间的差异程度。ISO31000《风险管理标准》中对风险的定义：风险是不确定性对目标的影响。这里的“影响”是指实际结果与期待结果的偏差，可以是积极的，也可以是消极的；“目标”可以有不同方面（如财务、健康安全以及环境目标），可以体现在不同的层次（如战略、组织范围、项目、产品和过程）。风险通常以事件（包括环境的变化）后果和发生的可能性的组合来表达。

风险可以分为广义风险和狭义风险两类。广义风险表现为收益或者代价的不确定性，说明风险产生的结果可能带来损失、获利或是无损失也无获利。只要某一事件的发生存在着两种或两种以上的可能性，那么就认为该事件存在着风险。狭义风险表现为损失的不确定性，说明风险只能表现出损失，没有从风险中获利的可能性。在保险理论与实务中，风险仅指损失的不确定性。这种不确定性包括发生与否的不确定、发生时间的不确定以及导致结果的不确定。

4.1.2　“风险”一词的由来

对于“风险”一词的由来，最为普遍的一种说法是在远古时期，以打鱼捕捞为生的渔民，每次出海前都要祈祷，祈求神灵保佑自己能够平安归来，其中主要的祈祷内容就是让神灵保佑自己在出海时能够风平浪静、满载而归。他们在长期的捕捞实践中深深地体会到风给他们带来的无法预测及无法确定的危险，认识到在出海捕捞打鱼的生活中，“风”即意味着“险”，因此有了

"风险"一词。

"风险"一词的英文是"risk"，来源于古意大利语"riscare"，意为"todare"(敢)，其实指的就是冒险，是利益相关者的主动行为，有某些正面的含义。

从上述"风险"一词的两个来源可以看到风险含义的发展。风险既可以是一个正面的概念，与机会、概率、不测事件和随机性相结合，也可以是一个负面的概念，与危险、损失和破坏相结合。因此，从不同的角度出发，风险有不同的意义，对风险的理解也应该是相对的。结合风险演变的历史，可以给出定义：风险是由于个体认知能力的有限性和未来事件发展的不确定性，基于个体的主观评估对预期结果与实际结果的偏离程度及可能性进行的估计。

4.1.3 风险的相关概念

1. 风险成本

风险成本指风险存在和风险事故发生后人们所必须支出费用的增加和预期经济利益的减少，又称风险的代价。风险成本包括风险损失的实际成本、风险损失的无形成本以及预防和控制风险损失的成本。

2. 风险单位

风险单位指发生一次风险事故可能造成的标的物的最大损失范围，是保险公司确定其能够承担的最高保险责任的计算基础。《中华人民共和国保险法》第一百零三条明确规定：保险公司对每一危险单位，即对一次保险事故可能造成的最大损失范围所承担的责任，不得超过其实有资本金加公积金总和的百分之十；超过的部分应当办理再保险。

3. 风险因素

风险因素是指能产生或增加损失概率和损失程度的条件或因素，是风险发生的潜在原因，也是造成损失的内在或间接原因。

4. 风险事件

风险事件是指造成损失的偶发事件，是造成损失的外在原因或直接原因，如失火、雷电、地震等事件。这里要注意把风险事件与风险因素区别开来。例如，因汽车刹车失灵导致车祸中人员伤亡，这里刹车失灵是风险因素，而车祸是风险事件。

5. 风险损失

风险损失是指非故意的、非计划的和非预期的经济价值的减少，通常以货币单位来衡量。

6. 风险管理

风险管理就是一个识别、确定和度量风险，并制订、选择和实施风险处理方案的过程。

7. 风险管理过程

风险管理过程包括风险识别、风险评价、风险对策、实施决策、检查五方面的内容。

8. 风险频率

风险频率又称损失频率，是指一定数量的标的在确定的时间内发生事故的次数。

9. 风险程度

风险程度又称损失程度，是指每发生一次事故导致标的的损毁状况，即毁损价值占被损毁标的全部价值的百分比。

风险是由风险因素、风险事故和损失三者构成的统一体，风险因素引起或增加风险事故，风险事故的发生可能造成损失。同时，一般来说，风险频率与风险程度成反比，即若风险频率很高，则风险程度不大，若风险频率不高，则风险程度很大。

4.1.4　风险的分类

1. 按照性质分类

按照性质，风险可以分为纯粹风险与投机风险。

(1) 纯粹风险：是指只有损失机会而无获利可能的风险，如房屋所有者面临的火灾风险、汽车主人面临的碰撞风险等。当火灾碰撞事故发生时，他们便会遭受经济利益上的损失。

(2) 投机风险：是相对于纯粹风险而言的，是指既有损失机会又有获利可能的风险。投机风险的后果一般有三种：一是没有损失；二是有损失；三是盈利。比如，在股票市场上买卖股票，就存在赚钱、赔钱、不赔不赚三种后果，因而属于投机风险。

2. 按照标的分类

按照标的，风险可以分为财产风险、人身风险、责任风险和信用风险。

(1) 财产风险：是指导致一切有形财产的损毁、灭失或贬值的风险以及经济或金钱上的损失的风险。例如，厂房、机器设备、家具等会遭受火灾、地震、爆炸等风险；船舶在航行中可能会遭受沉没、碰撞、搁浅等风险。财产损失通常包括财产的直接损失和间接损失两方面。

(2) 人身风险：是指导致人伤残、死亡、丧失劳动能力以及增加医疗费用支出的风险。例如，人会因生、老、病、死等生理规律和自然、政治、军事等原因而早逝、伤残、丧失工作能力或年老无依靠等。人身风险所致的损失一般有两种：一种是收入能力损失；另一种是额外费用损失。

(3) 责任风险：是指由于个人或团体的疏忽或过失行为，造成他人财产损失或人身伤亡，依照法律、契约或道义应承担民事法律责任的风险。

(4) 信用风险：是指在经济交往中权利人与义务人之间由于一方违约或违法致使对方遭受经济损失的风险。例如，在进出口贸易中，出口方(或进口方)会因进口方(或出口方)不履约而遭受经济损失。

3. 按照行为分类

按照行为，风险可以分为特定风险和基本风险。

(1) 特定风险：与特定的人有因果关系的风险，即由特定的人所引起的，而且损失仅涉及特定个人的风险。火灾、爆炸、盗窃以及对他人财产损失或人身伤害所负的法律责任均属此类。

(2) 基本风险：其损害波及社会的风险。基本风险的起因及影响都不与特定的人有关，至少是个人所不能阻止的风险。与社会或政治有关的风险，与自然灾害有关的风险都属于基本风险。地震、洪水、海啸、经济衰退等均属此类。

4. 按照产生环境分类

按照产生环境，风险可以分为静态风险和动态风险。

(1) 静态风险：是指在社会经济正常情况下，由自然力的不规则变化或人们的过失行为导致损失或损害的风险，如雷电、地震、霜害、暴风雨等自然原因导致的损失或损害，以及火灾、爆炸、意外伤害事故导致的损失或损害等。

(2) 动态风险：是指由于社会经济、政治、技术以及组织等方面发生变动，如人口增长、资本增加、生产技术改进、消费者爱好的变化等导致损失或损害的风险。

5. 按照产生原因分类

按照产生原因，风险可以分为自然风险、社会风险、政治风险、经济风险和技术风险。

(1) 自然风险：是指因自然力的不规则变化使社会生产和社会生活等遭受威胁的风险。例如，地震、风灾、火灾以及各种瘟疫等自然现象是经常、大量发生的。在各类风险中，自然风险是保险人承保最多的风险。

(2) 社会风险：是指由于个人或团体的行为(包括过失行为、不当行为以及故意行为)或不行为使社会生产以及人们的生活遭受损失的风险。例如，盗窃、抢劫、玩忽职守及故意破坏等行为可能对他人财产造成损失或对他人人身造成伤害。

(3) 政治风险(国家风险)：在对外投资和贸易过程中，因政治原因或订立双方所不能控制的原因使债权人可能遭受损失的风险，如因进口国发生战争、内乱而中止货物进口，因进口国实施进口或外汇管制等。

(4) 经济风险：在生产和销售等经营活动中由于受各种市场供求关系、经济贸易条件等因素变化的影响或经营者决策失误对前景预期出现偏差等导致经营失败的风险，比如企业生产规模的增减、价格的涨落和经营的盈亏等。

(5) 技术风险：伴随着科学技术的发展、生产方式的改变而产生的威胁人们生产与生活的风险，如核辐射、空气污染和噪声等。

4.1.5 降低风险的途径

1. 多样化选择

多样化指消费者在计划未来一段时间内的某项带有风险的经济活动时，可以采取多样化的行动，以降低风险。

2. 风险分散

风险分散指投资者通过投资许多项目或者持有许多公司的股票而消除风险。这种以多种形式持有资产的方式可以在一定程度上避免持有单一资产而发生的风险，这样，投资者的投资报酬就会更加确定。

3. 风险转移(保险)

在消费者面临风险的情况下，风险回避者会愿意放弃一部分收入，而去购买保险。如果保险的价格正好等于期望损失，则风险规避者将会购买足够的保险，以使他们从任何可能遭受的损失中得到全额补偿，确定收入给他们带来的效用要高于无损失时收入高、有损失时收入低这种不稳定情况带来的效用。此外，消费者可以采取多种方式进行自保：一是采取资产多元化组合，如购买共同互助基金；二是向某些基金存放资金，以抵消未来损失或收入降低。

4.2　金融风险

风险的本质特征是不确定性，风险是在一定条件下和一定时期内，由于各种结果发生的不确定性而导致行为主体遭受损失的可能性大小及其损失大小。类比风险的定义，金融风险是指在一定条件下和在一定时期内，由于金融市场中各种经济变量的不确定造成结果发生的不确定，从而导致行为主体遭受损失的大小及该损失发生可能性的大小。

金融风险指的是与金融有关的风险，包括在金融活动中所产生的市场风险、信用风险、流动性风险、作业风险、行业风险、法律法规或政策风险、人事风险等与金融相关的风险。狭义的金融风险可以理解为一定量金融资产在未来时期内预期收入遭受损失的可能性。

对于金融经营，风险是一种客观存在。事实上，没有风险就没有金融活动。我们要做的就是学会如何去控制风险，规制金融风险隐患。

风险在金融学中具有一个灵魂般的地位，因为金融资产的价格就是金融资产所蕴含的“风险”的价格。更直接一点来说，金融资产的核心就是“替风险定价”。所以替风险定价基本上是这半个世纪以来现代金融学最核心的内容，几乎所有获得诺贝尔经济学奖，以及未来可能获得诺贝尔经济学奖的金融学者都是在这个维度上做出了原创性的贡献。

4.2.1　金融风险的内涵

当人们用自己的货币以一定的价格购买金融资产时，这种金融资产提供的收入流量并不是现时的收入流量，而是在未来一定时期内陆续实现的货币收入流量，因此，在这种待实现的货币收入流量转化为实际货币收入流量时必须考虑时间因素。现实世界是个充满竞争和意外因素的世界，一定量的金融资产在未来的时期内到底能产生多大的货币收入流量，存在相当的不确定性。这种预期收入遭受损失的可能性，就是通常所说的金融风险。

对于一个微观经济主体来说，风险是它的预期收入遭受损失的可能性，而不确定性则是某种预知或控制某种不愉快事件发生的不可能性。从统计学角度看，不确定性表现为随机事件，它的出现一般具有偶发、突然等特点，而风险通常与收益相伴而生。例如，金融资产的投资者关于不同数值的资本收益预期的信心可以用概率来表示，可以用概率来说明这种预期的任何一个既定状态。假定投资行为有 n 个可能结果，那么，这个概率分布必定有两个特点：一是具有平均值所代表的中心倾向；二是肯定会出现一定的偏差，即离中趋势。概率分布的中心倾向就代表着投资者的预期收入值，而离中趋势所代表的就是投资者的收益风险。用概率论的语言来说，投资者的风险就是概率分布中特定的货币收益值与代表投资者预期的中值的背离程度，它可以用标准偏差公式来进行衡量。

4.2.2　金融风险的分类

认识金融风险的程度、角度和目的不同，将导致金融风险的分类有许多不同的标准和方法。

(1) 按照能否分散，金融风险可以分为系统性风险和非系统性风险。系统性风险又称为不可分散化风险，是由诸如经济周期波动、国家宏观经济政策变动等那些影响整个金融市场的风险因素引起的，使所有经济主体都共同面临未来收益的不确定性。非系统性风险又称为可分散化风险，是由特定公司或者行业相关的风险因素引起的，使该公司或者行业面临未来收益的不确定性。系统性风险和非系统性风险的区别在于，非系统性风险可以通过风险分散化策略选取适当的投资组合降低甚至消除，但是这已经充分分散化的组合仍然要承受系统性风险。

(2) 按照金融风险的主体，可以划分为金融机构风险、个人金融风险、企业金融风险和国家金融风险。

(3) 按照金融风险的层次，可以划分为微观金融风险和宏观金融风险。

(4) 按照风险因素的来源，金融风险可以分为市场风险、汇率风险、信用风险、操作风险、流动性风险和政策风险等。这种分类方法在目前是最普遍和流行的，因为从风险因素的角度进行分类有助于识别风险源，进而更容易地建立与风险因素相匹配的风险度量方法。

4.2.3　金融风险的特征

1. 金融风险的不确定性

不确定性是金融风险的本质特征，但是其并不表示金融风险是不可测量的。在掌握一定的信息后，可以利用概率论、统计学的方法来预测风险结果发生的可能性，进一步对金融风险进行度量和管理。

2. 金融风险的客观性和普遍性

客观存在性是指金融风险的产生是一种不以人的主观意志为转移而客观存在的现象。普遍性是指金融风险无处不在、无时不有，在每一个行业、金融工具、经营机构和每一次的交易行为中，都有可能潜伏着金融风险。

3. 金融风险的潜在性、叠加性和累积性

金融中介和资金需求者之间存在着极大的信息不对称，而金融主体获取金融资产价格变化的信息又是不完全的，因此金融风险具有很大的潜在性，而且同一时间的风险因素会交织在一起，相互作用、相互影响，并在各金融机构中不断叠加和累积。

4. 金融风险的扩张性和传染性

在某一区域的金融市场上，各种金融资产、各类金融机构相互交织、密切联系，形成一个复杂的体系，价格波动会在不同金融资产间传递，不同金融机构也会呈现出共荣共损的特性。另外，国际金融联系日益密切，金融风险会通过各种方式从一国传导至另一国，呈现出跨国传染的特性。

4.3　金融风险度量案例 1——固定收益债券利率风险

利率风险是指由于预期利率水平和到期实际市场利率水平的差异造成损失的可能性。

债券承受利率风险。对于政府债券，因为有政府的担保，我们认为是无违约风险的，但并不意味着无价值变动的可能性。随着利率的调整，债券价格也变化。利用债券价格随利率变动的敏感性来测度利率风险。

对于一个到期期限为 T 年的债券，我们用净现值法(NPV)进行定价。

$$P_0=\frac{F}{(1+r_{0,T})^T} \tag{4-1}$$

式中，$r_{0,T}$是持续期为 T 的债券到期的年化利率。

若在 T 周期里，无风险利率始终不变，那么P_0不变。但如果在到期 T 之前，无风险利率有变化，r_t代表从 t 年到 $t+1$ 年的年化利率，即r_t是远期 t 时刻的利率，那么

$$P_0=\frac{F}{(1+r_T)(1+r_{T-1})\cdots(1+r_2)(1+r_1)} \tag{4-2}$$

因此有

$$(1+r_{0,T})^T=(1+r_T)(1+r_{T-1})\cdots(1+r_2)(1+r_1) \tag{4-3}$$

式中，$r_{0,T}$是所有远期利率的一个平均值。

如果市场中有一组不同期限的债券价格，我们可以计算出其对应的$r_{0,t}$ $(t=1, 2, \cdots, T)$，即

$$\{P_{0,1}, P_{0,2}, P_{0,3}, \cdots, P_{0,T}\}\rightarrow\{r_{0,1}, r_{0,2}, r_{0,3}, \cdots, r_{0,T}\}$$

我们将这个结构称为利率期限结构。

例如,2008 年 8 月 1 日，市场债券价格如表 4－1 所示。

表 4－1　2008 年 8 月 1 日市场债券价格

到期日/年	1/4	1/2	1	2	5	10	30
债券价格	0.991	0.983	0.967	0.927	0.797	0.625	0.187
$r_{0,i}$	3.68%	3.49%	3.41%	3.86%	4.64%	4.81%	5.75%

对于 5 年期债券：

$$0.797=\frac{1}{(1+r_{0,5})^5}$$

$$r_{0,5}=\frac{1}{(0.797)^{\frac{1}{5}}}-1=4.64\%$$

同样，可以计算出不同期限债券的即期利率$\left\{r_{0,t}, t=\frac{1}{4}, \frac{1}{2}, 1, 2, 5, 10, 30\right\}$，如表 4－1 中第 3 行所示。因此，通过市场中的一组不同期限债券价格，可以计算出其对应的$r_{0,t}(t=1, 2, \cdots, T)$，即

$$\{P_{0,1}, P_{0,2}, P_{0,3}, P_{0,4}, P_{0,5}\}\rightarrow\{r_{0,1}, r_{0,2}, r_{0,3}, r_{0,4}, r_{0,5}\}$$
$$=\{3.41\%, 3.86\%, 4.64\%, 4.81\%, 5.75\%\}$$

这是一个五年期的利率期限结构。

参数$(P_0, r_{0,T}, F)$是一个三元组，如果知道 2 个参数值，那么第 3 个参数的取值就能确定。通过利率期限结构，可以获得远期利率的一个估值。

$$1+r_1=r_{0,1} \tag{4-4}$$

$$(1+r_1)(1+r_2)=r_{0,2}^2 \tag{4-5}$$

$$(1+r_1)(1+r_2)(1+r_3)=r_{0,3}^3 \tag{4-6}$$

$$\vdots$$

$$(1+r_1)(1+r_2)\cdots(1+r_i)=r_{0,i}^i \tag{4-7}$$

那么

$$\frac{r_{0,i}^i}{r_{0,i-1}^{i-1}}=(1+r_i) \tag{4-8}$$

$$r_i=\frac{r_{0,i}^i}{r_{0,i-1}^{i-1}}-1 \tag{4-9}$$

由上述利率期限结构可以推导出：

$$r_2=\frac{r_{0,2}^2}{r_{0,1}^1}-1=3.37\%$$

则在现在时刻，利率期限结构中隐含的第 1 年到第 2 年的远期利率为 3.37%。

如果 $r_t(t=1, 2, \cdots, T)$ 随时间变化，相应地，$r_{0,T}$ 也是变化的，P_0 承受着远期利率变化带来债券价值变化的风险。

对于附息债券，可以看成是一组折现债券的组合。例如，一个 3 年期债券，票面价值为 1000 元，付息比例为 5%，其现金流图如图 4-1 所示。

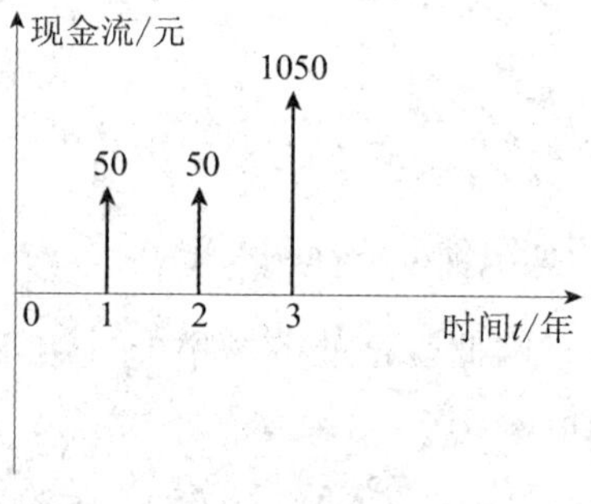

图 4-1　3 年期息债券现金流图

它可以看成是 3 个折现债券：1 年期面值 50 元的折现债券($P_{0,1}$)、2 年期面值 50 元的折现债券($P_{0,2}$)和 3 年期 1050 元的折现债券($P_{0,3}$)。附息债券的现价(P_0)是 3 个折现债券价格之和：

$$
\begin{aligned}
P_0 &= P_{0,1}+P_{0,2}+P_{0,3} \\
&= \frac{50}{(1+r_1)}+\frac{50}{(1+r_2)(1+r_1)}+\frac{1050}{(1+r_3)(1+r_2)(1+r_1)} \\
&= \frac{50}{(1+y)}+\frac{50}{(1+y)^2}+\frac{1050}{(1+y)^3}
\end{aligned}
$$

通过观察市场上相同到期日的折现债券的即期利率($r_{0,i}$，$i=1, 2, \cdots, T$)，可以获得一个近似的附息债券收益率(Yield - to - Mature，y)。y 是附息债券到期日的即期收益率。

利率变化带来债券价格的变化，度量债券价格随利率变化的敏感性用久期(duration)和凸性(convexity)两个变量。

4.3.1　久期的概念及度量

久期(Duration)的概念最早由美国经济学家弗雷德里克·麦考莱(Frederick Macaulay)为研究债券的期限结构于 1938 年提出，因而被称为麦考莱久期(D_m)。它是债券在未来产生现金流的时间的加权平均，其权重是各期现金流现值在债券价格中所占的比重。久期与其权重的计算式如下：

$$D_m = \sum_{k=1}^{T} k \cdot w_k \tag{4-10}$$

$$\sum_{k=1}^{T} w_k = 1 \tag{4-11}$$

$$w_k = \frac{C_k/(1+y)^k}{P} = \frac{\mathrm{PV}(C_k)}{P} \tag{4-12}$$

债券价格对收益率变化的敏感性：

$$P = \sum_{k=1}^{T} \frac{C_k}{(1+y)^k} \tag{4-13}$$

$$\frac{\partial P}{\partial y} = \frac{-1}{(1+y)} \sum_{k=1}^{T} k \cdot \frac{C_k}{(1+y)^k} \tag{4-14}$$

$$\frac{1}{P}\frac{\partial P}{\partial y} = -\frac{D_m}{(1+y)} = -D_m^* \tag{4-15}$$

式中，D_m^* 为修正久期。因此得

$$\frac{\partial P}{P} = -D_m^* \partial y \tag{4-16}$$

当利率增长∂y，债券价格降低$D_m^* \cdot P \cdot \partial y$，变化百分比为$\frac{\partial P}{P}$，利率与价

格变化比率$\frac{\partial P}{\partial y}$为$-D_m^* P$。

4.3.2 凸性的概念及度量

凸性(V_m)是利率变化时久期的敏感性。我们通过对利率与债券价格变化比率$\frac{\partial P}{\partial y}$二次求导，可得

$$\frac{\partial^2 P}{\partial y^2}=\frac{1}{(1+y)^2}\sum_{k=1}^{T}k\cdot(k+1)\frac{C_k}{(1+y)^k} \tag{4-17}$$

从而定义凸性：

$$V_m=\frac{1}{P}\frac{\partial^2 P}{\partial y^2} \tag{4-18}$$

久期与凸性的关系：设 y'是新的利率，$P(y')$是新利率下债券的价格，那么

$$P(y')=P(y)+\frac{\partial P}{\partial y}(y)\cdot(y'-y)+\frac{\partial^2 P}{\partial y^2}(y)\cdot\frac{(y'-y)^2}{2} \tag{4-19}$$

$$=P(y)\cdot\left[1-\frac{1}{P}\frac{\partial P}{\partial y}(y)\cdot(y'-y)+\frac{1}{P}\frac{\partial^2 P}{\partial y^2}(y)\cdot\frac{(y'-y)^2}{2}\right]$$

$$=P(y)\cdot\left[1-D_m^*(y'-y)+\frac{1}{2}V_m(y'-y)^2\right] \tag{4-20}$$

久期与凸性构成债券价格的二阶近似。

例如，一个4年期附息债券，面值为100元，票息为8%，四年期债券年化收益率为6%，年付息一次。该债券久期和凸性计算过程如表4-2所示。

表4-2　4年期附息债券久期和凸性计算

期限/t	CF_t	$PV(CF_t)$	$tPV(CF_t)$	$t\cdot(t+1)PV(CF_t)(1+y)^{-2}$
1	8	7.547169811	7.547169811	13.43390853
2	8	7.11997152	14.23994304	38.02049584
3	8	6.716954264	20.15086279	71.7367846
4	108	85.54611563	342.1844625	1522.714767

债券现价 $P_0=106.93$，久期 $D_4=3.5922$，修正久期$D_4^*=3.3889$，凸性$V_4=15.3923$，如果按照公式(4-19)计算，当到期收益率调整到7%时，其当前价格为

$$P_0(y'=0.07)=P_0(y=0.06)\cdot\left[1-D_m^*\cdot(y'-y)+\frac{1}{2}V_m\cdot(y'-y)^2\right]$$
$$=103.3887$$

按照 NPV 方法计算：

$$P_0(y'=0.07)=\frac{8}{1+0.035}+\frac{8}{(1+0.035)^2}+\frac{8}{(1+0.035)^3}+\frac{108}{(1+0.035)^4}$$
$$=103.3872$$

因此，久期及凸性可以实现债券价格随利率变化的价格估值。

4.4　金融风险度量案例 2——股票市场风险

风险和收益的关系是金融理论的基础。假设一个投资者面对一个低风险、10%收益的项目和一个高风险、同样 10%收益的投资项目时，人们会选择低风险项目。在金融领域遵循的原则是，投资者需要更高回报的刺激来承担更高的风险。

在股票市场中，投资股票的收益包括两个部分：分红和股价升值部分。因此，股票资产收益率定义为

$$r_t=\underbrace{\frac{P_t-P_0}{P_0}}_{\text{资本收益率}}+\underbrace{\frac{D_t}{P_0}}_{\text{分红收益率}} \tag{4-21}$$

式中，P_0为开始时刻的股票价格，P_t为 t 时刻的股票价格，D_t为时间段(0 到 t)内的股票分红量，r_t为股票从 0 时刻到 t 时刻的收益率。

假设我们购买了一只股票，购买价格为 25 元，本年度收到 2 元分红。一年后股价上涨到 31 元，那么这只股票的年收益率为

$$r=\frac{31-25}{25}+\frac{2}{25}=32\%$$

这个收益率是实际发生的，也称为“历史”收益率。如果在投资前期望收益率为 50%，那么这个 50%是期望收益率。如果我们有一个数学工具来测度风险，那将使问题更加可描述和可操作。一种通用方法是观察历史或项目收益率的概率分布特征，同时，计算该分布的标准差或方差。

假设 A、B 两只股票收益率的概率分布如图 4-2 所示，两只股票具有相同的 15%的平均收益率，但 A 股较 B 股来说，其更多的收益率围绕在 15%左右。如果我们期望获得 15%的平均收益率，那么，持有 A 股比 B 股风险更小，因为A 股收益率距离期望的 15%更近。虽然 A 股和 B 股都有可能偏离期望，但 B 股偏离

得更远。由于我们对远离期望的收益率非常敏感，因此，我们可以得出结论：更大的波动率(方差或标准差)需要更高的收益率作为一种激励机制。

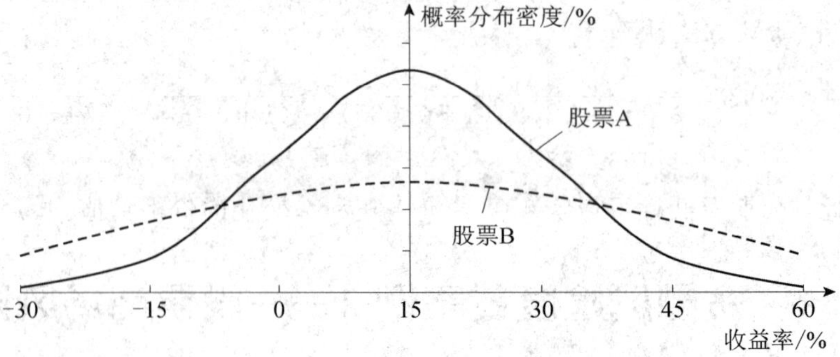

图 4－2　资产收益率的分布与风险示意图

由此，我们可以引入单个资产风险的度量方法，即均值—方差法。

4.4.1　测度方法(1)——波动率

收益率分布的特征值——标准差(Standard Deviation)σ 的计算式如下：

$$\sigma=\sqrt{\frac{\sum_{t=1}^{N}(r_t-\bar{r}_t)}{N-1}} \tag{4-22}$$

例如，表 4－3 是 A 股的年化收益率。利用表 4－3 中的收益率，计算平均收益率、方差和标准差。

表 4－3　A 股的年化收益率

年度	收益率/%
1	10
2	4
3	—8
4	13
5	5

平均收益率：

$$\bar{r}_t=\frac{10+4-8+13+5}{5}=4.8\%$$

方差(Variance)：

$$\sigma_A^2=\frac{[(10-4.8)^2+(4-4.8)^2+(-8-4.8)^2+(13-4.8)^2+(5-4.8)^2]}{5-1}\times 0.1‰$$
$$=\frac{258.8}{4}\times 0.1‰$$
$$=6.470‰$$

标准差：

$$\sigma_A=\sqrt{6.470‰}=8.04\%$$

股票的波动率比国债的高很多。同时，相同资产不同时期的波动性也不同。以美国股票、长期国债（一般有 10 年、30 年两种）和短期国债（1 年内）为例，在 1950—2007 年间，其收益率标准差如表 4－4 所示。

表 4－4　1950—2007 年美国股票、长期债券、国债的收益率标准差

年份	股票/%	长期国债/%	短期国债/%
1950—2007	17.0	10.3	2.8
1950—1959	19.8	4.9	0.8
1960—1969	14.4	6.2	1.3
1970—1979	19.2	6.8	1.8
1980—1989	12.7	15.1	2.6
1990—1999	14.2	12.8	1.2
2000—2007	16.4	6.7	1.7

4.4.2　分散风险——投资组合

一般来说，高风险伴随高收益。我们可以通过加入其他资产、通过资产组合，在保证一定收益前提下，降低组合资产的波动性。这个过程称为“分散风险”。例如，在某个年份里，一家制药公司没有通过某新药生产许可证，导致公司股价下跌。但这并不意味着每家制药公司在当年都没有通过新药生产许可。平均来说，一些制药企业成功，一些失败。那么，包含全部制药企业的资产组合的波动性可能小于一家制药公司的波动率。

拥有整个制药行业的股票确实限制了一些风险，但可能仍然存在行业风险影响制药企业。例如，药品监督管理局提高药品通过标准，任何新药投入生产将通过更严苛的筛选要求。那么，这将影响整个制药行业。这时，如果我们的投资组合不止包括制药企业，还包括计算机公司、制造业、服务业，甚至房地产业、零售业等。更多行业的资产组合，那么将比只包括一个行业的资产组合具有更低的风险。

事实上，我们可以设想一个包括了所有市场中的股票的资产组合。这样的一个市场组合仍然具有不确定性和风险，但比起只包括一种资产或一类资产的风险要小很多。由此，我们可以认为风险包括以下两部分：

(1) 公司特有的风险，也称为资产特有的风险、可分散风险、非系统风险或特殊风险。

(2) 市场层面的风险，也称为系统风险、市场风险或不可分散风险。

图 4-3 是不同规模资产组合与收益率标准差的关系图。横轴为资产组合的成分，从单一资产开始，不断加入新资产，实现资产多样化。具体过程为单一睿侠电子产品公司(Radio Shack)股票，加入美泰玩具公司(Mattel)股票，加入钮蒙特矿业公司(Newmont Mining)股票，加入迪士尼(Disney)股票，加入通用电气(General Electric)股票，直至加入全部标准普尔指数所包括的公司股票。纵轴为不同资产组合情况下的波动率标准差。这里，我们可以将标普 500 所包括的股票所组成的资产的价格波动率认为是系统风险，少于其组成成分的资产组合为特殊资产，从而分析系统(市场风险)和非系统风险。

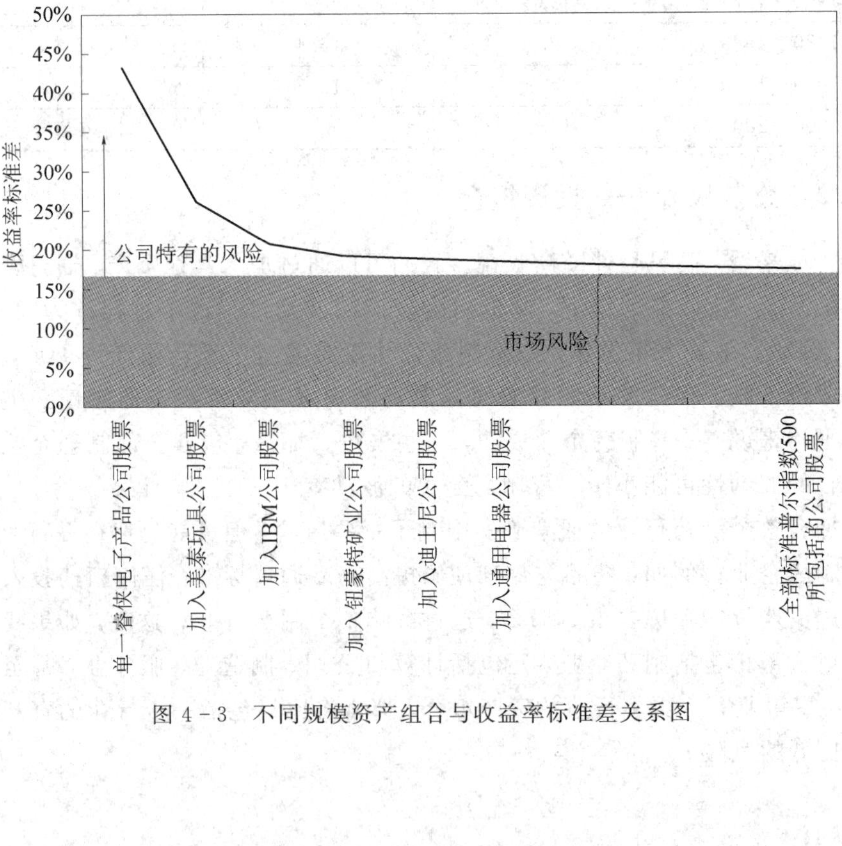

图 4-3　不同规模资产组合与收益率标准差关系图

通过图 4－3，我们可以发现资产组合中的非系统风险与系统风险的关系。其中系统风险是不可分散掉的、所有组合都要承担的市场风险r_M。这一部分风险需要风险补偿，因此具有风险溢价($r_M - r_f$)；另一部分是可以进行化解的、非系统风险。非系统风险可以是某个具体企业股票的特有风险(单一股票风险)，也可以是一种资产组合承受的特殊风险。可以看出，在组合资产种类不断加大时，承受的特殊风险逐渐减少，趋近于系统风险。

图 4－4 是通过收益率概率分布的形式给出的在期望 15％的收益率下，投资资产种类与承受风险的转化关系。

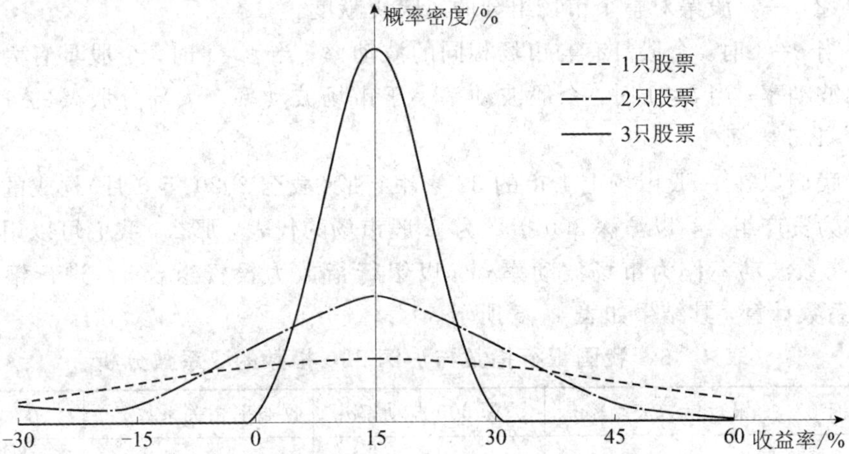

图 4－4　期望收益率下，资产种类与承受风险的转化关系

因此，越多的股票组成的投资组合，其收益率波动性越小。分散化源于不同的股票在时间上承受不同的事件，股票收益不完全相关。股价的波动可能相背。如果两个股票完全正相关，资产的多样化对于风险降低没有任何作用，那么投资者只被补偿他们承担的风险，可以被分散化的风险不被补偿。

4.4.3　测度方法(2)——β 系数

早期，我们用投资收益的标准差来衡量风险。在考察了分散化投资的好处后，我们可以发现采用标准差度量风险，给出的是资产承受的全部风险，包括可以分散化的和不能分散的。如果我们有一个方法可以测量不可分散风险，那么，在一个有效市场中，这一部分风险将被补偿。在金融领域，这个不可分散化风险用 β 系数来测量。

对于股票 i，它的 β 系数为

$$\beta_i = \frac{\sigma_i}{\sigma_M} \cdot \rho_{i,M} \tag{4-23}$$

或

$$\beta_i = \frac{\sigma_{i,M}}{\sigma_M^2} \tag{4-24}$$

β 系数的测量为

(1) 一只股票的波动性相对于整个市场组合的波动性；

(2) 一只股票对整个市场组合的风险贡献度。

当 $\beta=1$ 时，个股具有与市场相同的波动率；当 $\beta>1$ 时，个股具有大于市场的波动率；当 $\beta<1$ 时，个股波动率小于市场波动率。大部分股票的 β 值在 0.5～1.5 之间。

我们以在 A 股市场上上市的 32 家银行股（截至 2020 年 6 月）构成的银行指数为资产组合，以沪深 300 指数为 A 股市场的代表，那么，我们可以用沪深 300 指数波动率作为市场波动率 σ_M，以银行指数为投资组合 σ_i。进行银行股 $\beta_{i,M}$ 系数计算，其结果如表 4－5 所示。

表 4－5　我国银行指数与沪深 300 指数的 β 系数分析

年份	银行指数波动率 σ_i	沪深 300 波动率 σ_M	收益率相关系数 $\rho_{i,M}$	β_i
2011	0.199	0.161	0.640	0.791
2012	0.178	0.138	0.534	0.688
2013	0.290	0.250	0.999	1.158
2014	0.269	0.210	0.865	1.108
2015	0.391	0.295	0.573	0.761
2016	0.157	0.122	0.435	0.558
2017	0.131	0.071	0.389	0.713
2018	0.204	0.160	0.597	0.761
2019	0.176	0.145	0.611	0.741

根据道琼斯工业指数数据，可以发现一些著名公司的平均 β 系数，如表

4－6 所示。

表 4－6　世界著名公司股票的平均 β 系数

公司	β 系数	公司	β 系数
3M 公司	0.75	通用电气	0.59
美国运通公司	1.12	惠普公司	1.24
可口可乐公司	0.62	摩根大通	0.99
通用汽车	1.94	微软公司	1.36

4.4.4　风险溢价

我们需要更高的收益率来刺激投资者承受“额外”的风险。我们可以将“额外”收益率看作是相对于较低风险资产由高风险资产获得的一个承担风险的奖励，即风险溢价(Risk Premium)。

例如，如果我们在投资国债或者公司股票上进行选择，我们需要的收益率为

$$\text{风险资产要求收益率} = \text{无风险收益率} + \text{风险溢价} \tag{4-25}$$

风险溢价是对投资者投资风险资产的一个奖励。但是市场不奖励所有风险。公司特有风险可以被分散化，在一个有效市场中，对投资者承担的这部分风险并不奖励。当企业特有的风险被分散后，市场只奖励剩余的市场风险，即不同资产组合或单个资产的市场层面的风险是 β 系数计算的风险。

4.5　金融风险度量案例 3——公司债券信用风险度量

信用风险是指债务人不能按期偿还债务本息，使债权人受到一定经济损失的可能性。

4.5.1　公司债券利率的组成

受到公司财务能力影响，公司债券可能违约，也就是债务人不能如期支付债券利息或本金。

一个公司的信用质量由独立的评级机构提供违约可能性评价。例如，穆迪公司(Moody)、标准普尔公司(Standard ＆ Poor，S&P)及惠誉评级(Fitch

Ratings)，他们分别提出公司信用等级标准，并开展公司信用评级业务。表 4－7 是一类信用等级标准。

表 4－7　信用等级标准

信用风险	Moody's	S&P	Fitch
投资等级			
最高质量	Aaa	AAA	AAA
高质量(非常强)	Aa	AA	AA
中等偏上(强)	A	A	A
中等	Baa	BBB	BBB
非投资等级			
有点投机	Ba	BB	BB
投机	B	B	B
高度投机	Caa	CCC	CCC
最投机	Ca	CC	CC
即将违约	C	C	C
违约	C	D	D

公司信用评估等级与公司发行的债券信用等级相同。不同等级债券出现违约的概率不同，因此，不同等级的公司债券其折现率(到期收益率)也不同，风险溢价用于对出现风险的补偿。因此，公司债券收益率包括如下的四个组成部分：

(1) 保证收益(Promised Yield)：违约不出现的收益率；

(2) 期望收益率(Expected Yield)：各种收益率的概率权重平均值；

(3) 违约溢价(Default Premium)：保证收益率与期望收益率的差值；

(4) 风险溢价(Risk Premium)：风险债券期望收益率与相同期限相同付息比利的无风险收益率的差值。

例如，所有债券具有 1000 元票面价值。10 年国债销售价为 463.19 元，收益率为 8%；由某公司(XYZ)发行的 10 年期折现债券销售价为 321.97 元；XYZ 的折现债券的到期期望支付是 762.22 元。那么，对于 XYZ 公司发行的 10 年期折现债券，我们可以定义以下不同收益率：

$$\text{保证收益率}=\left(\frac{1000.00}{321.97}\right)^{1/10}-1=12\%$$

$$\text{期望收益率}=\left(\frac{762.22}{321.97}\right)^{1/10}-1=9\%$$

$$\text{违约溢价}=12\%-9\%=3\%$$

风险溢价＝9％－8％＝1％

公司债券利率结构如图 4－5 所示。

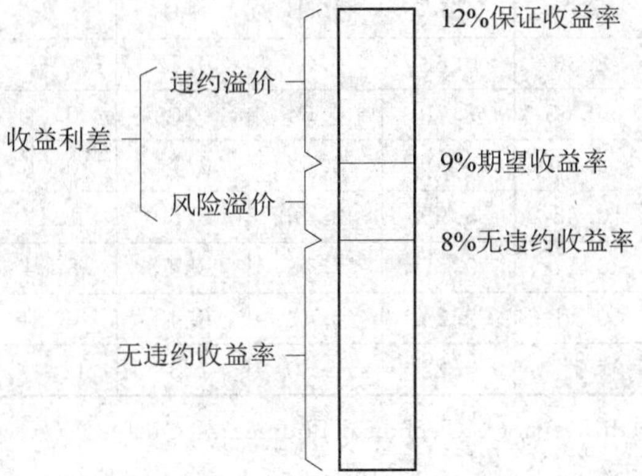

图 4－5　公司债券利率结构图

4.5.2　信用风险的 VaR 估值

进入 20 世纪 90 年代后，人们意识到传统的风险度量方法存在缺陷，因此 VaR(Value at Risk)方法应运而生。

按照字面意思，VaR 解读为"风险价值"或"在险价值"，是指在一定持有期及置信度内，某一资产组合所面临的最大的潜在损失。其概率统计可表示为

$$\mathrm{prob}(\Delta P > -\mathrm{VaR}) = 1 - \alpha \tag{4-26}$$

$$\mathrm{VaR} = E(V) - V(\alpha) \tag{4-27}$$

其中：α 一般取值为 1％或 5％，相应的置信度为 99％和 95％；$\Delta P = P(t+\Delta t) - P(t)$，表示单一资产或组合资产在未来持有期 Δt 内的损失；$E(V)$ 为期末贷款组合价值分布期望值；$V(\alpha)$ 为期末贷款组合价值分布的 α 分位数值；VaR 为在置信水平 $(1-\alpha\%)$ 下处于风险中的价值。因此，VaR 回答了在给定时间和概率下，投资者将损失多少的问题。

该方法通过摩根银行(J. P. Morgen)的市场风险评估模型 RiskMetrics 及一组用于统计计算 VaR 的参数而被推广使用。如今，VaR 已成为全球风险量化事实上的标准测度方法。

摩根银行为公司债券因信用等级变化引发债券价值变化或违约导致信贷资产损失的 VaR 计算提供了标准。不同等级的债券一年期后信用等级变化概率如表 4－8 所示。

表 4-8　一年期信用等级变化概率矩阵

初始等级	一年后等级变化概率/%							
	AAA	AA	A	BBB	BB	B	CCC	Default
AAA	90.81	8.33	0.68	0.06	0.12	0	0	0
AA	0.70	90.65	7.79	0.64	0.06	0.14	0.02	0
A	0.09	2.27	91.05	5.52	0.74	0.26	0.01	0.06
BBB	0.02	0.33	5.95	86.93	5.30	1.17	0.12	0.18
BB	0.03	0.14	0.67	7.73	80.53	8.84	1.00	1.06
B	0	0.11	0.24	0.43	6.48	83.46	4.07	5.20
CCC	0.22	0	0.22	1.30	2.38	11.24	64.86	19.79

(J. P. Morgen, "CreditMetric - Technical douments, "https: //www.researchgate.net/publication/301776007_CreditMetrics_-_ Technical_Document)

假设由公司 XYZ 发行的票面价值为 100 元的 5 年期债的年收益率为 6%。该公司当前信用等级为 BBB，需要评估一年期后，在 95%置信度下，持有该债券最大的损失有多少。

1. 确定风险溢价曲线(Yield Spread)

不同的信用等级意味着不同程度的信用风险。信用等级越低，潜在的、引发违约的概率越大。不同程度的风险资产需要有不同的资产收益率作为补偿，因此，风险溢价也称为信用风险的市场价值。表 4-9 是摩根银行提供的一个在标准普尔评级系统下，不同等级信用资产在不同信用时间段下的风险溢价。

表 4-9　不同等级贷款的远期利率

等级	一年期/%	两年期/%	三年期/%	四年期/%
AAA	3.60	4.17	4.73	5.12
AA	3.65	4.22	4.78	5.17
A	3.72	4.32	4.93	5.32
BBB	4.10	4.67	5.25	5.63
BB	5.55	6.02	6.78	7.27
B	6.05	7.02	8.03	8.52
CCC	15.05	15.02	14.03	13.52

(J. P. Morgen, "CreditMetric - Technical douments, "https: //www.researchgate.net/publication/301776007_CreditMetrics_-_Technical_Document)

2. 确定违约恢复比例

根据信用资产违约后可以返回资金的多少划分为五类，如表 4－10 所示。

表 4－10　不同类型信用资产违约回收率

债券类型	均值/%	标准差/%
有担保债券	53.80	26.86
无担保高级债券	51.13	25.45
高级次级债	38.52	23.81
次级债	32.74	20.18
初级次级债	17.09	10.90

(J. P. Morgen，“CreditMetric - Technical douments，”https：//www. researchgate. net/publication/301776007_CreditMetrics_-_Technical_Document)

3. 定义信用资产远期价值计量模型

以上述债券为例，根据资产当前信用等级及相应时间期限资产风险溢价曲线，通过现金流折现方法，计算观察期末借款人处于不同信用等级时该信用资产价值 $V_i^{(s)}$，$s \in \{AAA, AA, A, BBB, BB, B, CCC, Default\}$，$i=1, 2, \cdots, T-1$。

$$V_1^{(s)}=6+\frac{6}{1+r_{0,1}^{(s)}}+\frac{6}{(1+r_{0,2}^{(s)})^2}+\frac{6}{(1+r_{0,3}^{(s)})^3}+\frac{6}{(1+r_{0,4}^{(s)})^4}$$

式中，$r_{0,i}^{(s)}$ 是 s 等级第 i 年限贷款的风险溢价水平，$i=1, 2, 3, 4$。

设 XYZ 公司一年期末其信用等级还处于 BBB 级，那么该企业债券一年期末价值 $V_1^{(BBB)}$ 为

$$V_1^{(BBB)}=6+\frac{6}{1+4.1\%}+\frac{6}{(1+4.67\%)^2}+\frac{6}{(1+5.25\%)^3}+\frac{106}{(1+5.63\%)^4}$$

同理，可以获得该债券一年期末转移到不同信用等级后其相应债券的价值，如表 4－11 所示。

表 4-11　XYZ 公司 BBB 等级债券一年远期价值及概率

年末等级	价值 $V^{(s)}$/元	状态概率 p/%	价值变化 ΔV/元
AAA	109.37	0.02	228.0
AA	109.19	0.33	2.10
A	108.66	5.95	1.57
BBB	107.55	86.93	0.46
BB	102.02	5.30	−5.06
B	98.10	1.17	−8.99
CCC	83.64	0.12	−23.45
Default	51.13	0.18	−55.96

根据获得的资产价值分布情况，可以完成该信用资产一年期末的 VaR 估值，表 4-12 所示。具体实现方法有如下两种：

(1) 假设信用资产远期价格具有正态分布特征，那么通过计算价值均值和标准差，可以获得任意置信度下的一年期末 VaR 值。计算过程如下：

$$V_{\text{mean}} = \sum_{s=1}^{8} \text{prob}^{(s)} \times V^{(s)} \tag{4-28}$$

$$\sigma = \sqrt{\sum_{s=1}^{8} \text{prob}^{(s)} \times [V^{(s)} - V_{\text{mean}}]^2} \tag{4-29}$$

$$\text{VaR}_{1\%} = 2.33 \cdot \sigma \tag{4-30}$$

$$\text{VaR}_{5\%} = 1.64 \cdot \sigma \tag{4-31}$$

(2) 利用资产价值分布的分位数计算 VaR。由于信用资产价格发展远非正态分布，因此，可以通过对未来资产价值升序排序，并结合每种价值出现的概率获得 1%(或 5%)分位数对应的资产价值$V_{\alpha\%}$，然后按照如下公式计算：

$$\text{VaR}_{\alpha\%} = V_{\text{mean}} - V_{\alpha\%} \tag{4-32}$$

表 4-12　XYZ 公司 BBB 级债券一年期末 VaR 估值

置信水平	XYZ(BBB)/元	
	均值/方差法	分位数法
99%	6.96	23.44
95%	4.90	8.98

从式(4-32)中可以看出，所要计算的 VaR 值实质上可以看作是置信度 α 和持有期 Δt 的函数，置信度越大，持有期越长，VaR 值就越大。

因此，要计算 VaR 值，首先需要确定置信度和持有期这两个参数。

第 5 章　有效市场假说下的市场模型

5.1　市场的作用

5.1.1　市场的含义

市场起源于古时人类对于固定时段或地点进行交易的场所的称呼，而此交易场所是那些需要经常进行物品交换的人为了减少搜寻成本所自发形成的。“市场”一词中的“市”指的并非“城市”，而是古时的“买卖”“交易”之意。现在市场具备两个意义：一个意义是交易场所，如传统市场、股票市场、期货市场等；另一个意义为交易行为的总称。

“市场”一词不只是场所，还包括了在此场所进行交易的行为。因此当谈论到市场大小时，并不仅仅指场所的大小，还包括了消费行为是否活跃。美国市场营销协会(American Marketing Association，AMA)1960 年对市场提出了以下定义：市场是指一种货物或劳务所有潜在的和现实购买者需求的总和。

概括起来，市场具有以下内容：

(1) 市场是交换的场所。市场首先是一个空间概念，是人们彼此发生交换活动和经济联系的场所。

(2) 市场是交换关系。在市场上物的交换背后，反映的是人们相互的利益关系。市场是各种经济主体发生利益关系的综合反映。

(3) 市场是调节机制。市场交换所涉及的经济利益的变化必然会对各种经济主体的经济行为产生调节作用。

5.1.2　市场的功能

1. 聚集功能

市场的聚集功能是指市场把各种商品、各种资源以及商品和资源的需求者都集中到市场上来。

2. 扩散功能

市场的扩散功能是指在交换的基础上，把生产者和需求者通过交换而得到的各种资源扩散到各自的经济活动中。

3. 配置资源

市场资源配置的作用就是通过市场把各种资源在社会范围内进行安排。在市场作用过程中，人们在经济利益的驱动下，必然把自己所拥有的资源投入到能够获得最大利益的领域中。

4. 调节经济活动

市场具有的调节经济活动的作用就是通过市场去影响人们的生产、分配、交换、消费活动。

(1) 以调节生产活动来看，人们生产什么、生产多少都要受到市场的调节；

(2) 以调节分配活动来看，人们的收入分配状况和分配数量受到市场的调节；

(3) 以调节交换活动来看，人们是否进行交换，在多大程度上参与交换要受到市场的调节；

(4) 以调节消费活动来看，人们的消费状况和消费数量要受到市场的调节。

市场是社会分工和商品生产的产物，哪里有社会分工和商品交换，哪里就有市场。决定市场规模和容量的三个要素是购买者、购买力和购买欲望。

5.1.3 市场的分类

市场有多种分类，这里我们按市场经营的商品以及最终用途将市场划分为如下几类。

1. 生产资料市场

生产资料市场是进行生产资料交换的场所。这个市场的购买者主要是生产性企业，而不是个人消费者；购买商品是为了制造其他商品，而不是为了个人或家庭消费。

2. 生活资料市场

生活资料市场亦称消费品市场，是指人们为满足自身需要而购买的一切个人和家庭构成的市场。

3. 技术服务市场

技术服务市场是指从事技术中介服务和技术商品经营活动的场所。它以推动科技成果向现实生产力转化为宗旨，具体开展技术开发、技术转让、技术咨询、技术服务和技术承包，生产或经销科研中试产品和科技新产品，组织和开展技术成果的推广与应用等，技术覆盖面涉及所有技术领域。

4. 金融市场

金融市场是指以金融资产为交易对象，以金融资产的供给方和需求方为交易主体形成的交易机制及其关系的总和。

5.2　金融市场的特征

金融市场是交易金融资产并确定金融资产价格的一种机制。广义的金融市场是实现货币借贷和资金融通、办理各种票据和开展有价证券交易活动的市场。

5.2.1　金融市场的分类

1. 按交易标的物划分

(1) 货币市场：包括短期金融市场和短期资金市场，是指融资期限在一年及一年以下的金融市场，如同业拆借市场、票据市场、回购协议市场(质押式、买断式、开放式)、货币市场基金、大额可转让定期存单市场、短期政府债券市场、银行承兑汇票市场。

(2) 资本市场：包括长期金融市场和长期资金市场，是指融资期限在一年以上的各种资金借贷和证券交易的场所，如股票市场、债券市场、基金市场。

(3) 金融衍生品市场：以杠杆或信用交易为特征，包括期货市场、期权市场、互换市场及远期市场等。

(4) 外汇市场、保险市场、黄金市场及其他投资品市场。

2. 按交易对象是否为新发行划分

(1) 一级市场：亦称为初级市场(Primary Market)或发行市场(New Issue Market)，是筹集资金的公司或政府机构将其新发行的股票和债券等证券销售给最初购买者的金融市场。

(2) 二级市场(Secondary Market)：亦称为流通市场或次级市场，是发行的有价证券进行买卖交易、完成流通的场所。

3. 根据交易中介划分

(1) 直接金融市场：由资金供求双方直接进行融资所形成的市场。在直接金融市场上，筹资者发行债务凭证或所有权凭证，投资者出资购买这些凭证，资金就从投资者手中直接转到筹资者手中，而不需要通过信用中介机构。

(2) 间接金融市场：以银行等金融机构作为信用中介进行融资所形成的市场。在间接金融市场上，资金供给者首先把资金以存款等形式借给银行等金融机构，二者之间形成债权债务关系，银行等机构再把资金提供给需求者，又与需求者形成债权债务关系，通过信用中介的传递，资金供给者的资金间接地转到需求者手中。

4. 按地域范围划分

(1) 国际金融市场：是指由国际性的资金借贷、结算、汇兑以及有价证券、黄金和外汇的买卖活动所组成的市场。它的形成与发展一般应具备如下条件：金融机构比较集中，外汇和金融管制较松，证券交易免税或低税，黄金买卖自由，通信联系方便等。

(2) 国内金融市场：本国居民之间发生金融关系的场所，仅限于有居民身份的法人和自然人参加，经营活动一般只涉及本国货币，既包括全国性的以本币(在我国，本币就是人民币)计值的金融交易，也包括地方性金融交易。

5. 按有无固定场所划分

(1) 有形金融市场：是指有固定场所和操作设施的金融市场，包括各种专业银行、保险公司、养老金机构、基金组织、证券市场、外汇市场、黄金市场和生产资料市场。

(2) 无形金融市场：是指没有特定地点的交易市场，如股票、证券的柜台交易市场(即场外交易市场)，往往是指全球范围内或在一定区域内交易商及其客户计算机和远程通信系统的集合。

6. 按交割期限及交割方式划分

(1) 金融即期市场(Spot Market)：亦称现货市场(Cash Market)，指证券买卖双方成交后即刻办理交割和支付的市场，如货币、债券或股票交易。其表现为现钱现货交易。

(2) 金融期货市场：期货的交割是有期限的，在到期以前是合同交易，而到期日却是要兑现合同进行现货交割的。期货交易是合同交易，也就是合同的相互转让。

(3) 金融期权市场：是指以金融商品或金融期货合约为标的物的期权交易的场所。

7. 按价格形成机制划分

(1) 竞价市场(Auction Market)：是指按拍卖方式组织起来的市场，其代表形式是证券交易所。

(2) 议价市场(Negotiation Market)：买卖双方直接或通过经纪商或自营商就买卖价格和数量进行相互协商来达成交易的市场。

5.2.2　金融市场的特点

金融市场具有如下特点：

(1) 商品具有特殊性，即金融市场以货币头寸、票据、债券、股票等为交易对象；

(2) 金融市场具有价格的一致性，即利率在市场作用下趋于一致；

(3) 交易活动具有集中性，交易场所具有非固定性；

(4) 金融市场是一个自由竞争的市场；

(5) 金融市场的非物质化表现为股票等证券的转手并不涉及发行股票企业相应份额资产的变动；

(6) 金融市场交易之间主要是借贷关系，体现了资金所有权和使用权相分离的原则；

(7) 现代金融市场是信息市场；

(8) 交易主体(企业、个人、家庭)具有可变性。

5.2.3　金融市场的功能

金融市场具有资本积累、资源配置、经济调节和经济反映等主要功能。

1. 资本积累

金融市场的积累功能是指金融市场引导众多分散的小额资金汇聚成可以投入社会再生产的资金集合的功能。在这里，金融市场起着资金“蓄水池”的作用，可以调剂余缺、裨补阙漏。金融市场之所以具有资金的积聚功能，一是由于金融市场创造了金融资产的流动性，二是由于金融市场上多样化的融资工具为资金供应者的资金寻求合适的投资手段找到了出路。

2. 资源配置

金融市场的配置功能表现在三个方面：一是资源的配置，二是财富的再分配，三是风险的再分配。

在经济的运行过程中，拥有多余资产的盈余部门并不一定是最有能力和最有机会作最有利投资的部门。若现有的资产在这些盈余部门得不到有效利用，则金融市场通过将资源从低效率利用的部门转移到高效率利用的部门，从而使一个社会的经济资源能最有效地配置在效率最高或效用最大的用途上，实现稀缺资源的合理配置和有效利用。在金融市场中，证券价格的波动实际上反映着证券背后的信息，投资者可以依此信息判断整体经济运行情况以及相关企业、行业的发展前景，从而决定其资金和其他资金资源的投向。一般地说，资金总是流向最有发展潜力、能够为投资者带来最大利益的部门和企业。这样通过金融市场的作用，有限的资源就能够得到合理的利用。

财富是各经济单位持有的全部资产的总价值。政府、企业及个人通过持有金融资产的方式来持有财富，当金融市场上的金融资产价格发生波动时，财富持有者对财富的持有数量也会发生变化，一部分人的财富量随金融资产价格的升高而增加，而另一部分人则由于其持有的金融资产价格下跌，所拥有的财富量也相应减少。这样，社会财富就通过金融市场价格的波动实现了财富的再分配。

金融市场同时也是风险再分配的场所。在现代经济活动中，风险无时不在、无处不在。不同的主体对风险的厌恶程度是不同的。利用各种金融工具，厌恶金融风险的人可以把风险转嫁给厌恶风险程度较低的人，从而实现风险的再分配。

3. 经济调节

经济调节功能是指金融市场对宏观经济的调节作用。金融市场一边连着储蓄者，另一边连着投资者，金融市场的运行机制通过对储蓄者和投资者的影响而发挥着调节宏观经济的作用。

金融市场具有直接调节作用。在金融市场大量的直接融资活动中，投资者为了自身利益，一般会谨慎、科学地选择投资的国家、地区、行业、企业、项目及产品。只有符合市场需要、效益高的投资对象，才能获得投资者的青睐。投资对象在获得资本后，只有保持较高的经济交易和较好的发展势头，才能继续生存并进一步扩张。否则，它的证券价格就会下跌，继续在金融市场上筹资就会面临困难，发展就会受到后续资本供应的抑制。这实际上是金融市场通过其特有的引导资本形成及合理配置的机制首先对微观经济部门产生影响，进而影响到宏观经济活动的一种有效的自发调节机制。

金融市场的存在及发展为政府实现对宏观经济活动的间接调控创造了条件。货币政策属于调节宏观经济活动的重要宏观经济政策，其具体的调控工具有存款准备金政策、再贴现政策、公开市场操作等，这些政策的实施都是以金融市场的存在、金融部门及企业成为金融市场的主体为前提的。金融市场既提供货币政策操作的场所，也提供实施货币政策的决策信息。首先，因为金融市场的波动是对有关宏微观经济信息的反映，所以，政府有关部门可以通过收集及分析金融市场的运行情况来为政策的制定提供依据。其次，中国人民银行在实施货币政策时，通过金融市场调节货币供应量，传递政策信息，最终影响各经济主体的经济活动，从而达到调节整个宏观经济运行的目的。此外，财政政策的实施也越来越离不开金融市场，政府通过发行及运用国债等方式对各经济主体的行为加以引导和调节，提供中国人民银行进行公开市场操作等手段，也对宏观经济活动产生着巨大的影响。

4. 经济反映

金融市场历来被称为国民经济的“晴雨表”和“气象台”，是公认的国民经济信号系统。这实际上就是金融市场经济反映功能的写照。金融市场的经济反映功能表现在如下几个方面：

(1) 由于证券买卖大部分都在证券交易所进行，人们可以随时通过这个有形的市场了解到各种上市证券的交易行情，并据以判断投资机会。证券价格的涨跌在一个有效市场中实际上是反映着其背后企业的经营管理情况及发展前景。此外，一个有组织的市场，一般也要求上市证券的公司定期或不定期公布其经营信息和财务报表，这也有助于人们了解及推断上市公司及相关企业、行业的发展前景。所以，金融市场首先是反映微观经济运行状况的指示器。

(2) 金融市场交易直接和间接地反映国家货币供应量的变动。货币的紧缩和放松均是通过金融市场进行的，货币政策实施时，金融市场会出现波动，表示出紧缩和放松的程度。因此，金融市场所反馈的宏观经济运行方面的信息有利于政府部门及时制定和调整宏观经济政策。

(3) 由于证券交易的需要，金融市场有大量专门人员长期从事商情研究和分析，他们每日与各类工商业直接接触，能了解企业的发展动态。

(4) 金融市场有着广泛而及时的收集和传播信息的通信网络，整个世界金融市场已联成一体，四通八达，从而使人们可以及时了解世界经济发展变化的情况。

5.3 有效(金融)市场假说

有效市场假说(Efficient Market Hypothesis, EMH)是金融市场理论皇冠上的明珠，无论其有效性如何，都是理解金融市场运行的基点。有效市场假说在20世纪60年代最早由美国经济学家保罗·A.萨缪尔森(Paul A. Samuelson)提出，随后经济学家尤金·法玛(Eugene Fama)在1970年首次系统阐述了有效市场假说的概念：如果某一市场中的价格完全反映了所有可用的信息，那么这个市场就是有效的。

法玛同时给出了有效市场的三种类型：

(1) 弱有效市场：当前价格完全反映了包含在价格历史记录中的信息；

(2) 半强有效市场：当前的证券价格不但反映了历史记录中的价格信息，而且反映了与证券相关的所有公开信息；

(3) 强有效市场：证券价格反映了所有与其有关的信息，不仅包括半强有效市场中的信息，而且包括了内幕人所知的信息。换言之，价格没有反映的信息是与该证券无关的、无用的信息，任何人不能隐瞒任何有用的私人信息。

有效市场理论至少能得到两个推论：

(1) 资产价格应该是随机游走的。因为所有的信息都已得到合理评估，资产价格只能受未预期到的因素影响，而这些因素是随机的，因此资产价格也是随机游走的。

(2) 投机者同时应该是价值投资者。股票等资产价格由基本面决定，噪声交易者不会造成估值的改变。

进一步，行为金融学家安德鲁·施莱弗(Andrei Shleifer)认为有效市场的理论基础由三个逐步弱化的投资者行为假设组成：

(1) 假设投资者是理性的，理性评估资产价格；

(2) 即使某些投资者不理性，但由于其交易具有随机性，可互相抵消，资产价格不至于出现根本性偏离；

(3) 即使投机者的非理性行为并未随机而具有相关性，市场中的理性套利者也会通过无风险套利消除这种影响。

在内核上，有效市场理论与完美条件下的一般均衡理论一致。因此，即便有效市场理论远非完美，但它提供了分析的基准。理论与现实不吻合，也不能简单地说理论是错误的，只是其中某些条件未得到满足。现实中，鲜有完全竞争的市场，但这不是抛弃有效市场假说的理由。无摩擦下的力学定理不也是如此吗？虽然我们很难找到无摩擦的现实环境，但我们并不能否认理论模型的正确性。

5.4 有效市场假说下的市场模型

5.4.1 公平博弈模型

公平博弈模型认为，在一个有效市场中，市场的公允价格(Fair Value)是资产实际价值的无偏估计，即市场的有效性，用公式可以表达为

$$E(e_{j,t+1})=0 \tag{5-1}$$

$$e_{j,t+1}=R_{j,t+1}-E(R_{j,t+1}\mid\Phi_t)$$

$$R_{j,t+1}=\frac{(p_{j,t+1}-p_{j,t})}{p_{j,t}}$$

其中，$p_{j,t+1}$是证券在 $t+1$ 时刻的实际价格，$E(R_{j,t+1}\mid\Phi_t)$是基于信息集Φ_t所估计的 $t+1$ 时刻证券的平均收益率，$e_{j,t+1}$是实际收益率与预期收益率的差值。其含义是：若市场有效，那么股票价格的形成过程就符合公平博弈，即不可能以公开的信息获得超过均衡预期收益率以外的超常收益率。

5.4.2 随机游走模型

Fama 表示若资本市场在证券价格形成中充分而准确地反映了全部信息，则认为市场是有效率的(即若证券价格不会由于向所有投资者公开信息集而受到影响，则该市场对信息集是有效率的)，这意味着以证券市场信息为基础的证券交易不可能获得超额利益。他将市场有效性与随机游走模型的关系表示为

$$f(r_{j,t+1}\mid\Phi_t)=f(r_{j,t+1}) \tag{5-2}$$

其中，$f(r_{j,t+1}\mid\Phi_t)$表示基于目前信息集合所估计的证券 j 在 $t+1$ 时刻的收益率的概率密度；$f(r_{j,t+1})$表示无条件收益率的概率密度。该模型认为，收益率的条件概率密度与边际概率密度相同，对所有的 t，概率密度函数 f 不变，分布函数的有关参数(如均值、方差)相同，基础分布的平均值在整个时间内不变，即连续的股价变动(收益率序列)是独立同分布的。

第6章 价格模型的可构造性——连续模型离散化

6.1 期权约束条件

6.1.1 期权的定义

衍生资产是一种金融资产，这个资产的支付函数由另一个资产(亦称为标的资产(underlying)或基础资产)的价格来决定。因此，衍生资产依托于基础资产，是在基础资产之上繁衍出来的金融资产，简称衍生品。

期权是一种衍生品，它是一种权利，该权利的含义是在到期日以事先说好的价格(也称为执行价(Strike Price))买入或卖出一份风险标的资产。期权仅是一种权利，不是必须执行的义务。权利可以行使，也可以不行使。是否行使权利需要根据期权的支付函数来决定。股票、指数、现金、商品都可以作为标的资产。

1. 相关术语

(1) 期权卖方(Writer)：确立期权合约条款并卖出合约的一方。

(2) 期权持有者(Holder)：按照市场价(Premium，也称为保费)购买期权合约的人。

(3) 到期日 T(Maturity Date)：在时刻 T，期权合约购买者的权利将期满。

(4) 执行期权(Exercising the Option)：根据期权合约，按照执行价购买或卖出标的资产。

(5) 买入期权(Call Option)：买入标的资产的权利。

(6) 卖出期权(Put Option)：卖出标的资产的权利。

(7) 部位(Position)：每个期权合约有两面，一是长部位(Long Position)，也就是买入期权合约，或称为多头，另一个为短部位(Short Position)，也就是卖出期权合约，或称为空头。

结合买权和卖权以及每种期权的买入或卖出状态，可以形成期权的四种资产部位，如表 6 - 1 所示。

表 6 - 1　两种期权形成的四种部位

多头买权(Long a Call)	空头买权(Short a Call)
多头卖权(Long a Put)	空头卖权(Short a Put)

期权锁定了标的资产买入/卖出的价格，是一种形式的保险。例如，卖权锁定了卖出标的资产的价格，买权锁定了买入标的资产的价格。事实上，所有的保险都可以看成一种形式的期权。正是这种保险功能使得期权往往用于企业管理中。为了有效解决股份制企业管理权与经营权相分离从而导致的管理目标与所有者权益相分离的矛盾，企业管理层的工资中通常包括一部分企业股票期权，也称为期权激励机制(Stock Option Incentive Mechanism)。以买权为例，在到期日时，如果企业股票价格高于执行价，那么管理层可以行使手中的期权，以低于市场价买入企业股票，并以市场价卖出，买卖差价成为有效管理企业的奖励工资；反之，如果企业股票价格低于执行价，那么管理者手中的期权失效，这也就减少了管理层的有效工资收入。努力地管理和经营企业，提高企业价值是管理层获得更高回报的基础，股票期权做到了这一点。

6.1.2　期权价值——欧式期权

欧式期权只能在到期日执行，即 $t=T$；到期日的期权价值 $V(S_T, T)$很好评估，它就是期权的支付函数 payoff(S_T, T)。

1. 到期日买权价值$V_C(S_T, T)$

在到期日，买权持有者(或者说买权多头)可以有以下两种不同路径获得标的资产：

(1) 按照市场现价S_T购买标的资产；

(2) 执行这个买权，按照执行价 K 获得标的资产。

理性的期权持有者会优化他(她)的部位：

情况 1　$S_T \leqslant K$。持有者用S_T价格购买标的资产，期权失效。这时期权没有任何价值，$V_C(S_T, T)=0$。

情况 2　$S_T > K$。持有者执行期权，用 K 价格购买标的资产，并立即以 S_T价格卖出，获利为S_T-K，期权支付函数$\text{payoff}_C(S_T, T)=S_T-K$，期权价值$V_C(S_T, T)=\text{payoff}_C(S_T, T)=S_T-K$。

因此，买权的支付函数$\text{payoff}_C(S_T, T)$为

$$\text{payoff}_C(S_T, T)=V_C(S_T, T)=\begin{cases}0 & (S_T\leqslant K)\\ S_T-K & (S_T>K)\end{cases}$$
$$=\max\{S_T-K, 0\}=(S_T-K)^+ \tag{6-1}$$

在给定时刻，标的资产价格与买权支付函数的关系如图 6-1 所示。

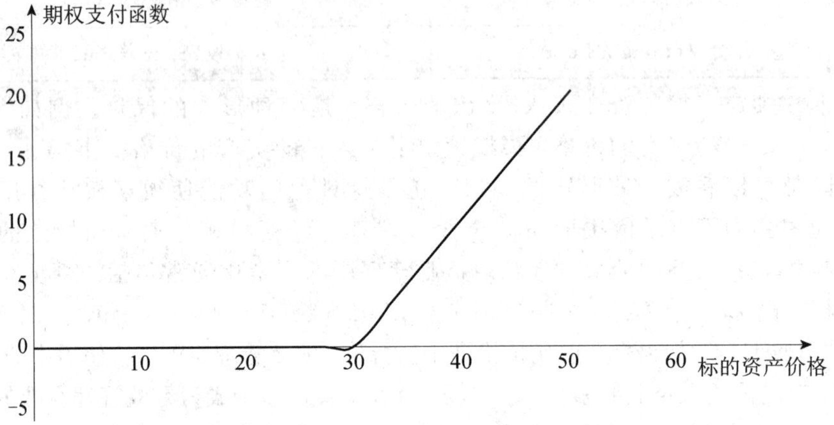

图 6-1　到期日买权支付函数图

2. 到期日卖权价值$V_P(S_T, T)$

在到期日，卖权持有者(或者说卖权多头)可以有两种不同路径卖出标的资产：

(1) 按照市场现价S_T卖出标的资产；

(2) 执行这个卖权，按照执行价 K 卖出标的资产。

理性的卖权持有者会优化他(她)的部位：

情况 1　$S_T\geqslant K$，卖权持有者用S_T价格卖出标的资产，期权失效。这时期权没有任何价值，$V_P(S_T, T)=0$。

情况 2　$S_T<K$，卖权持有者执行期权，用 K 价格卖出标的资产，获利为 $K-S_T$，期权支付函数$\text{payoff}_P(S_T, T)=K-S_T$，期权价值$V_P(S_T, T)=\text{payoff}_P(S_T, T)=K-S_T$。

因此，卖权到期支付函数为

$$\text{payoff}_P(S_T, T)=V_P(S_T, T)=\begin{cases}0 & (S_T>K)\\ K-S_T & (S_T\leqslant K)\end{cases}$$
$$=\max\{K-S_T, 0\}$$
$$=(K-S_T)^+ \tag{6-2}$$

标的资产价格与卖权价格的函数关系如图 6-2 所示。

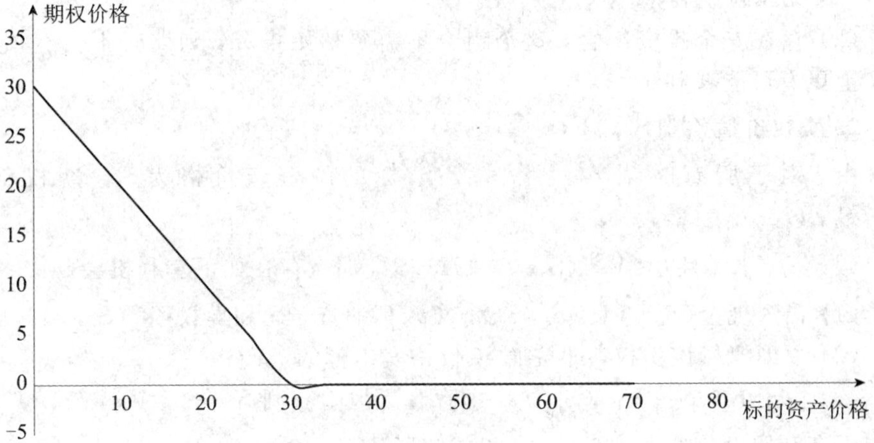

图 6-2　到期日卖权支付函数图

根据买权和卖权支付函数可以发现，当$S_t \geqslant 0$，$t=T$ 时，$\text{payoff}_C(S_T, T)=\max(S_t-K, 0)$，这个值可以大于 K，而$\text{payoff}_P(S_T, T)=\max(K-S_t, 0)$，其最大值是 K。因此，买权有机会比卖权获利更多。

6.1.3　期权价值——美式期权

美式期权是可以在生命周期内任何一个时刻 t 执行的期权，即 $0\leqslant t\leqslant T$。

美式期权的支付函数$\text{payoff}^{\text{Am}}(S_t, t)$的定义如下：

对于所有 $0\leqslant t\leqslant T$ 有

$$\text{payoff}_P^{\text{Am}}(S_t, t)=(K-S_t)^+ \tag{6-3}$$

或

$$\text{payoff}_C^{\text{Am}}(S_t, t)=(S_t-K)^+ \tag{6-4}$$

美式期权的价值$V^{\text{Am}}(S_t, t)$不能小于其支付函数，否则就没有必要提前执行这个合约，因此，我们可以得出美权的价值函数，如定理 6-1 所示。

定理 6-1（美式期权价值函数）　对于所有 $0\leqslant t\leqslant T$ 及其对应的标的资产价格S_t，具有如下关系：

$$V_P^{\text{Am}}(S_t, t)\geqslant(K-S_t)^+ \tag{6-5}$$

或

$$V_C^{\text{Am}}(S_t, t)\geqslant(S_t-K)^+ \tag{6-6}$$

证明　无套利原则是期权定价的唯一约束条件。

1. 套利（Arbitrage）的含义

套利是指投资具有以下任意一种特点的交易：

(1) 无风险获利；

(2) 存在一个投资组合，这个组合不需要初始投资，到期时不会有损失，事实上更有可能获利。

2. 卖权价值$V_P^{Am}(S_t, t)$

由于对于所有时刻 $t(0\leqslant t\leqslant T)$，标的的资产价格为$S_t$，期权价格$V_P^{Am}(S_t, t)\geqslant 0$。

假设$S_t<K$，且$0\leqslant V_P^{Am}(S_t, t)<K-S_t$，那么存在如下套利机会：

(1) 借入现金$(S_t+V_P^{Am}(S_t, t))$，买入标的资产S_t和卖权$V_P^{Am}(S_t, t)$；

(2) 立即执行该卖权，即按照 K 价格卖出标的资产；

(3) 由于$K>S_t+V_P^{Am}(S_t, t)$，即存在无风险获利$K-S_t-V_P^{Am}(S_t, t)>0$，这与无套利假设相冲突，因此，可以推出$V_P^{Am}(S_t, t)\geqslant K-S_t$。

3. 买权价值$V_C^{Am}(S_t, t)$

同样，对于所有标的资产价格S_t，期权价格$V_C^{Am}(S_t, t)\geqslant 0$。

假设$S_t>K$，且$0\leqslant V_C^{Am}(S_t, t)<S_t-K$，那么存在如下套利机会：

(1) 借入现金 $K+V_C^{Am}(S_t, t)$，买入买权$V_C^{Am}(S_t, t)$；

(2) 利用现金 K 作为执行价，立即执行这个买权，获得标的资产S_t；

(3) 由于$S_t>K+V_C^{Am}(S_t, t)$，这里存在一个无风险获利$S_t-K-V_C^{Am}(S_t, t)>0$，这与无套利假设相反，因此$V_C^{Am}(S_t, t)\geqslant K-S_t$。

6.1.4 买卖平权定律

在一个投资决策中，我们可以这样思考：买特定资产的交易收益，可分解为拥有一个该资产的买权(a long call)和卖出一个该资产的卖权(a short put)；若基础资产价格上升，其收益可用买权多头获利(S_T-K)表示；若基础资产价格下跌，其损失可用卖权空头损失$-(K-S_T)$表示。为了能有效执行这个交易组合，必须有资金 K 作为储备，这是因为股价走高而执行买权，即用 K 的价格买入资产，也可能是因为股价走低，为了履行卖权合约而用 K 的价格买入基础资产。因此，为了配合这个资产组合的运行，其初始资本金为$-C_0+P_0-K\,e^{-rT}$。股票起始价格为S_0，在 T 时刻，基础资产价格为S_T。

在无套利原则下，两种资产投资模式(即直接购买一份基础资产，或者拥有一份资产组合$(-C_0+P_0-K\,e^{-rT})$)在t_0及 T 时刻都等价，此简单关系连接了买权与卖权的价值，故称为买卖平权(Put - Call Parity)定律。利用资产组合解读买卖平权如表 6 - 2 所示。

表 6-2　利用资产组合解读买卖平权

资产组合		期初投入	期末收入($S_T<K$)	期末收入($S_T\geqslant K$)
(1)	买入“买权”	$-C_0$	0	S_T-K
	卖出“卖权”	$+P_0$	$-(K-S_T)$	0
	投资	$-Ke^{-rT}$	K	K
	总成本	$-C_0+P_0-Ke^{-rT}$	S_T	S_T
(2)	直接买资产	$-S_0$	S_T	S_T

上述过程具有通用性，因此，获得在不同时刻的买卖平权等式：

$$-C_0+P_0-K\,e^{-rT}=-S_0\quad(t=0，今天)\tag{6-7}$$

$$C_T-P_T+K=S_T\quad(t=T)\tag{6-8}$$

$$C_t-P_t+K\,e^{-r(T-t)}=S_t\quad(0<t<T)\tag{6-9}$$

6.1.5　买卖平权定律应用举例

例 6-1　根据买卖平权原则，卖一个「卖权」等同于：

(1) 买一个「买权」，买股票，借出钱，即 $-C_0-S_0-K\,e^{-rt}$。

(2) 卖一个「买权」，买股票，借入钱，即 $C_0-S_0+K\,e^{-rt}$。

(3) 卖一个「买权」，买股票，借出钱，即 $C_0-S_0-K\,e^{-rt}$。

(4) 卖一个「买权」，卖股票，借入钱，即 $C_0+S_0+K\,e^{-rt}$。

解　卖一个「卖权」，获得 P_0，根据公式(6-7)，其等价于卖出一个「买权」，获得 C_0 现金，借入 $K\,e^{-rT}$ 现金，买入一份股票 $-S_0$。正确答案为(2)。

例 6-2　年利率为 6%，一无股利之股票，现价 20 元，执行价格为 18 元的六个月欧式买权的卖价为 4 元，同执行价格、同履约期的欧式卖权的卖价为 1.47 元，此三种资产(股票、买权及卖权)的定价是否一致？

(1) 否，有价值 $ 2.00 的套利机会。

(2) 否，有价值 $ 2.53 的套利机会。

(3) 否，有价值 $ 14.00 的套利机会。

(4) 是。

解　买权合约 $f(K=18,\ T=0.5,\ S_0=20,\ r_{\text{free}}=6\%)$ 的价格 $V_C=4$。

卖权合约 $f(K=18,\ T=0.5,\ S_0=20,\ r_{\text{free}}=6\%)$ 的价格 $V_P=1.47$。

由

$$P+S_0=C+K\,e^{-rt}$$

得

$$P+S_0=1.47+20=21.47$$

$$C+K\,\mathrm{e}^{-rt}=4+18\,\mathrm{e}^{-6\%\times\frac{6}{12}}=21.468$$

所以，三种资产之间是无套利定价，正确答案为(4)。

例 6-3　一欧式买权剩一年到期，执行价格为 80，年利率为 5%，若现货价为 90，则该买权的买价下限为① 14.61；② 13.90；③ 10.00；④ 5.90。

解　$T-t=1$，$K=80$，$r=5\%$，$S_t=90$，由

$$C_t-P_t=S_t-K\,\mathrm{e}^{-r(T-t)}$$

得

$$C_t\geqslant S_t-K\,\mathrm{e}^{-r(T-t)}$$

因为

$$90-80\,\mathrm{e}^{-5\%\times1}=13.9$$

所以

$$C_t\geqslant13.9$$

故正确答案为②。

6.1.6　期权价值约束条件

根据买卖平权定律和美式期权价值函数可知，在没有分红的假设下，欧式及美式卖权价值具有如下界限：

当 $0\leqslant t\leqslant T$ 时，有

$$V^{\mathrm{Am}}\geqslant V^{\mathrm{Eur}}\tag{6-10}$$

$$0\leqslant V_{\mathrm{P}}\leqslant K\tag{6-11}$$

$$V_{\mathrm{P}}^{\mathrm{Am}}(S,t)\geqslant(K-S_t)^+\tag{6-12}$$

$$V_{\mathrm{P}}^{\mathrm{Eur}}(S_t,t)\geqslant K\mathrm{e}^{-r(T-t)}-S_t\tag{6-13}$$

$$V_{\mathrm{P}}^{\mathrm{Eur}}(S_t,t)\leqslant K\mathrm{e}^{-r(T-t)}\tag{6-14}$$

欧式及美式买权价值具有如下界限：

当 $0\leqslant t\leqslant T$ 时，有

$$V^{\mathrm{Am}}\geqslant V^{\mathrm{Eur}}\tag{6-15}$$

$$0\leqslant V_{\mathrm{C}}\leqslant S\tag{6-16}$$

$$V_{C}^{\mathrm{Am}}(S_t,t)\geqslant(S-K)^+\tag{6-17}$$

$$V_{C}^{\mathrm{Eur}}(S_t,t)\geqslant S-K\,\mathrm{e}^{-r(T-t)}\tag{6-18}$$

6.1.7　期权类型

期权产品设计包括的参数有标的资产数量(可以是一种标的资产，也可以包含多种标的资产)、执行时间(可以是欧权固定执行时间或美权的任意执行时间)、支

付函数等。在此，我们以支付函数为出发点，给出几种常见的期权产品。

(1) 标准期权或称香草期权(Vanilla Options)：单一标的资产，且拥有支付函数$(K-S_T)^+$或$(S_T-K)^+$。

(2) 一揽子期权(Basket Option)：包括一组标的资产，期权支付函数为一组资产价格的函数。例如，$\text{payoff}\,(S,t)=\sum_{i=1}^{m} w_i S_i(t)$，$m$为标的资产数量，$w_i$为第$i$种标的资产的权重，且$\sum_i^m w_i=1$。一种典型案例为二进制期权，其卖权的支付函数为

$$\text{payoff}(S_t^{(i)},\ t)=\begin{cases}0 & (S_t^{(i)}>K_i)\\ 1 & (S_t^{(i)}\leqslant K_i)\end{cases}$$

式中，$i=1,\ 2,\ \cdots,\ m$。

(3) 路径依赖期权：期权支付函数与标的资产价格发展过程相关。例如，平均价买权，支付函数涉及标的资产价格发展的平均价值，即支付函数依赖$S(t)$的发展路径为

$$\text{payoff}(S_T,\ T)=\left[\left(\frac{1}{T}\int_0^T S(t)\ \mathrm{d}t\right)-K\right]^+$$

(4) 路障期权(Barrier Option)：也是一种路径依赖期权。该期权是否有效依赖于标的资产价格的发展是否跨越某个价格门限(这里称为“路障”)。当价格触及或大于该价格后，该选择权无效，支付函数为 0；如果整个过程标的资产价格没有跨过门限，则该选择权有效。其支付函数为

$$\text{payoff}(S_T,\ T)=\begin{cases}(S_T-K,\ 0)^+ & (0\leqslant S_t<B,\ 0\leqslant t\leqslant T)\\ 0 & (S_t\geqslant B,\ 0\leqslant t\leqslant T)\end{cases}$$

6.2　期权定价 B-S 模型

金融理论来源于金融实践，通过长期观察获得的直觉，提出假设，创建理论，构建系统模型。金融市场模型的建立可通过对资产价格变化率，即收益率的变化规律观察和市场假设来完成。

6.2.1　收益率与正态分布随机变量

定义 6-1 (相对收益率)　时刻 t 到 $t+1$ 的相对收益率r_t为单位时间 Δt 中价格的变化率，即

$$r_t=\frac{X_{t+1}-X_t}{X_t} \tag{6-19}$$

定义 6－2（对数收益率） 时刻 t 到 $t+1$ 的对数收益率 r_t 为单位时间里价格的连续变化率，即

$$r_t = \ln \frac{X_{t+1}}{X} \tag{6-20}$$

图 6－3 是日本索尼公司股票 2010 年 9 月 20 日至 2011 年 9 月 19 日一年中每个交易日的收盘价发展轨迹。

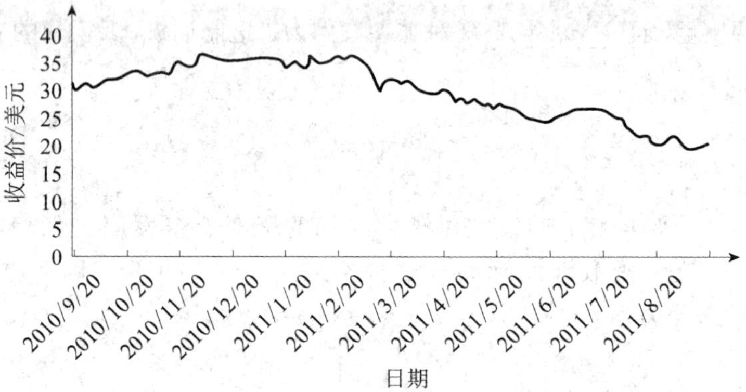

图 6－3 索尼公司股票 2010.9.20 至 2011.9.19 收盘价

根据 254 个交易日的对数收益率，统计不同收益率的取值频率，获得不同取值范围收益率的密度函数，可以近似地发现，对数收益率具有对称分布特征，可以认为对数收益率符合正态分布，如图 6－4 所示。

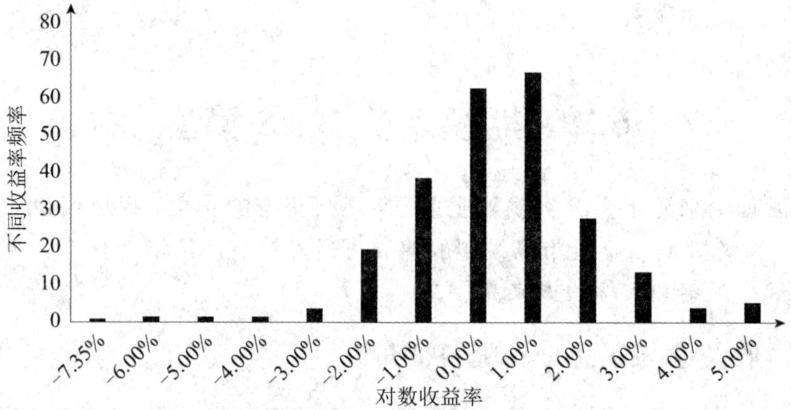

图 6－4 索尼公司 2020.9.20 至 2021.9.19 收盘价对数收益率频率直方图

基于大量类似索尼公司价格发展的实证研究，获得如下事实：

事实 1 通过观察和统计，认为对数收益率符合正态分布，因此，用正态

分布随机变量作为对数收益率的随机模型是合适的。

事实 2 正态分布随机变量具有加法性质。

假设正态分布随机变量 X，$X\sim N(m, \sigma^2)$。一组相互独立的随机变量 $X_i\sim N(m_i, \sigma_i^2)$，$i=1, 2, \cdots$，所有随机变量$X_i$的累加和具有如下性质：

$$\sum_{i=1}^{N} X_i \sim N\left(\sum_{i=1}^{N} m_i, \sum_{i=1}^{N} \sigma_i^2\right) \tag{6-21}$$

事实 3 对数收益率具有加法性，即

$$\begin{aligned}\ln\frac{S_{n\Delta t}}{S_0} &= \ln\left[\frac{S_{n\Delta t}}{S_{(n-1)\Delta t}}\times\frac{S_{(n-1)\Delta t}}{S_{(n-2)\Delta t}}\times\cdots\times\frac{S_{\Delta t}}{S_0}\right]\\ &= \ln\left(\frac{S_{n\Delta t}}{S_{(n-1)\Delta t}}\right)+\ln\left(\frac{S_{(n-1)\Delta t}}{S_{(n-2)\Delta t}}\right)+\cdots+\ln\left(\frac{S_{\Delta t}}{S_0}\right)\end{aligned} \tag{6-22}$$

6.2.2 累计收益率与布朗运动

假设 1：

(1) W_t是资产 W 的累计收益率；

(2) Δt 是单位时间；

(3) 定义 W 的单位时间收益率为 ΔW_t：

$$\Delta W_t = W_{t+\Delta t} - W_t$$

(4) $W_0=0$；

(5) 在时间序列$\{t_0=0, t_1, \cdots, t_k=k\Delta t, t_{k+1}, \cdots, t_n, \cdots\}$下，累计收益率$W_{t_n}$ 可以表示为单位时间收益率的累加和，即

$$W_{t_n} = W_0 + \sum_{k=0}^{n-1} \Delta W_{t_k} \tag{6-23}$$

假设 2：

(1) 单位时间收益率符合正态分布，即

$$\Delta W_{t_k} \sim N(0, \Delta t)\ (k=1, 2, \cdots)$$

(2) 单位收益率之间相互独立；

(3) 依据正态分布随机变量之间具有加法性质，可以得出

$$W_{t_n} \sim N(0, n\Delta t) \tag{6-24}$$

假设 3：

t 是一个特殊的时间点，时间序列$\{t_0=0, t_1, \cdots, t_k=k\Delta t, t_{k+1}, \cdots, t_n=t\}$

当 $\Delta t=\dfrac{t}{n}$，$n\to\infty$，$\Delta t\to 0$，公式 (6-24) 可以表示为

$$W_t = \int_0^t \mathrm{d}W_t \quad (t\geqslant 0) \tag{6-25}$$

由公式(6－25)可知，当时间间隔 Δt 越来越小时，从差分变化为微分，即

$$\Delta t \to \mathrm{d}t \Rightarrow \Delta W_{t_k} \to \mathrm{d}W_t$$

收益率增量符合正态分布，累计收益率的计算可以从求累加和 $\sum_{k=0}^{n-1} \Delta W_{t_k}$ 转换到积分计算 $\int_0^t \mathrm{d}W_t$，$t \geqslant 0$，即

$$\Delta W_{t_k} \sim N(0,\ \Delta t) \Rightarrow \mathrm{d}W_t \sim N(0,\ \mathrm{d}t)$$

$$\sum_{k=0}^{n-1} \Delta W_{t_k} (k=1,\ 2,\ \cdots,\ n-1) \to \int_0^t \mathrm{d}W_t \quad (t \geqslant 0)$$

公式(6－24)用 ΔW_{t_j} $(j=1,\ 2,\ \cdots,\ i)$ 去定义 W_{t_i}，也就是通过分阶段的、离散化的增量的累加和去定义从时刻 $t_0=0$ 到 $t_i=i\times\Delta t$ 时刻的累计收益率 W_{t_i}；公式(6－25)用 $\mathrm{d}W_t$ 的积分去定义 W_t。其思想是通过连续时间函数的积分计算，获得累计收益率。

基于对资产 W 累计收益率所做的假设，W_t 是一个布朗运动。

6.2.3 布朗运动的一般化——伊藤过程

1. 标准布朗运动

一个随机过程 $W(t)$ 具有如下四个性质时，则该随机过程为标准布朗运动。

(1) $W(0)=0$；

(2) $W(t)$ 是连续函数；

(3) 对于所有 t_1、t_2 $(0\leqslant t_1 < t_2)$，$W(t_2)-W(t_1)$ 是一个正态分布随机量，其方差为 t_1-t_2，也就是：

$$[W(t_2)-W(t_1)] \sim N(0,\ \Delta t) \tag{6－26}$$

(4) 对于所有不同的时间间隔 $0\leqslant t_1 < t_2 \leqslant t_3 < t_4 \leqslant \cdots < t_n$，随机过程的增量 $W(t_2)-W(t_1)$，$W(t_4)-W(t_3)$，…，$W(t_n)-W(t_{n-1})$ 相互独立。

2. 布朗运动的一般化——伊藤过程

标准布朗运动使用 $\Delta W_{k\Delta t} \sim N(0,\ \Delta t)$ 作为基本模块去构建随机过程；伊藤过程利用 $\Delta X_{k\Delta t} = (r\Delta t + \sigma \Delta W_{k\Delta t})$ 作为基本模块去构建随机过程，即

$$\Delta X_{k\Delta t} \sim N(r\Delta t,\ \sigma^2 \Delta t) \tag{6－27}$$

离散时间随机过程 X_{t_i} 为

$$X_{t_i} = X_{t_0} + \sum_{k=0}^{i-1} \Delta X_{k\Delta t} \tag{6－28}$$

连续时间随机过程 X_t 为

$$X_t = X_0 + \int_0^t r\mathrm{d}t + \int_0^t \sigma \mathrm{d}W_t \tag{6－29}$$

随机积分方程(6－29)的微分表达式(6－30)称为随机微分方程(Stochastic

Differential Equation，SDE），可表示为

$$dX_t = r dt + \sigma dW_t \tag{6-30}$$

SDE 包括了线性增长项(rdt)和随机扩散项(σdW_t)两部分。r 为增长率，σ 为随机扩散系数，它们可以是常数项，也可以是时间的函数 $r(t)$、$\sigma(t)$。$r(t)$ 和 $\sigma(t)$ 的方程分别称为利率模型和波动率模型，将会在第 7 章介绍。

6.2.4　资本市场假设

资本市场供给与需求相互适应的过程为完成资产定价的过程。在此，对市场进行如下假设：

(1) 没有套利机会。

(2) 市场无摩擦，也就是没有交易成本，且贷款利率与借款利率相等。

(3) 市场所有参与者能够立即获得各种信息。

(4) 所有证券及信用可以在任何时间以任何数量获得。

(5) 所有变量都是可划分的。

(6) 单个交易不会影响价格。

(7) 价格 S_t 遵循几何布朗运动。

(8) 技术假设：在任何时刻 $t(0\leqslant t\leqslant T)$，$r$ 和 σ 是常量，全程 $0\leqslant t\leqslant T$ 没有分红。

这样一个市场成为我们建立金融市场模型的基础假设。

6.2.5　金融市场模型 1——基于布朗运动的 B-S 模型

B-S 模型使用扩展布朗运描述资产价格 S_t 的发展过程，价格变化表示为

$$dS_t = \mu S_t dt + \sigma S_t dW_t \tag{6-31}$$

其中，μ、σ 为常数，分别代表资产 S_t 的价格增长率和价格变化的波动率。

根据伊藤引理Ⅱ[①]，对于任意函数 $f = f(S(t), t)$（这意味着 f 是 S 的一个衍生品）。设：

(1) W_t 代表布朗运动；

(2) 伊藤过程 $S(t)$ 为 $dS_t = \mu S_t dt + \sigma S_t dW_t$，那么 $f(S, t)$ 的变化量具有如下性质：

---

① 伊藤引理(Ito's lemma)是随机分析中非常重要的性质。由日本数学家伊藤清(Kiyosi Itō)发现。引理指出了对一个随机过程的函数作微分的规则。伊藤引理Ⅰ：给定(无限可微分)函数 $f(x)$ 与布朗运动 W_t，则 $df(t) = f(x)' d W_t + \frac{1}{2} f(x)'' dt$。伊藤引理Ⅱ：给定函数 $f(t, x)$、布朗运动 W_t 和伊藤过程 S_t，$d S_t = \alpha(t, S_t) dt + \beta(t, S_t) dW_t$，则 $df(t, S_t) = \frac{\partial f}{\partial t}(t, S_t) dt + \frac{\partial f}{\partial S_t}(t, S_t) dS_t + \frac{1}{2}\frac{\partial^2 f}{\partial S_t^2}(t, S_t) dt$。该引理将在 7.2.6 节中证明。

$$\mathrm{d}f(S,t)=\left(\frac{\partial f}{\partial t}+\mu S\frac{\partial f}{\partial S}+\frac{1}{2}\sigma^2S^2\frac{\partial^2 f}{\partial S^2}\right)\mathrm{d}t+\sigma S\frac{\partial f}{\partial S}\mathrm{d}W \tag{6-32}$$

假设一个投资组合 Π，它包括两个部位：

(1) Δ 份额的标的多头，

(2) 一份标的资产上的期权空头，那么

$$\Pi=\Delta S-f \tag{6-33}$$

$$\mathrm{d}\Pi=\Delta\mathrm{d}S-\mathrm{d}f \tag{6-34}$$

将公式(6-31)、式(6-32)代入公式(6-34)：

$$\mathrm{d}\Pi=\Delta[\mu St+\sigma S\mathrm{d}W]-\left[\left(\frac{\partial f}{\partial t}+\mu S\frac{\partial f}{\partial S}+\frac{1}{2}\sigma^2S^2\frac{\partial^2 f}{\partial S^2}\right)\mathrm{d}t+\sigma S\frac{\partial f}{\partial S}\mathrm{d}W\right] \tag{6-35}$$

$$\mathrm{d}\Pi=\left(\Delta\mu S-\frac{\partial f}{\partial t}-\mu S\frac{\partial f}{\partial S}-\frac{1}{2}\sigma^2S^2\frac{\partial^2 f}{\partial S^2}\right)\mathrm{d}t+\left(\Delta\sigma S-\sigma S\frac{\partial f}{\partial S}\right)\mathrm{d}W \tag{6-36}$$

对于无风险组合，公式(6-36)的扩散项为零，即

$$\Delta\sigma S-\sigma S\frac{\partial f}{\partial S}=0$$

从而

$$\Delta=\frac{\partial f}{\partial S} \tag{6-37}$$

$$\mathrm{d}\Pi=\left(\Delta\mu S-\frac{\partial f}{\partial t}-\mu S\frac{\partial f}{\partial S}-\frac{1}{2}\sigma^2S^2\frac{\partial^2 f}{\partial S^2}\right)\mathrm{d}t \tag{6-38}$$

同时

$$\mathrm{d}\Pi=r\Pi\mathrm{d}t=r(\Delta S-f)\mathrm{d}t=r\left(\frac{\partial f}{\partial S}-f\right)\mathrm{d}t \tag{6-39}$$

由公式(6-38)与公式(6-39)可得

$$\frac{\partial f}{\partial t}+\frac{1}{2}\sigma^2S^2\frac{\partial^2 f}{\partial S^2}+rS\frac{\partial f}{\partial S}=rf \tag{6-40}$$

公式(6-40)就是著名的布莱克—舒尔茨/默顿(B-S/M)模型(后来人们简称为B-S模型)。可以说，在标的资产市场发展符合几何布朗运动①的假设下，推导出了衍生资产市场模型。

---

① 几何布朗运动是说一个随机变量的对数符合布朗运动。由于假设 $\mathrm{d}S_t=\mu S_t\mathrm{d}t+\sigma S_t\mathrm{d}W_t$，这意味着 $\frac{\mathrm{d}S_t}{S_t}=\mathrm{d}(\ln S_t)=\mu\mathrm{d}t+\sigma\mathrm{d}W_t$，从而表明 $\ln S_t$ 符合正态分布，也就是 S_t 符合几何布朗运动。

6.2.6　金融市场模型 2——基于随机游走假设的风险中性模型

仍然思考上述具有两个部位的投资组合：

（1）Δ 份额的标的资产多头；

（2）一份标的资产上的期权空头。

Π_t代表财富函数，在 0 时刻，财富价值为Π_0，那么

$$\Pi_0 = \Delta S_0 - V_0 \tag{6-41}$$

式中：Δ 是需要确定的参数。

假设在时刻 T，标的资产价值可能上涨，也可能下跌，相应的投资组合价值为

$$\Pi^{(u)} = \Delta S_0 u - V_T^{(u)} \tag{6-42}$$

或

$$\Pi^{(d)} = \Delta S_0 d - V_T^{(d)} \tag{6-43}$$

$V_T^{(u)}$、$V_T^{(d)}$ 由支付函数确定。

选择 Δ 使得资产组合在 T 时刻成为无风险的。也就是，无论市场价格走高或低，组合资产的价值都一样，即

$$\Pi^{(u)} = \Pi^{(d)} := \Pi_T \tag{6-44}$$

由式(6-42)和式(6-43)得

$$S_0 \Delta (u - d) = V^{(u)} - V^{(d)} \tag{6-45}$$

$$\Delta = \frac{V^{(u)} - V^{(d)}}{S_0 u - S_0 d} \tag{6-46}$$

通过确立 Δ 的取值，使得投资组合是无风险的。

依据无套利原则，我们可以得出：任何形式的无风险投资必须具有相同的价值，否则，变更投资策略，可以获得一个无风险收益。而无风险资产价值关系为

$$\Pi_T = \Pi_0 \mathrm{e}^{rT}$$

如果我们排除提前执行，那么终值Π_T固定。

Π_T必须与其他具有初始值Π_0的无风险投资组合相比较，所有的组合到期时，都具有价值Π_T。任何假设$\Pi_0 \mathrm{e}^{rT} < \Pi_T$或$\Pi_0 \mathrm{e}^{rT} > \Pi_T$将存在一个策略，该策略可以获得无风险收益，因此，$\Pi_0 \mathrm{e}^{rT} = \Pi_T$。

根据投资组合初始值Π_0等于终值Π_T折现，折现利率为 r，则

$$\Pi_0 = \mathrm{e}^{-rT} \Pi_T$$

由于$S_0\Delta - V_0 = \mathrm{e}^{-rT}[S_0 u\Delta - V_T^{(u)}]$，那么

$$
\begin{aligned}
V_0 &= S_0\Delta - \mathrm{e}^{-rT}(S_0 u\Delta - V_T^{(u)}) = \Delta(S_0 - S_0\mathrm{e}^{-rT}u) + \mathrm{e}^{-rT}V_T^{(u)} \\
&= \mathrm{e}^{-rT}\{\Delta(S_0 - S_0\mathrm{e}^{-rT}u)\mathrm{e}^{rT} + V_T^{(u)}\} \\
&= \frac{\mathrm{e}^{-rT}}{u-d}\left[\frac{V^{(u)} - V^{(d)}}{S_0(u-d)} \times (u-d)S_0(\mathrm{e}^{rT} - u) + (u-d)V_T^{(u)}\right] \\
&= \frac{\mathrm{e}^{-rT}}{u-d}[(V^{(u)} - V^{(d)}) \times (\mathrm{e}^{rT} - u) + (u-d)V_T^{(u)}] \\
&= \mathrm{e}^{-rT}\left[V_T^{(u)} \cdot \frac{\mathrm{e}^{rT} - d}{u-d} + V_T^{(u)} \cdot \frac{u - \mathrm{e}^{rT}}{u-d}\right]
\end{aligned}
\tag{6-47}
$$

假设$q = \dfrac{\mathrm{e}^{rT} - d}{u-d}$，$1-q = \dfrac{u - \mathrm{e}^{rT}}{u-d}$，那么

$$
V_0 = \mathrm{e}^{-rT}[V_T^{(u)} \cdot q + V_T^{(d)} \cdot (1-q)] \tag{6-48}
$$

式(6－48)具有一个求数学期望的结构形式。

在$0<q<1$情况下，q值引入了一个概率Q，并且

$$
V_0 = \mathrm{e}^{-rT}E_Q[V_T] \tag{6-49}
$$

对于S_0，我们有

$$
\begin{aligned}
E_Q[S_T] &= \frac{\mathrm{e}^{rT} - d}{u-d}S_0 u + \frac{u - \mathrm{e}^{rT}}{u-d}S_0 d = \frac{(\mathrm{e}^{rT} - d) \cdot S_0 u}{u-d} + \frac{(u - \mathrm{e}^{rT})S_0 d}{u-d} \\
&= \frac{\mathrm{e}^{rT}S_0(u-d)}{u-d} = S_0\mathrm{e}^{rT}
\end{aligned}
\tag{6-50}
$$

或者

$$
S_0 = \mathrm{e}^{-rT}E_Q(S_T) \tag{6-51}
$$

这里，d、u、e^{rT}是资产在周期T内的增长率。$\mathrm{e}^{rT}-1$是无风险资产在周期T及利率r下的连续复利。这里要求$d<\mathrm{e}^{-rT}<u$，这是保证无套利情况的条件。

证明 (1) 如果$d>\mathrm{e}^{rT}$，投资股票总有比投资债券更高的收益，那么借入现金S_0购买股票，持有T时间段，然后卖出股票，获得S_T。由于$S_T - S_0\mathrm{e}^{rT}>0$，因此形成套利机会。

(2) 如果$u<\mathrm{e}^{rT}$，现货市场利率比股票市场更高，那么卖空股票获得S_0，将其投资于现货市场，在到期日T时为S_T。由于$S_0\mathrm{e}^{rT} - S_T>0$，则形成套利机会，因此，$d<\mathrm{e}^{-rT}<u$是无套利的条件。

上述定义的特殊的概率Q称为风险中性概率，公式(6－49)为基于随机游走模型下的风险中性定价模型。

6.3 价格模型的可构造性——连续模型离散化

要实现期权数值定价方法就必须将连续模型离散化。在许多可能的方法

中，构造树的方法具有简单和强健的特点。最简单的树是二叉树，B－S 模型就是二叉树方法的极限表达式。

6.3.1　一个等距离的时间离散化方法

设 M 为时间步，则

$$\begin{cases} \Delta t := \dfrac{T}{M} \\ t_i := i \cdot \Delta t \\ S_i := S(t_i) \end{cases}$$

式中，$i=0, 1, \cdots, M$。

在标的资产价格轴上，定义离散化的股价 $S_{j,i}$，i 是行号，对应着 $i \cdot \Delta t$ 时刻，j 是列号，对应着相应时刻下不同的离散价格，$i \cdot \Delta t$ 时刻存的离散价格共有 $i+1$ 种，即 $j_{(i)}=0, 1, 2, \cdots, i$，第 i 行有资产价格样本 $S_0 u^0 d^i$，$S_0 u^1 d^{i-1}$，$S_0 u^2 d^{i-2}$，…，$S_0 u^i d^0$ 或

$$S_0 u^j d^{i-j} \quad (i=0, 1, 2, \cdots, i;\ j_{(i)}=0, 1, 2, \cdots, i)$$

价格离散化模型如图 6－5 所示。

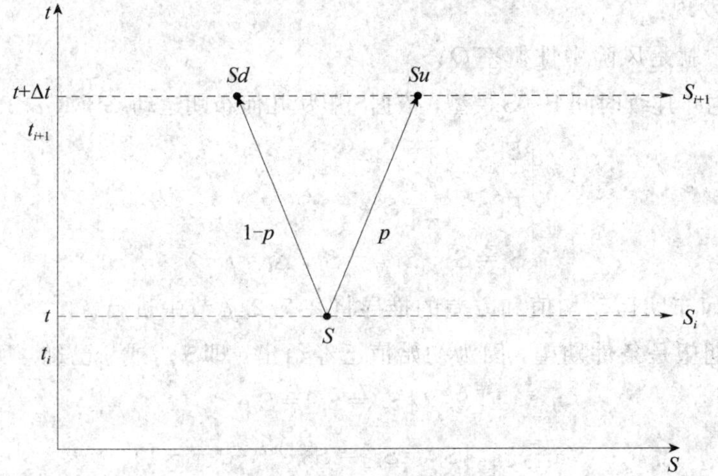

图 6－5　价格离散化模型

1. 连续与离散的关系

$$\Delta t = \frac{T}{M} \quad \text{（离散化时间轴）}$$

$$\Delta t = t_{i+1} - t_i$$

连续时间轴上的时间点用离散序号来表示，相应时点上的资产价值为S_i。如果只有一个时间段，即 $\Delta t=t-t_0$，那么

$$S_0=S_{t_0}\,,\ S_1=S_t$$

一般化后为

$$S_i=S_{t_i}\,,\ S_{i+1}=S_{t_{i+1}}$$

2. 一些假设和注释

1）二叉树的假设

（1）在一个时间间隔里，市场价格只能取两个值，即 $S\cdot u$ 或 $S\cdot d(0<d<u)$；

（2）假设上涨概率为 $p(0<p<1)$；

（3）均值和方差与连续模型相同，连续模型S_t符合几何布朗运动，且具有无风险利率的增长率 r 及波动率σ，那么

$$\begin{cases}E(S_i\,|\,S_{i-1})=E(S_{t_i}\,|\,S_{t_{i-1}})\\ \mathrm{Var}(S_i\,|\,S_{i-1})=\mathrm{Var}(S_{t_i}\,|\,S_{t_{i-1}})\end{cases}\qquad (i=1,\ \cdots,\ n;\ t\in[t_0,\ T])$$

这里条件(1)和(2)定义了二叉树以 u、d、p 作为框架结构的发展过程，其中，参数 u、d、p 需要被确立，从而保证(1)、(2)、(3)三个条件同时成立。

我们发现：

（1）P 就是风险中性概率 Q；

（2）对于连续时间 B－S 模型，依据S_t服从几何布朗运动 GBM(μ，σ^2)性质有

$$\begin{cases}E[S_{i+1}]=S_i\mathrm{e}^{r(t-t_0)}\\ E[S_{i+1}^2]=S_i^2\,\mathrm{e}^{(2r+\sigma^2)(t-t_0)}\\ S_i=S_0\,,\ S_{i+1}=S_t\,,\ \Delta t=t-t_0\end{cases}$$

对几何布朗运动均值和方差的推导将在 7.2.7 节中进行。

（3）期望是条件期望，因为初始值已经给出，即$S_{(t_0)}$或S_i已知，所以

$$E[S_{t_{i+1}}\,|\,S_{t_i}=S_i]=S_i\mathrm{e}^{r\Delta t}$$

$$\mathrm{Var}[S_{t_{i+1}}\,|\,S_{t_i}=S_i]=S_i{}^2\,\mathrm{e}^{2r\Delta t}(\mathrm{e}^{\sigma^2\Delta t}-1)$$

离散模型的期望为

$$E[S_{i+1}]=p\,S_iu+(1-p)S_id$$

由连续模型期望与离散模型期望，有：

$$\mathrm{e}^{r\cdot\Delta t}=pu+(1-p)d \tag{6-52}$$

公式(6－52)为 u、d、p 三个未知参数需要满足的第一个方程。由等式

(6-52)可以推导出：

$$p=\frac{e^{r\Delta t}-d}{u-d} \tag{6-53}$$

对于 $0<p<1$，我们要求 $d<e^{r\Delta t}<u$。

每个离散步的方差为

$$\begin{aligned}\mathrm{Var}[S_{i+1}]&=E[S_{i+1}^2]-(E[S_{i+1}])^2\\&=[p(S_iu)^2+(1-p)(S_id)^2]-[S_i^2(pu+(1-p)d)^2]\\&=S_i^2[pu^2+(1-p)d^2]-S_i^2[(pu+(1-p)d)^2]\\&=S_i^2(pu^2+(1-p)d^2)+S_i^2e^{2r\Delta t}\end{aligned}$$

由离散模型方差与连续模型方差得

$$e^{2r\Delta t+\sigma^2\Delta t}=pu^2+(1-p)d^2 \tag{6-54}$$

第三个等式可以任意构造。例如：

$$u\cdot d=1 \tag{6-55}$$

通过以上 3 个等式，我们可以获得进行二叉树构造的三个参数的解：

$$\begin{cases}\beta=\dfrac{1}{2}(e^{-r\Delta t}+e^{(r+\sigma^2)\Delta t})\\u=\beta+\sqrt{\beta^2-1}\\d=\beta-\sqrt{\beta^2-1}\\p=\dfrac{e^{r\Delta t}-d}{u-d}\end{cases}$$

通过这三个参数定义了二叉树的网格结构。同时，依据前提条件的要求，即 $u\cdot d=1$，这棵由 u、d、p 决定的树与 K 或 S_0 无关，是一棵构造完整的树，如图 6-6 所示。

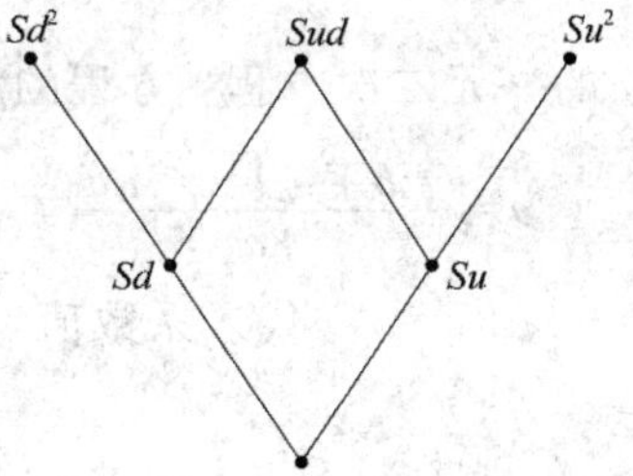

图 6-6　二叉树的结构

求解三个参数的推导过程如下所述。

已知 r、σ、Δt，未知 u、d、p，由等式(6-55)推导出：

$$d=\frac{1}{u} \tag{6-56}$$

由公式(6-53)可以进一步推导出：

$$p=\frac{e^{r\Delta t}-d}{u-d}=\frac{u\,e^{r\Delta t}-1}{u^2-1} \tag{6-57}$$

定义一个缩写：

$$\alpha=e^{r\Delta t}$$

将式(6-56)、式(6-57)代入等式(6-52)得

$$e^{r\Delta t}=pu+(1-p)d$$

$$e^{r\Delta t}-pu=(1-p)d$$

$$\frac{\alpha}{u}-p=(1-p)d^2 \tag{6-58}$$

将式(6-56)、式(6-57)代入等式(6-54)得

$$\begin{aligned}e^{2r\Delta t+\sigma^2\Delta t}&=pu^2+(1-p)d^2\\&=pu^2+\frac{\alpha}{u}-p\\&=p(u^2-1)+\frac{\alpha}{u}\\&=\frac{u\,e^{r\Delta t}-1}{u^2-1}(u^2-1)+\frac{\alpha}{u}\end{aligned} \tag{6-59}$$

整理后，公式(6-59)变为

$$u\alpha^2e^{\sigma^2\Delta t}=u^2e^{r\Delta t}-u+\alpha \tag{6-60}$$

将 $\alpha=e^{r\Delta t}$ 代入公式(6-60)，调整后得

$$\begin{aligned}u^2-u\,e^{-r\Delta t}+\alpha\,e^{-r\Delta t}-u\alpha^2e^{\sigma^2\Delta t}e^{-r\Delta t}&=u^2-\underbrace{(e^{-r\Delta t}+e^{\sigma^2\Delta t}e^{r\Delta t})}_{2\beta}u+1\\&=0\end{aligned} \tag{6-61}$$

方程(6-61)是关于 u 的一元二次方程，方程的解为

$$u=\frac{-b\mp\sqrt{b^2-4ac}}{2a}$$

其中，方程系数 $a=1$，$b=-2\beta$，$c=1$。代入系数值，同时结合 $u\cdot d=1$ 的约束条件，得出解：

$$\begin{cases} u=\beta+\sqrt{\beta^2-1} \\ d=\beta-\sqrt{\beta^2-1} \\ p=\dfrac{e^{r\Delta t}-d}{u-d} \end{cases}$$

从参数计算公式可以看出：

(1) u、d、p 不依赖 K、S_0、但依赖于 r、σ。未来价格是从 S_0 开始的，但是其发展由变量 r 和 σ 控制。

(2) u、d、p 适用于描述树形结构的衍生变量(派生变量)，在给定的环境下，即 r 和 σ 取值确定的条件下，由一组确切的(u，d，p)取值，可以控制树的发展结构。

(3) 构造二叉树是获得期权定价随机微分方程数值解的一个有效方法。

2) 二叉树的网格结构

按照 u、d、p 的取值，从 S_0 出发，构造由参数确定的二叉树，如图 6－7 所示。

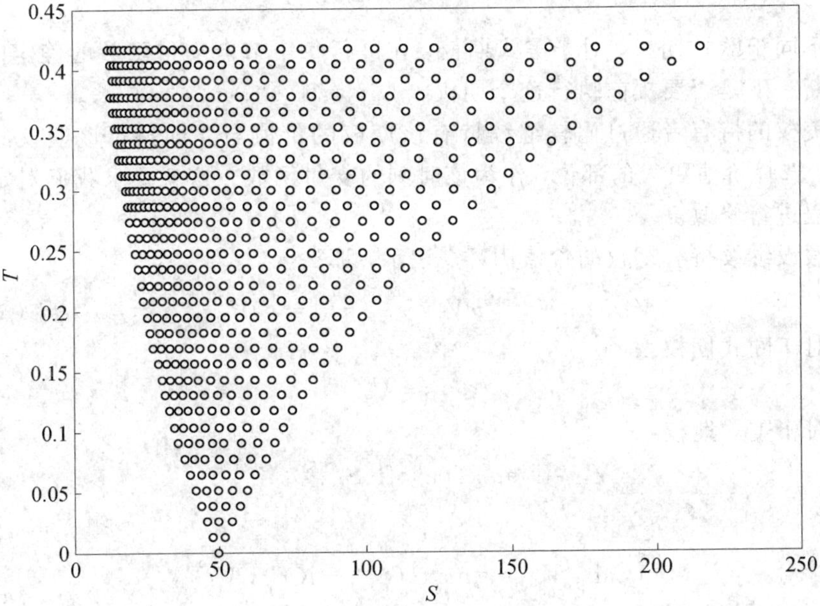

图 6－7　二叉树的网格结构

由于 $S_{i+1}=\alpha S_i$，$\alpha\in\{u, d\}$，树的分支指数式增长。而每个分支节点的取值为

$$S_{j,i}:=S_0u^jd^{i-j}\quad(i=1, 2, \cdots, M;\ j=0, 1, \cdots, i)$$

6.3.2 基于二叉树结构的欧式期权定价

对于t_M(也就是到期日 T)，期权的价值由支付函数获得，即

$$\text{payoff}(S_T)=(S_T-K)^+$$

或

$$\text{payoff}(S_T)=(K-S_T)^+$$

$$V_{j,M}:=\text{payoff}(S_{j,M}) \quad (j=0,1,\cdots,M) \tag{6-62}$$

基于风险中性估值原则

$$V_i=\mathrm{e}^{-r\Delta t}E(V_{i+1}) \tag{6-63}$$

应用于树结构上有

$$V_{j,i}=\mathrm{e}^{-r\Delta t}\cdot(pV_{j+1,i+1}+(1-p)V_{j,i+1}) \tag{6-64}$$

式(6-64)建立了一个递归结构，即从 $i=M-1$ 开始，根据 i 时刻每个节点的期权价值$V_{(j,i)}(j=0,1,2,\cdots,i)$，按照公式(6-64)倒推，直到$V_0:=V_{0,0}$，则获得期权开始时刻价值$V_0$。

6.3.3 基于二叉树结构的美式期权定价

不同于欧式期权，对于美式期权，在进行每个节点支付函数的确定时，都要判断一下是否要提前执行这个期权。

美权的持有者通过比较继续持有该期权的价值与立即执行该期权的支付函数，选择价值更大的部位，作为该时刻的支付函数。这就要求我们对定价递归过程进行修改。

假设继续持有期权的价值用$V_{j,i}^{\text{Cont}}$表示，那么

$$V_{j,i}^{\text{Cont}}:=\mathrm{e}^{-r\Delta t}[pV_{j+1,i+1}+(1-p)V_{j,i+1}] \tag{6-65}$$

对于欧式期权：

$$V_{j,i}:=V_{j,i}^{\text{Cont}}$$

对于美式期权：

$$V_{j,i}:=\max\{\text{payoff}(S_{j,i}),V_{j,i}^{\text{Cont}}\} \tag{6-66}$$

或者

$$\begin{cases}\text{Call}:V_{j,i}:=\max\{(S_{j,i}-K)^+,V_{j,i}^{\text{Cont}}\}\\ \text{Put}:V_{j,i}:=\max\{(K-S_{j,i})^+,V_{j,i}^{\text{Cont}}\}\end{cases} \tag{6-67}$$

6.3.4 二叉树期权定价算法

(1) 输入初始化参数 r、σ、T、K、M。

(2) 选择期权种类：Put/Call，European/American。

(3) 计算二叉树构造参数：$\Delta t=\frac{T}{M}$、β、u、d、p。

(4) 生成标的资产价格发展二叉树网格结构：

① $S_{0,0}:=S_0$。

② $S_{j,M}:=S_{0,0}u^j d^{M-j}$ ($j=0, 1, \cdots, M$)。(对于欧式期权，仅需要定义到期日标的资产价格)

③ $S_{j,i}=S_{0,0}u^j d^{i-j}$。(对于美式期权，需要定义和记录整个二叉树生长过程)

(5) 期权定价回溯过程：

① $V_{j,M}=\text{payoff}(S_{j,M})$。(生成到期日期权价格)

② $V_{j,i}$ for $i<M\begin{cases}\text{公式(6-64)定义欧权价格。}\\ \text{公式(6-66)定义美权价格。}\end{cases}$

(6) 输出：$V_{0,0}$是二叉树定价结果 $V(S_0, 0)$。

6.3.5 二叉树期权定价的 MATLAB 程序

1. 欧式期权定价程序

```
% input parameters
K=10; S0=8; r=0.05; sigma=0.4;
T=1; M=260; dt=T/M;
% Computation of u, d, p
beta=0.5*(exp(-r*dt)+exp((r+sigma^2)*dt));
u=beta+sqrt(beta^2-1);
d=1/u;
p=(exp(r*dt)-d)/(u-d);
% First 步骤
for j=1:(M+1)
    S(j,M+1)=S0*u^(j-1)*d^(M-j+1);
end
%Second 步骤
for j=1:(M+1)
    V(j,M+1)=max(K-S(j,M+1),0);
end
%Third 步骤
e=exp(-r*dt);
for i=M:-1:1
```

```
        for j=1: i
            V(j, i)=e*(p*V(j+1, i+1)+(1-p)*V(j, i+1));
        end
    end
    % Output
    fprintf('V(%f, 0)=%f\n', S0, V(1, 1))
```

该当前股价为 8 元，执行价为 10 元，无风险收益率为 5%，风险为 0.4，持有期一年，按每个交易日进行二叉树构造(一年按照 260 个交易日计算)后，获得的期权价格 $V(8.00, 0)=2.271\ 415$。

2. 美式期权定价程序

```
S(1, 1)=S0;
% First step: create S
for i=2: (M+1)
    for j=1: i
        S(j, i)=S0*u^(j-1)*d^(i-j+1);
    end
end
%Second step: Create VT
for j=1: (M+1)
    V(j, M+1)=max(K-S(j, M+1), 0);
end
%Third 步骤: Create V1, 1
e=exp(-r*dt);
for i=M: -1: 1
    for j=1: i
        V_cont(j, i)=e*(p*V(j+1, i+1)+(1-p)*V(j, i+1));
        V(j, i)=max(V_cont(j, i), K-S(j, i));
    end
end
```

同样条件的美权价格 $V(8.00, 0)=3.486\ 174$。可以看出：

$$V_0^{\mathrm{Am}} > V_0^{\mathrm{Eur}}$$

3. 二叉树期权定价 MATLAB 向量并行程序

MATLAB 软件的一个重要特点是向量并行计算，加快计算速度。由于标的资产二叉树生成过程具有明确的算法且每个节点取值独立，因此，可以进行不同节点的并行运算。基于 MATLAB 的向量欧权定价算法如下：

```
  % computation of u, d, p
dt=T/N;
Beta=0.5*(exp(-r*dt)+exp(r+sigma^2)*dt);
u=beta+sqrt(beta^2-1);
d=1/u;
p=(exp(r*dt)-d)/(u-d);
% first 步骤
S=S0*(u.^(0:N)'.*d.^(N:-1:0)'
% Second 步骤
V=max(K-S, 0);
% Third 步骤
q=1-p;
for i=N:-1:1
    V=p*V(2:i+1)+q*V(1:i);
end
% output
V=exp(-r*T)*V;
```

美权定价算法与上述算法类似，在此不再重复。

总结上述二叉树定价算法和程序，可以将定价过程分为以下三步：

(1) 设置初始化参数；

(2) 标的资产价值轨迹生成；

(3) 从V_T开始衍生价值回溯，直至V_0生成衍生品初始价格。

通过计算，我们可以看到基础资产价格的发展过程，并且可以跟踪衍生品的定价过程。因此，计算金融为我们提供了深度了解定价原理的手段和方法。

6.3.6　二叉树定价方法的优势与不足

采用二叉树定价方法具有明显的优势，那就是容易理解和实现，具有非常明确的构造性，可以用于各种不同种类期权的定价问题。但该方法的不足也很明显，首先是精度不足，其误差 $O(1/M)=O(\Delta t)$ 随着 M 值的增加线性收敛，但往往可以满足实际对精度的要求。当对于相同的S_0，但希望进行多次定价以确定V_0时，算法需要多次重复运行，运行时间较长。

第 7 章 价格形成过程的可加性——随机积分方程的求解

7.1 随机过程在金融建模中的应用

7.1.1 随机微积分在金融建模中的应用历史

“随机微积分是如何对现代金融市场发挥关键且巨大影响力的，可以追溯到物理现象——布朗运动提出的历史背景。”

1827 年，英国植物学家罗伯特·布朗(Robert Brown)观察到当花粉中的微小粒子悬浮在水面上时，他们的运动会呈现出十分不规则的轨迹。为了纪念这个发现，就将此现象命名为布朗运动(Brownian Motion，BM)。1900 年，法国数学家路易斯·巴施里耶(Louis Bachelier)在其博士论文中，记录了他观察到在巴黎股票市场交易中股价的改变会呈现一些类似于布朗运动的不规则现象，随后他用布朗运动的数学模型描述股价的动态行为，并且探讨了布朗运动的马可夫性(Markov process)与平赌性(Martingale process)等随机过程中的重要观念。

1905 年，著名的物理学家艾伯特·爱因斯坦(Albert Einstein)推导出了布朗运动所对应的扩散方程并估计了分子的大小。

1923 年，美国数学家诺贝特·维纳(Norbert Wiener)以严谨的数学方法建构出了布朗运动，为了纪念他的贡献，布朗运动也称为维纳过程。

1931 年，俄罗斯数学家安德雷·柯尔莫哥洛夫(Andrey Kolmogorov)探讨了更一般的扩展并且连续的马可夫过程。

1944 年，日本数学家伊藤清(Kiyoshi Ito)提出了对布朗运动积分，即所谓的随机积分的定义，并且利用伊藤引理发展出一套随机微积分(Stochastic Calculus)的计算方法，以便处理一般化的随机微分方程(Stochastic Differential Equation，SDE)。

根据以上基础，随机过程的研究开展得如火如荼。直至今日，随机分析已自成一派，并与数学、自然科学、社会科学等领域交叉融合，使得随机过程相关理论被广泛应用和持续推进。

虽然巴施里耶在概率与金融这两个领域具有伟大的开创性研究，但很可惜的是这些工作在 20 世纪初并没有被广泛认可。幸运的是，随着后来金融领域的发展，又给了巴施里耶一个正确的历史地位。1959 年，接受过天文学教育的美国统计学家莫里·奥斯本(Maury Osborne)，用物理学知识研究金融学领域的问题，于 1959 年发表论文《股票市场上的布朗运动》，并首次推荐使用几何布朗运动作为风险资产的价格模型。1965 年，保罗·萨缪尔森(Paul A. Samuelson)推荐利用随机微积分数学方法来研究金融问题，受以上这些影响，1973 年布莱克和斯科尔斯发表了著名的 Black - Scholes(B - S)期权定价公式。同年，芝加哥期权交易所成立，期权理论和期权交易指数式发展。

7.1.2　随机过程的定义

(1) 随机变量族：$\{X_t\}$，$t\geqslant 0$ 或 $0\leqslant t\leqslant T$。

(2) 函数X_t的一个样本结果称为一条路径或一条轨迹。

例如：假设存在一个随机过程$\{X_t\}$，$t\geqslant 0$ 或 $0\leqslant t\leqslant T$，$X_t\sim N(0, t)$，则有

(1) $X_t\in(-\sqrt{t}, \sqrt{t})$的概率为 65.29%。

(2) $X_t\in(-2\sqrt{t}, 2\sqrt{t})$的概率为 95.44%。

(3) $X_t\in(-3\sqrt{t}, 3\sqrt{t})$的概率为 99.73%。

7.1.3　特殊随机过程举例

1. 高斯过程(Gaussian Process)

所有有限维的分布(X_{t1}，X_{t2}，…，X_{tk})都是高斯分布(正态分布)。因此，X_t对于所有时间 t 都是正态分布。

1) 中心极限定律

假设随机变量X_1，X_2，…，X_n是两两独立的，但不一定具有相同的分布。假设对于每个 $i\in\{1, 2, \cdots, n\}$，$E[X_i]=\mu_i$，$\mathrm{Var}[X_i]=\sigma_i^2$，那么，我们可以定义一个新的随机变量$Y_n$，它具有如下性质：

$$Y_n=\frac{\sum_{i=1}^{n}(x_i-\mu_i)}{\sqrt{\sum_{i=1}^{n}\sigma_i^2}}$$

$$Y_n\sim N(0, 1)$$

2) 中心极限定律在价格模型构建中的作用

由于信息的多样性以及信息到达的随机性，因此最终市场价格的变化是多种相互独立信息作用的结果。股票市场承受各种信息，信息是驱动力，股票价格的波动是这些信息作用的结果。因此，高斯过程(正态分布)用于价格模型的构造，即

$$\frac{\Delta S}{S}=\mu\Delta t+\sigma\Delta W,\ E\left(\frac{\Delta S}{S}\right)=\mu\Delta t,\ \mathrm{Var}\left(\frac{\Delta S}{S}\right)=\sigma^2\Delta t$$

2. 马可夫过程

只有X_t的当前价值与其未来发展相关，也就是过去的信息已全部反映在当前价格中。其规范化定义如下：

随机过程$\{X_{t_i}\}_{i=0}^{\infty}$称为马可夫过程，若对时间$0\leqslant t_i\leqslant t_k$以及函数$h$，存在一个函数$g$，使得

$$E\{h(X_{t_k})\mid X_{t_0},\ X_{t_1},\ \cdots,\ X_{t_i}\}=E\{h(X_{t_k})\mid X_{t_i}\}=g(X_{t_i})$$

3. 维纳过程(标准布朗运动)

数学中，维纳过程(Wiener Process，标记为W_t)是一种连续时间随机过程，得名于美国数学家诺伯特·维纳。1923年，由于诺贝特·维纳以严谨的数学方法建构出了布朗运动，为了纪念他的贡献，布朗运动也称为维纳过程。维纳过程就是标准的布朗运动。

定理 7-1　离散维纳过程是高斯过程，也是马科夫过程。

证明

假设1：$t_i<t_k$，$W_{t_k}=W_{t_i}+Y$，$Y\sim N(0,\ t_k-t_i)$。

假设2：Y与W_{t_0}，W_{t_1}，$\cdots$，W_{t_i}相互独立。

$$\begin{aligned}E[h(W_{t_k}=W_{t_i}+Y)\mid W_{t_0},\ W_{t_1},\ \cdots,\ W_{t_i}]&=E[h(W_{t_i}+Y)\mid W_{t_i}]\\&=\int_{-\infty}^{\infty}h(W_{t_i}+Y)f_Y(Y)\mathrm{d}Y\\&\equiv g(W_{t_i})\end{aligned}$$

这里，$f(y)$是Y的密度函数，$g(x)=\int_{-\infty}^{\infty}h(W_{t_i}+Y)f_Y(Y)\mathrm{d}Y$。

通过维纳过程性质分析，可以得出：

(1) 维纳过程是建立金融市场的重要模块基础(Building Blocks)，同时也是金融数学的主题；

(2) 高斯过程假设以及市场对到达信息能够立即做出响应假设(也就是马科夫过程)合在一起成为有效市场假说。同时，有效市场假说也意味着市场发展具有高斯过程(正态性)与马科夫性质。

(3) 正态性及马可夫性(风险中性及无套利性质)是资本市场运行的主要特征。

这里，“标准维纳过程”因为漂移率为 0 且$W_0=0$，所以可以成为其他随机过程构造的基本(基础模块)。

一般化，维纳过程始终具有$(W_t-W_s)\sim(0,\ t-s)$性质(从定义得出)，那么

$$E(W_t-W_s)=0,\ \mathrm{Var}(W_t-W_s)=E[(W_t-W_s)^2]=t-s \tag{7-1}$$

$$E[(\Delta W_t)^2]=\Delta t \tag{7-2}$$

W_t不可微，因为

$$\mathrm{Var}\left[\frac{\Delta W_t}{\Delta t}\right]=\frac{1}{(\Delta t)^2}\mathrm{Var}(\Delta W_t)=\left(\frac{1}{\Delta t}\right)^2\cdot\Delta t=\frac{1}{\Delta t} \tag{7-3}$$

当 $\Delta t\to 0$ 时，$\frac{1}{\Delta t}$趋近无穷大。

这里需要注意，$t_{j+1}>t_j$ 时，增量$W_{j+1}-W_j$ 与W_j 独立，而不是$W_{t_{j+1}}$ 与 $W_{t_{j+1}}-W_{t_j}$ 独立。

维纳过程性质使得维纳过程成了基本金融模型的驱动力。

7.1.4　维纳过程离散模型

我们目前针对的是连续维纳过程$W_t(t\in\mathbb{R})$，通过维纳过程的离散化，获得连续过程的近似构造。选取一个固定大小的时间增量 $\Delta t>0$，有

$$t_j:=j\cdot\Delta t$$

$$W_{j\Delta t}=\sum_{k=1}^{j}\underbrace{(W_{k\Delta t}-W_{(k-1)\Delta t})}_{=:\ \Delta W_k}=\sum_{k=1}^{j}\Delta W_k \tag{7-4}$$

ΔW_k相互独立，根据维纳过程性质，其具有如下特性：

$$E(\Delta W_k)=0 \tag{7-5}$$

$$\mathrm{Var}(\Delta W_k)=\Delta t \tag{7-6}$$

假设 Z 是一个标准正态分布的随机变量，即 $Z\sim N(0,\ 1)$，那么

$$Z\sqrt{\Delta t}\sim N(0,\ \Delta t) \tag{7-7}$$

因此，可以将 $Z\sqrt{\Delta t}$ 作为维纳过程 ΔW_k的模型。

维纳过程离散模型为

$$\Delta W_k=Z\sqrt{\Delta t},\ Z\sim N(0,\ 1)\quad(k=1,\ 2,\ \cdots,\ M) \tag{7-8}$$

7.1.5　维纳过程仿真算法

利用公式(7-8)，我们可以通过构造维纳过程中的一个个独立增量 ΔW_K，$K=1,\ 2,\ \cdots,\ M$，按照公式(7-4)将增量叠加，形成一条维纳路径，或称为轨迹。整个算法可分为两步：首先设置维纳过程初始化参数，这里主要是为时间增量 Δt 赋值；然后进入一个循环过程。在循环体中，生成 ΔW_k 增量，利用路

径叠加，完成维纳轨迹的不断生长过程。其具体算法如下：

$$\text{Start } t_0=0,\ W_0=0,\ \Delta t;$$
$$\text{loop } j=1,\ 2,\ \cdots$$
$$t_j=t_{j-1}+\Delta t;$$
$$\text{draw} Z\sim N(0,\ 1);$$
$$W_j=W_{j-1}+Z\sqrt{\Delta t}$$

图 7-1 是一个通过离散过程近似构造的维纳轨迹。

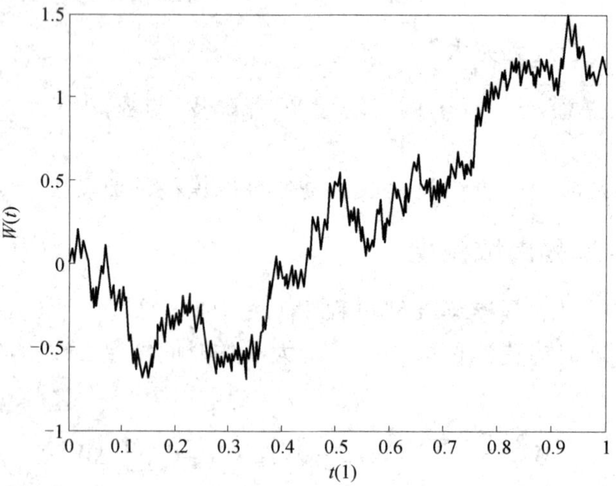

图 7-1　维纳过程仿真

MATLAB 维纳过程仿真程序如下：

```
% start
T=1; M=1000; dt=T/M; t(1)=0; W(1)=0;
% loop
for j=2:1:M
    t(j)=t(j-1)+dt;
    W(j)=W(j-1)+sqrt(dt) * normrnd(0, 1);
end
% Output
xlabel('time t(i)'), ylabel('Winer process W(i)'),
title('Simulation Winer process');
plot(t, W);
hold off;
```

M 值的变化代表了一个连续随机过程离散度（粒度）的不同，对于不同的离散度，离散模型与连续模型之间的近似度有显著差异。图 7-2 是离散度 M

分别取值 10、100、1000 时利用离散构造方法形成的维纳轨迹。

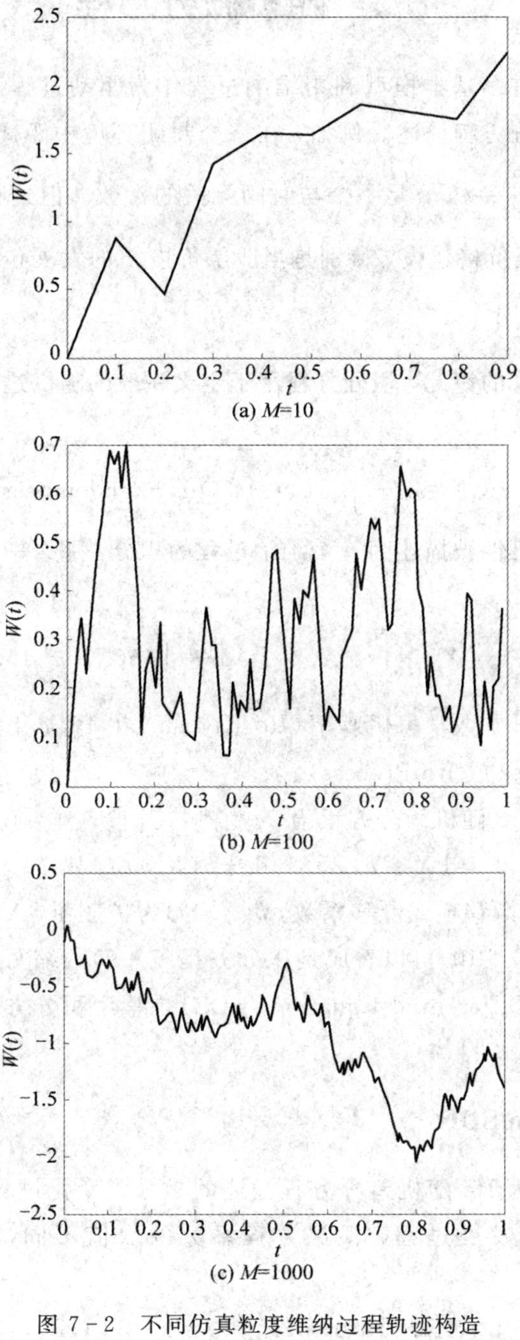

图 7-2　不同仿真粒度维纳过程轨迹构造

7.2　随机微分方程

金融市场的许多基本模型利用维纳过程作为驱动过程。自然界的一些现象常用确定的微分方程描述。例如，在一个封闭环境中距离等于速度乘时间，即 $s=v\cdot t$，那么$\frac{\mathrm{d}s}{\mathrm{d}t}=v$，$v$ 是一个与时间无关的常数。但这种建模忽略了随机波动，不适合股票价格建模，特别是当股票价格 x 的发展包括维纳过程时，导数$\frac{\mathrm{d}}{\mathrm{d}t}x$ 就没有意义了。

对于不可微分的情况，积分方程用于定义一般的随机过程，随机性被直接加入其中：

$$x(t)=x_0+\int_{t_0}^{t}a(x(s),\ s)\mathrm{d}s+\text{randomness}$$

这里如果随机性被描述为一个维纳过程的积分，那么一个随机过程X_t或S_t可以定义为

$$X_t=X_0+\int_{t_0}^{t}a(X_{t'},\ t')\mathrm{d}s+\int_{t_0}^{t}b(X_t,\ t)\mathrm{d}W_s \tag{7-9}$$

这个方程由日本数学家伊藤清(Ito Kiyoshi)在1944年定义，因此称为伊藤过程(Ito Process或Ito Process)。

定义7-1　Ito随机微分方程为

$$\mathrm{d}X_t=a(X_t,\ t)\mathrm{d}t+b(X_t,\ t)\mathrm{d}W_t \tag{7-10}$$

式中，$a(X_t,\ t)$为漂移项或漂移系数，$b(X_t,\ t)$为扩散项，X_t是一个Ito过程或随机扩散。公式(7-10)可以看成是积分方程(7-9)的缩写。因此，随机微分方程(Stochastic Differential Equation，SDE)是整个积分方程的符号化，命名为Ito SDE。

7.2.1　特殊Ito SDE

我们可以认为Ito随机差分方程描述的是微观变化过程，Ito随机积分方程描述的是宏观发展过程，根据方程系数的取值不同，存在一些特殊的Ito SDE。

(1)　　$a(X_t,\ t)=0,\ b(X_t,\ t)=1$

$$\mathrm{d}X_t = a(X_t, t)\mathrm{d}t + b(X_t, t)\mathrm{d}W_t$$

$$\mathrm{d}X_t = \mathrm{d}W_t$$

$$X_t = \int_{t_0}^{t} \mathrm{d}W_t = W_t - W_{t_0} = W_t$$

(2)　$a(X_t, t) = 0$，$b(X_t, t) = \sigma X_t$　（σ 为常数）

$$\mathrm{d}X_t = a(X_t, t)\mathrm{d}t + b(X_t, t)\mathrm{d}W_t = \sigma X_t \mathrm{d}W_t$$

如果X_t代表所拥有的金融资产，那么这是一个只有投机没有投资的金融过程。

假设$Y_t = \ln X_t$，$(Y_t)' = \frac{1}{X_t}$，$(Y_t)'' = -\frac{1}{X_t^2}$，则有

$$\mathrm{d}Y_t = (Y_t)'\mathrm{d}X_t + \frac{1}{2!}(Y_t)''(\mathrm{d}X_t)^2 = \sigma\,\mathrm{d}W_t - \frac{1}{2}\sigma^2\mathrm{d}t$$

$$\int_{t_0}^{t} \mathrm{d}Y = \int_{t_0}^{t} \sigma\,\mathrm{d}W_t - \int_{t_0}^{t} \frac{1}{2}\sigma^2\mathrm{d}t$$

$$\ln X_t - \ln X_{t_0} = \sigma(W_t - W_{t_0}) - \frac{1}{2}\sigma^2(t - t_0)$$

$$\ln\left(\frac{X_t}{X_0}\right) \sim N\left[-\frac{1}{2}\sigma^2(t - t_0),\ \sigma^2(t - t_0)\right]$$

通过这个推导过程可以发现，在只有风险没有分红的市场中，平均收益为负，资本收益完全靠风险收益。在市场的时间越长，风险就越大，不赔就是成功。

(3)　$a(X_t, t) = \mu X_t$，$b(X_t, t) = 0$

$$\mathrm{d}X_t = \mu X_t \mathrm{d}t$$

这是一个没有随机项的确定过程。如果X_t代表所拥有的金融资产，那么

$$\mathrm{d}X_t = \mu X_t \mathrm{d}t$$

$$\frac{\mathrm{d}X_t}{X_t} = \mu\mathrm{d}t$$

$$\int_{t_0}^{t} \frac{\mathrm{d}X_t}{X_t} = \int_{t_0}^{t} \mu\mathrm{d}t$$

$$\int_{t_0}^{t} \mathrm{d}(\ln X_t) = \mu(t - t_0)$$

$$\ln X_t - \ln X_0 = \ln\left(\frac{X_t}{X_0}\right)$$

$$X_t = X_0 e^{\mu(t-t_0)}$$

这表明在没有风险的市场环境下，资产价值终值是初值连续复利的结果。

(4) $a(X_t, t) = \mu X_t$, $b(X_t, t) = \sigma X_t$ (μ、σ 为常数)

$$dX_t = \mu X_t dt + \sigma X_t W_t$$

$$\frac{dX_t}{X_t} = \mu dt + \sigma dW_t$$

假设$Y_t = \ln X_t$，$(Y_t)' = \frac{1}{X_t}(Y_t)'' = -\frac{1}{X_t^2}$，则有

$$dY_t = (Y_t)' dX_t + \frac{1}{2!}(Y_t)''(dX_t)^2$$

$$(dX_t)^2 = X_t^2 \sigma^2 dt$$

$$\begin{aligned}\int_{t_0}^{t} dY_t &= Y\Big|_{t_0}^{t} = Y_t - Y_{t_0}\\ &= \int_{t_0}^{t}\left[\left(\mu - \frac{\sigma^2}{2}\right)dt + \sigma dW_t\right]\\ &= \int_{t_0}^{t}\left(\mu - \frac{\sigma^2}{2}\right)dt + \int_{t_0}^{t}\sigma dW_t\\ &= \left(\mu - \frac{\sigma^2}{2}\right)(t-t_0) + \sigma(W_t - W_{t_0})\end{aligned}$$

$$\begin{aligned}\ln X_t - \ln X_0 &= \left(\mu - \frac{\sigma^2}{2}\right)(t-t_0) + \sigma(W_t - W_{t_0})\\ &= \left(\mu - \frac{\sigma^2}{2}\right)t + \sigma W_t\end{aligned}$$

$X_t = X_{t_0} e^{\left(\mu - \frac{\sigma^2}{2}\right)t + \sigma W_t}$是 B－S 市场模型下标的资产价格的发展规律。

(5) $a(X_t, t)$本身是一个随机过程，即

$$dr_t = \alpha(R - r_t)dt + \sigma dW_t$$

式中，R 为平均利率，r_t为瞬时利率。该随机方程称为 Vasick 利率模型。

(6) $b(X_t, t)$本身是一个随机过程，即

$$d\sigma_t = -(\sigma_t - \zeta)dt + \alpha\sigma_t dW_t$$

式中，ζ 为平均波动率，σ_t 为瞬时波动率。该随机方程称为随机波动率模型。

第(5)和第(6)种情况分别表示系统具有多随机源的随机过程。资产价格的发展同时受到利率、波动率变化的影响。

7.2.2　随机微分方程的欧拉离散化

最简单的 Ito SDE 离散化的数值求解方法为

$$\Delta X_t = a(X_t,\ t)\Delta t + b(X_t,\ t)\Delta W_t \tag{7-11}$$

通过ΔW_t的算法，结合相同大小的 Δt 划分，近似构造维纳过程，这就是欧拉算法。利用欧拉离散化方法求解 Ito SDE 的算法如下：

$$\text{Start}: t_0 = 0,\ y_0 = X_0,\ \Delta t,\ W_0 = 0;$$

$$\text{loop } j = 1,\ 2,\ \cdots$$

$$t_j = t_{j-1} + \Delta t;$$

$$\text{draw } Z \sim N(0,\ 1);$$

$$\Delta W = Z\sqrt{\Delta t}$$

$$y_j = y_{j-1} + a(y_{j-1},\ t_{j-1})\Delta t + b(y_{j-1},\ t_{j-1})\Delta W$$

这里用y_j代替x_{t_j}近似构建 Ito 过程。

设一个 Ito SDE 具有如下结构：

$$\mathrm{d}X_t = 0.05\,X_t\mathrm{d}t + 0.3\,X_t\mathrm{d}W_t$$

$$a(X_t,\ t) = 0.05\,X_t$$

$$b(X_t,\ t) = 0.3\,X_t$$

$$X_t = X_{t-1} + \Delta X_t$$

$$X_0 = 50$$

步长 Δt 为等距离划分，即 $\Delta t = \dfrac{T}{M}$，M 为划分规模。所构成的近似解称为轨迹或路径。其 MATLAB 算法程序如下：

```
  % start
T=1; M=250; X0=50; dt=T/M;
t(1)=0;
Y(1)=X0;
%loop
for j=2: 1: (M+1)
    t(j)=t(j-1)+dt;
    dW(j)=normrnd(0, 1)*dt;
    Y(i, j)=Y(i, j-1)+0.05*Y(i, j-1)*dt+0.3*Y(i, j-1)*dW(j);
```

```
end;
%output
plot(t, Y);
```

通过仿真 SDE，我们可以理解一条或多条轨迹的计算过程。这里如果没有扩散项，可以获得确切解：

$$X_t = X_0 e^{0.05t}$$

图 7-3 为X_t的一条轨迹。

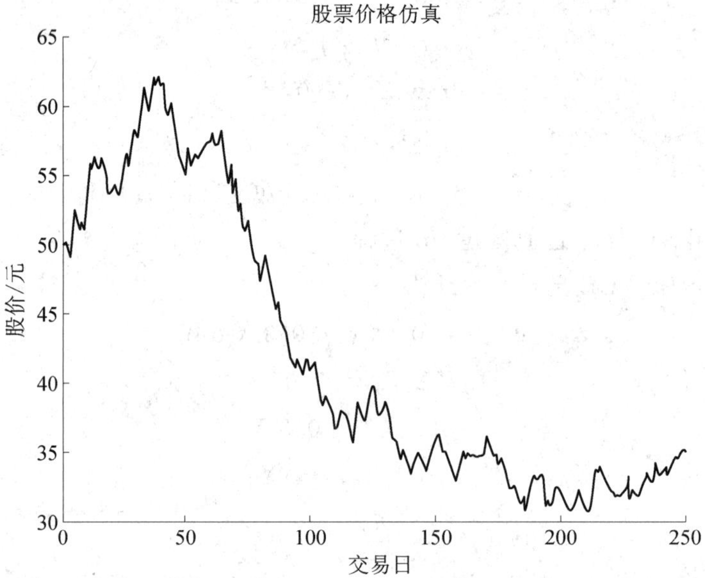

图 7-3　Ito SDE 方程欧拉离散化

7.2.3　Ito SDE 应用于股票市场——几何布朗运动

美国经济学家萨米尔森在 1965 至 1970 年间提出利用连续模型为股票价格S_t建模。模型假设一个证券价格在时间间隔 dt 的相对变化(也就是收益率)为 dS_t/S_t，包括一个确定的增长率 μdt，加上一个随机波动率 σdW_t，从而形成一个几何布朗运动$\frac{dS_t}{S_t}=\mu dt+\sigma dW_t$。将这个等式的两边同时乘以 S_t，其表达式为

$$dS_t = \mu S_t dt + \sigma S_t dW_t \tag{7-12}$$

这个 SDE 的漂移项为 $a(S_t, t)=\mu S_t$，扩散项为 $b(S_t, t)=\sigma S_t$。

几何布朗运动是B－S期权定价模型建立的基础。B－S模型对市场的假设中，μ 和 σ 都是常数。

GBM的确定部分是一般的差分方程 $dS_t=\mu S_t dt$，设 $\dot{S}(t)$ 是函数 $S(t)$ 固定部分的时间导数 $\frac{dS}{dt}$，那么

$$\dot{S}(t)=\mu S_t \tag{7-13}$$

S_t 的均值为确定部分的时间函数，即

$$E(S_t)=\dot{S}_t=S_0 e^{\mu(t-t_0)} \tag{7-14}$$

图7－4是 $dX_t=0.05X_t dt+0.3X_t dW_t$ 的10条价格轨迹的仿真，t 时刻样本价格期望为 $50e^{0.1}\approx 55.26$。

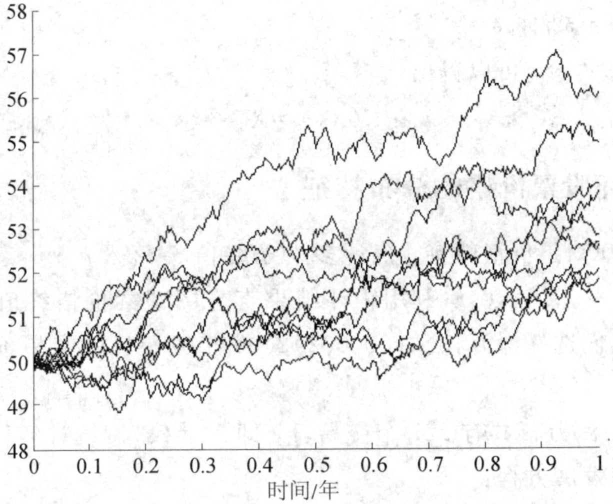

图7－4　10条价格仿真轨迹

MATLAB欧拉离散算法程序如下：

```
N=10; % N trajectories
%loop
for i=1:1:N    % create N path
    t(1)=0;
    Y(i, 1)=X0;
    for j=2:1:(M+1)   % create One path
```

```
        t(j)=t(j-1)+dt;
        dW(j)=normrnd(0, 1)*dt;
        Y(i, j)=Y(i, j-1)+0.05*Y(i, j-1)*dt+0.6*Y(i, j-1)*dW(j);
        end;
    end;
    % results compare
    % average of N simulations results
    aver_Y_M=sum(Y(:, M+1))/N
    % X0's composement within T
    X0erT=50*exp(0.05)
```

运行结果：

```
aver_Y_M = 52.5825;
X0erT =52.5636
```

通过计算实验，可以得出

$$E(X_T)=X_0\mathrm{e}^{rT}$$

7.2.4　实证股票价格的分布特征

构造 10 000 条价格轨迹，统计多少条终值S_T落入 $k\cdot 5\leqslant t<(k+1)\cdot 5$ ($k=0, 1, 2, \cdots; k\geqslant 40$)。利用统计结果直方图观察价格终值频率的分布情况。在此，我们选择深万科 A(000002)2002 年股票日的交易价格数据进行统计分析。

2002 年，深万科共有 227 个交易日，即 $M=227$。统计年化收益率及波动率，获得价格发展方程：

$$\mathrm{d}S_t=-0.068\,S_t\mathrm{d}t+0.1318\,S_t\mathrm{d}W_t$$

2002 年 1 月 4 日收盘价$S_0=12.99$。按照价格发展规律，进行 $N=10000$ 次轨迹仿真，按照到期(2002 年 12 月 31 日)价格S_T进行最大(max)与最小(min)之间 $k=40$ 的等分划分，然后提取在不同取值范围内价格出现的频率统计。完成统计的 MATLAB 程序如下：

```
%形成 N 条 X 轨迹，存入 Y 中；
T=1; M=227; X0=12.99; dt=T/M;
t(1)=0;
N=1000;
```

```
%loop
for i=1:1:N
    t(1)=0;
    Y(i, 1)=X0;
    for j=2:1:(M+1)
    t(j)=t(j-1)+dt;
    dW(j)=normrnd(0, 1)*dt;
    Y(i, j)=Y(i, j-1)+rate*Y(i, j-1)*dt+sigma*Y(i, j-1)*dW(j);
    end;
 end;
%将 Y 中各个轨迹的到期日数据 Y(:, M+1)提取出来，存入 XT
XT=Y(:, M+1);
XT=XT';
maxXT=max(XT)
minXT=min(XT)
dXT=(maxXT-minXT)/40;
%到期日数据 XT 区间进行 40 等分，构造不同区间取值范围存入 spaceXT 中
spaceXT=[, ];
for i=1:1:40
    spaceXT(i, 1)=minXT+(i-1)*dXT; %spaceXT(:, 1)存放区间下限
    spaceXT(i, 2)=minXT+i*dXT; %spaceXT(:, 2)存放区间上限
    spaceXT(i, 3)=0; %spaceXT(:, 3)存放这个区间的 XT 取值个数
end;
spaceXT(41, 1)=maxXT; %为了将等于最大值的 XT 样本个数统计在内
spaceXT(41, 2)=maxXT+3;
for i=1:1:N
     for j=1:1:41
         if (XT(i)>=spaceXT(j, 1)) && ( XT(i)<spaceXT(j, 2))
                 spaceXT(j, 3)=spaceXT(j, 3)+1;
          end;
     end;
end;
bar(spaceXT(:, 1), spaceXT(:, 3));
```

程序运行结果所得频率直方图如图 7－5 所示。同时，我们利用股票市场

实际价格数据进行不同区间频率统计，其直方图如图 7－6 所示。可以看出，这只股票的价格发展与几何布朗运动的假设不相符。

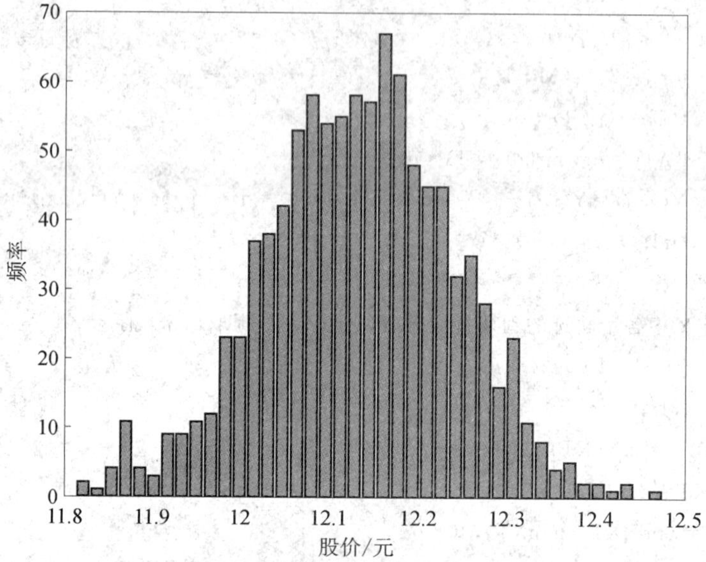

图 7－5　S_T价格仿真分布频率统计直方图

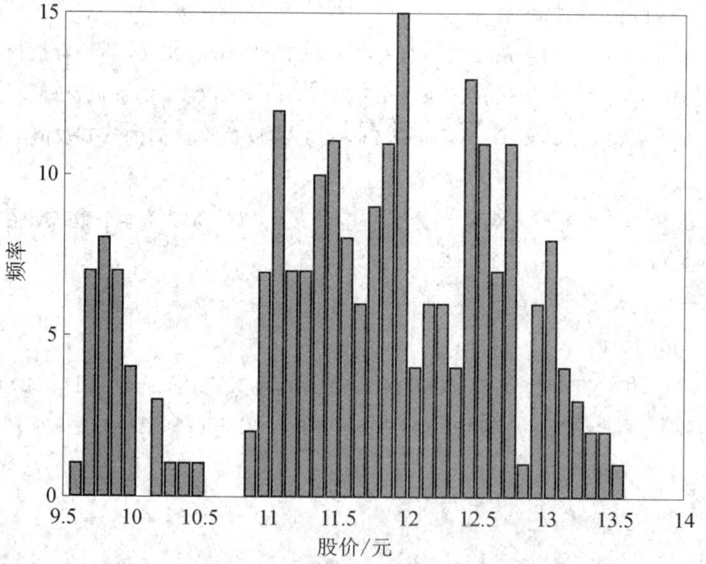

图 7－6　股票市场实际价格频率统计直方图

7.2.5　离散化 GBM 与历史波动率

GBM 离散化形式为

$$\frac{\Delta S}{S}=\mu\Delta t+\sigma Z\sqrt{\Delta t} \tag{7-15}$$

比较欧拉算法，比率$\frac{\Delta S}{S}$称为一个时间片的简单收益率。这里 Δt 解释为一个时间片，满足：

$$\frac{\Delta S}{S}\sim N(\mu\Delta t,\ \sigma^2\Delta t) \tag{7-16}$$

假设提供的数据符合 GBM，则这些数据可以完成历史波动率估值，只要 Δt 足够小，就可以近似获得波动率的取值。具体计算过程参见 9.2.2。

7.2.6　Ito 引理及证明

假设：

(1) $X(t)$是一个 Ito 过程，遵循如下的发展过程：

$$\mathrm{d}X_t=a(X_t,\ t)\mathrm{d}t+b(X_t,\ t)\mathrm{d}W_t$$

(2) $g(x,\ t)\in C^2$，

那么 $Y(t):=g(X_t,\ t)$的解 SDE 为

$$\mathrm{d}Y_t=\underbrace{\left(\frac{\partial g}{\partial X}a+\frac{\partial g}{t}+\frac{1}{2}\frac{\partial^2 g}{\partial X^2}b^2\right)}_{a'(X_t,\ t)}\mathrm{d}t+\underbrace{\frac{\partial g}{\partial X}b}_{b'(X_t,\ t)}\mathrm{d}W_t$$

这就是 Ito 引理。引理说明Y_t也是一个 Ito 过程，有着与输入过程X_t相同的维纳过程扰动项。当取值 $\Delta=\frac{\partial g}{\partial x}$时，$\Delta X_t$-$Y_t$ 是一个没有随机性的、确定的过程。

证明　(1) 假设 $z=f(x,\ t)$是一个对 x 和 t 可导的函数，$x=g(t)$是一个对 t 可导的函数，那么对 t 可导函数 z 的导数为

$$\frac{\mathrm{d}z}{\mathrm{d}t}=\frac{\partial z}{\partial x}\cdot\frac{\mathrm{d}x}{\mathrm{d}t}+\frac{\partial z}{\partial t} \tag{7-17}$$

$$\mathrm{d}z=\frac{\partial z}{\partial x}\cdot\mathrm{d}x+\frac{\partial z}{\partial t}\cdot\mathrm{d}t=f'_x\mathrm{d}x+f'_t\mathrm{d}t \tag{7-18}$$

$$
\begin{aligned}
d(dz) &= d(f'_x dx + f'_t dt) \\
&= d[f'_x dx] + d[f'_t dt] \\
&= d[f'_x]dx + d[f'_t]dt \\
&= f''_{xx}(dx)^2 + f''_{tx} dt dx + f''_{tt}(dt)^2 + f''_{xt} dx dt
\end{aligned}
$$

$$
d(dz) = f''_{xx}(dx)^2 + 2 f''_{tx} dt dx + f''_{tt}(dt)^2 \tag{7-19}
$$

(2) 因为$(dW_t)^2 = O(dt)$，$dW_t = O(\sqrt{dt})$，$dtdW_t = O(dt^{\frac{3}{2}})$，而 $dt \to 0$，那么 $dW_t \gg (dW_t)^2 \gg dtdW_t \gg (dW_t)^2$，所有高于 dt 的项都可以忽略。

(3)
$$
\begin{aligned}
(dX_t)^2 &= [a(X_t, t)dt + b(W_t, t)dW_t]^2 \\
&= \underbrace{[a(X_t, t)dt]^2}_{(dt)^2} + \underbrace{[b(W_t, t)dW_t]^2}_{dt} + \\
&\quad \underbrace{2[a(X_t, t)dt][b(W_t, t)dW_t]}_{dtdW_t} \\
&= [b(W_t, t)]^2 dt
\end{aligned}
$$

(4)
$$
\begin{aligned}
dY &= Y' dt + \frac{1}{2}Y''(dt)^2 + \frac{1}{3!}Y'''(dt)^3 + \cdots + \frac{1}{n!}Y^{(n)\,\prime}(dt)^n + \cdots \\
&= \frac{\partial g}{\partial X_t}dX_t + \frac{1}{2}\frac{\partial^2 g}{dX_t^2}(dX_t)^2 + \text{H. O. T(in } dX_t)^{①} + \\
&\quad \frac{\partial g}{\partial t}dt + \text{H. O. T(in } dt) + \text{H. O. T(in } dX_t dt) \\
&= \frac{\partial g}{\partial X_t}dX_t + \frac{1}{2}\frac{\partial^2 g}{dX_t^2}(dX_t)^2 + \frac{\partial g}{\partial t}dt \\
&= \frac{\partial g}{\partial X_t}[a(X_t, t)dt + b(X_t, t)dW_t] + \frac{1}{2}\frac{\partial^2 g}{dX_t^2}\left[b(X_t, t)^2 dt + \frac{\partial g}{\partial t}dt\right] \\
&= \left[\frac{\partial g}{\partial X_t}a(X_t, t) + \frac{1}{2}\frac{\partial^2 g}{dX_t^2}\left(b(X_t, t)^2 + \frac{\partial g}{\partial t}\right)\right]dt + \frac{\partial^2 g}{\partial X^2}b(X_t, t)dW_t \\
&= \underbrace{\left[\frac{\partial g}{\partial X_t}a(X_t, t) + \frac{1}{2}\frac{\partial^2 g}{dX_t^2}(b(W_t, t))^2 + \frac{\partial g}{\partial t}\right]dt}_{dt} + \underbrace{\frac{\partial g}{\partial X_t}b(W_t, t)dW_t}_{dW_t}
\end{aligned}
$$

7.2.7 Ito 引理应用于股票和期权

如果股票价格S_t遵循 GBM，那么 $dS = \mu S dt + \sigma S dW$（$\mu$、$\sigma$ 是常数）。

---

① H. O. T(in dX_t) 代表 dX_t 的高阶项，H. O. T 是 Higher Order Term 的缩写，同理 H. O. T(in dt)、H. O. T(in dX, dt)分别代表 dt 及 $dX_t dt$ 的高阶项。

1. 期权定价

设 $V(S, t)$是期权价格函数，且在时间和标的资产价格上平滑(即 $V(S, t)\in C^2$)，则

$$\mathrm{d}V=\left(\frac{\partial V}{\partial S}\mu S+\frac{\partial V}{\partial t}+\frac{1}{2}\sigma^2 S^2\frac{\partial^2 V}{(\partial S)^2}\right)\mathrm{d}t+\frac{\partial V}{\partial S}\sigma S\,\mathrm{d}W$$

定价过程就是求解随机偏微分方程的过程。由欧权特定的限定条件，可以推导出解析解，但更多的期权产品没有解析解，需要使用其他的近似求解方法。

2. 股票定价

假设$Y_t=\ln S_t$，那么 $\mathrm{d}(\ln S_t)=\left(\mu-\frac{\sigma^2}{2}\right)\mathrm{d}t+\sigma\mathrm{d}W_t$。对数价格 $Y_t=\ln S_t$ 满足简单的 SDE，具有的解如下：

$$\begin{aligned}Y_t &= Y_0+\int_{t_0}^{t}\left(\mu-\frac{\sigma^2}{2}\right)\mathrm{d}t+\int_{t_0}^{t}\sigma\mathrm{d}W_t\\&=Y_0+\left(\mu-\frac{\sigma^2}{2}\right)(t-t_0)+\sigma(W_t-W_{t_0})\end{aligned}$$

从而

$$S_t=S_{t_0}\,\mathrm{e}^{\left(\mu-\frac{\sigma^2}{2}\right)(t-t_0)+\sigma(W_t-W_{t_0})} \tag{7-20}$$

当 $t_0=0$、$W_{t_0}=W_0=0$ 时，有

$$S_t=S_{t_0}\,\mathrm{e}^{\left(\mu-\frac{\sigma^2}{2}\right)t+\sigma W_t} \tag{7-21}$$

公式(7-20)隐含着如下关系：

(1) $\ln S_t$的取值符合正态分布。

(2)
$$\begin{aligned}E(\ln S_t)&=E\left[\ln S_0+\left(\mu-\frac{\sigma^2}{2}\right)t+\sigma W_t\right]\\&=E[\ln S_0]+E\left[\left(\mu-\frac{\sigma^2}{2}\right)t\right]+E[\sigma(W_t)]\\&=E[\ln S_0]+\left(\mu-\frac{\sigma^2}{2}\right)t\end{aligned} \tag{7-22}$$

$$\mathrm{Var}(\ln S_t)=\mathrm{Var}(\sigma W_t)=\sigma^2 t \tag{7-23}$$

综合(1)(2)可以得出：

$$\ln\frac{S_t}{S_0}\sim N\left[\left(\mu-\frac{\sigma^2}{2}\right)t,\ \sigma^2 t\right] \tag{7-24}$$

3. GBM 函数密度

根据上述性质及正态分布密度函数的性质，可以知道期权价格密度函数：

$$\hat{f}(Y)=\hat{f}(\log S_t)=\frac{1}{\sigma\sqrt{2\pi t}}\exp\left[-\frac{\left(\log(S_t/S_0)-(\mu-\frac{\sigma^2}{2})t\right)^2}{2\sigma^2 t}\right] \tag{7-25}$$

那么，S_t的密度函数可以进行如下推导：

(1) S和Y具有相同的密度函数，因此累计分布相同；

(2) 利用转换理论$Y:=\log S$，被积函数之间具有如下关系式：

$$\hat{f}(Y)\mathrm{d}Y=\underbrace{\hat{f}(\log S_t)\frac{1}{S}}_{f(S_t)}\mathrm{d}S \tag{7-26}$$

(3) S_t的密度函数为

$$f(S_t,t;S_0,\mu,\sigma):=\frac{1}{S_t\sigma\sqrt{2\pi t}}\exp\left[-\frac{\left(\log(S_t/S_0)-\left(\mu-\frac{\sigma^2}{2}\right)t\right)^2}{2\sigma^2 t}\right] \tag{7-27}$$

这是对数正态分布的密度函数f_{GBM}，描述了从$(S_0,0)\to(S_t,t)$在GBM下的转换密度。

4. 股票价格均值

股票价格均值：

$$\begin{aligned}
E(S_t)&=\int_0^{\infty}S_t f(S_t)\mathrm{d}s\\
&=\int_0^{\infty}S_t\frac{1}{S_t\sigma\sqrt{2\pi t}}\mathrm{e}^{-\frac{[\ln(\frac{S_t}{S_0})-(\mu-\frac{\sigma^2}{2})t]^2}{2\sigma^2 t}}\mathrm{d}s\\
&=\int_0^{\infty}S_t\frac{1}{\sigma\sqrt{2\pi t}}\mathrm{e}^{-\frac{[\ln(\frac{S_t}{S_0})-(\mu-\frac{\sigma^2}{2})t]^2}{2\sigma^2 t}}\mathrm{d}\left(\ln\frac{S_t}{S_0}\right)
\end{aligned}$$

假设$\ln\frac{S_t}{S_0}=y$，那么有$S_t=S_0\mathrm{e}^y$，则

$$\begin{aligned}
E(S_t)&=\int_0^{\infty}S_0\,\mathrm{e}^y\frac{1}{\sigma\sqrt{2\pi t}}\mathrm{e}^{-\frac{[y-(\mu-\frac{\sigma^2}{2})t]^2}{2\sigma^2 t}}\mathrm{d}y\\
&=\int_{-\infty}^{\infty}S_0\frac{1}{\sigma\sqrt{2\pi t}}\mathrm{e}^{-\frac{[y-(\mu+\frac{\sigma^2}{2})t]^2+2\sigma^2 ty}{2\sigma^2 t}}\mathrm{d}y\\
&=S_0\,\mathrm{e}^{\mu t}\int_{-\infty}^{\infty}\frac{1}{\sigma\sqrt{2\pi t}}\mathrm{e}^{-\frac{[y-(\mu+\frac{\sigma^2}{2})t]^2}{2\sigma^2 t}}\mathrm{d}y\\
&=S_0\mathrm{e}^{\mu t}
\end{aligned} \tag{7-28}$$

5. 股票价格方差

$$\begin{aligned}\mathrm{Var}(S_t) &= E(S_t^2) - [E(S_t)]^2 \\ &= E[(S_0 e^{(r-\frac{1}{2}\sigma^2)t+\sigma W_t})^2] - [E(S_t)]^2 \\ &= S_0^2 e^{(2r-\sigma^2)t} E(e^{2\sigma W_t}) - [E(S_t)]^2 \\ &= S_0^2 e^{2rt}(e^{\sigma^2} - 1)\end{aligned} \tag{7-29}$$

7.3　二叉树模型的极限公式

以欧式买权二叉树模型为例计算$V_0^{(M)}$。在极限情况下，$M\to\infty$，$V_0^{(M)}$收敛于连续 B-S 模型的$V_C(S_0, 0)$。为了证明这一点，我们通过以下步骤完成：

(1) 设j_K是$S_{j,M}\geqslant K$条件成立的最小序号值j，则下式是到期期权支付函数的期望，即

$$\sum_{j=j_k}^{M}\begin{bmatrix}M\\ j\end{bmatrix} p^j(1-p)^{M-j}(S_0 u^j d^{M-j} - K) = E(V_T)$$

(2) 期权的价格是其支付函数期望的折现，即

$$V_0^{(M)} = e^{-rT}E(V_T^{(M)})$$

表示为

$$V_0^{(M)} = S_0 B_{M,\tilde{p}}(j_K) - e^{-rT}B_{M,p}(j_K)$$

式中，$B_{M,\tilde{p}}(j)$ 是二项分布①，$\tilde{p} = pue^{-rt}$。

根据二项分布性质，期权到期支付函数为

$$V_T^{(M)} = \mathrm{payoff}_T = \sum_{j=j_k}^{M}\begin{bmatrix}M\\ j\end{bmatrix} p^j(1-p)^{M-j}(S_0 u^j d^{M-j} - K)$$

---

① 二项分布用符号$B_{M,p}(x)$表示在M次试验中有x次成功，成功的概率为p。二项分布具有如下性质：$E(x)=Mp$，$\mathrm{Var}(x)=Mp(1-p)$。当M足够大时，二项分布近似为正态分布，根据加法性质，累加和变量Y具有如下性质：

$$Y = \frac{B_{M,p}(x) - Mp}{\sqrt{Mp(1-p)}} \xrightarrow{M\to\infty} N(0, 1)$$

$$F(Y) = N\left(\frac{B_{M,p}(x) - Mp}{\sqrt{Mp(1-p)}}\right) = F(y\leqslant B_{M,p}(x)) = 1 - N\left(\frac{Mp - B_{M,p}(x)}{\sqrt{Mp(1-p)}}\right)$$

$$N\left(\frac{Mp - B_{M,p}(x)}{\sqrt{Mp(1-p)}}\right) = 1 - N\left(\frac{B_{M,p}(x) - Mp}{\sqrt{Mp(1-p)}}\right)$$

$$\begin{aligned}V_0 &= e^{-rT}\text{payoff}_T\\ &= e^{-r\Delta t(j+M-j)}\left[\sum_{j=j_k}^{M}\binom{M}{j}p^j(1-p)^{M-j}(S_0u^jd^{M-j}-K)\right]\\ &= S_0\underbrace{\left\{\sum_{j=j_k}^{M}\binom{M}{j}(pu\,e^{-r\Delta t})^j\left[(1-p)d\,e^{-r\Delta t}\right]^{(M-j)}\right\}}_{\widehat{B}_{M,p}}-e^{-rT}K\underbrace{\sum_{j=j_k}^{M}\binom{M}{j}p^j(1-p)^{M-j}}_{B_{M,p}}\\ &= S_0\widehat{B}_{M,\hat{p}}(j_k)-e^{-rT}K\,B_{M,p}(j_k)\end{aligned}$$

其中

$$\tilde{p}=pue^{-r\Delta t},\ 1-\tilde{p}=(1-p)de^{-r\Delta t}$$

$$pue^{-r\Delta t}+(1-p)de^{-r\Delta t}=1$$

(3) 对于M足够大的情况，二项分布近似正态分布，分布函数为$F(x)$，那么$V_0^{(M)}$可近似地表示为

$$V_0^{(M)}=S_0F\left(\frac{M\tilde{p}-\alpha}{\sqrt{M\tilde{p}(1-\tilde{p})}}\right)-e^{-rT}KF\left(\frac{Mp-\alpha}{\sqrt{Mp(1-p)}}\right)$$

设$S_0u^\alpha d^{M-\alpha}=K$，则有

$$\alpha:=\frac{\log\dfrac{S_0}{K}+M\log d}{\log d-\log u}$$

$$\left(\frac{M\tilde{p}-\alpha}{\sqrt{M\tilde{p}(1-\tilde{p})}}\right)\xrightarrow{M\to\infty}\frac{\log\dfrac{S_0}{K}+\left(r+\dfrac{\sigma^2}{2}\right)T}{\sigma\sqrt{T}}$$

$$\left[\frac{Mp-\alpha}{\sqrt{Mp(1-p)}}\right]\xrightarrow{M\to\infty}\frac{\log\dfrac{S_0}{K}+\left(r-\dfrac{\sigma^2}{2}\right)T}{\sigma\sqrt{T}}$$

$$\begin{aligned}V_0^{(M)}&=S_0F\left(\frac{M\tilde{p}-\alpha}{\sqrt{M\tilde{p}(1-\tilde{p})}}\right)-e^{-rT}KF\left(\frac{Mp-\alpha}{\sqrt{Mp(1-p)}}\right)\\ &=S_0N\left(\frac{\log\dfrac{S_0}{K}+\left(r+\dfrac{\sigma^2}{2}\right)T}{\sigma\sqrt{T}}\right)-e^{-rT}KN\left(\frac{\log\dfrac{S_0}{K}+\left(r-\dfrac{\sigma^2}{2}\right)T}{\sigma\sqrt{T}}\right)\end{aligned}$$

$$d_1=\frac{\log\dfrac{S_0}{K}+\left(r+\dfrac{\sigma^2}{2}\right)T}{\sigma\sqrt{T}}$$

$$d_2=\frac{\log\frac{S_0}{K}+\left(r-\frac{\sigma^2}{2}\right)T}{\sigma\sqrt{T}}$$

$$V_0^{(M)}=S_0N(d_1)-\mathrm{e}^{-rT}KN(d_2)$$

$N(d_1)$、$N(d_2)$为正态分布的累计分布。这就是经典的欧式期权解析解获得的依据。根据买卖平权定律，可以很容易地推导出卖权解析解，最终获得欧式期权解析解公式：

$$C_0=S_0N(d_1)-\mathrm{e}^{-rT}KN(d_2)$$

$$P_0=S_0[N(d_1)-1]-K\,\mathrm{e}^{-rT}[N(d_2)-1]$$

第 8 章　随机数生成算法

8.1　Monte Carlo 仿真方法

蒙特卡罗方法(Monte Carlo Method)是统计抽样方法的另一个名称，其原理是通过大量随机样本去了解一个系统，进而得到所要计算的值。

利用随机样本去获得整体的认知，这一思想很早就有，但在 20 世纪 40 年代美国的"曼哈顿计划"[①]中，由于计算机的支持，随机样本生成程序化，这使得该方法得以有效运行，因此，采用曼哈顿计划的实施地——赌城"蒙特卡罗"为该方法命名，称为蒙特卡罗方法。它其实就是概率计算方法，同时也使该方法带上了一层神秘色彩。

蒙特卡罗方法的应用领域很广，例如，高维任意函数的积分求值、股票未来价值预测、偏微分方程求解、卫星图像清晰化、寻找 NP 难解问题的近似解等。对于许多问题来说，蒙特卡罗方法往往是最简单的计算方法，有时甚至是唯一可行的方法。这里我们用积分计算来体会蒙特卡罗方法。

我们要计算 $\int_0^1 f(x)\mathrm{d}x$。如果存在一个函数 $g(x)$，其积分与 $f(x)$相等，即

$$\int_0^1 f(x)\mathrm{d}x = \int_0^1 g(x)\mathrm{d}x$$

因为 $g(x)$的积分更容易计算，所以对 $f(x)$的积分计算可以转化为对替代函数的计算。

事实上，如果将 $f(x)$看成密度函数，那么

$$\int_0^1 f(x)\mathrm{d}x = E(f(x))$$

① 曼哈顿计划(Manhattan Project)是美国陆军部于 1942 年 6 月开始实施的利用核裂变反应来研制原子弹的计划。

即求积分等于求 $f(x)$的均值(期望)。

对于 $E(f(x))$的计算，我们可以生成若干个 $f(x)$的样本，用样本均值近似函数均值，即

$$E(f(x)) \approx \frac{1}{N}\sum_{i=1}^{N} f(x_i)$$

从而将函数积分计算近似转化为求数学期望，而数学期望的求解则采用样本均值来近似完成。

将上述积分计算过程一般化，即求

$$I = \int_a^b f(x)\mathrm{d}x$$

转化为

$$I_N = (b-a)\frac{1}{N}\sum_{i=1}^{N} f(x_i)$$

其中，I_N为积分的蒙特卡罗近似求解，N 为样本个数，$x_i(i=1, 2, \cdots, N)$是$[a, b]$区间内均匀分布的随机数。

随着样本数增加，有

$$\lim_{N\to\infty} I_N = I$$

在上述计算过程中我们可以发现，产生符合要求的随机样本x_i是进行近似计算的关键。本例中，x_i在区间$[a, b]$内均匀分布，也可能要求具有正态分布或其他分布。随机数生成器(Random Number Generator，RNG)用于将随机性引入 Monte Carlo 仿真。一个 RNG 是一个算法，通过这个算法的运行，可以产生一组伪随机数。随机数序列由给定的一组参数和初始种子决定。每一组随机数序列看似是随机的，但可以确切地重新生成，只要参数和初始种子一致，就可以复制随机数序列。基本的 RNG 产生均匀分布随机数序列，其他分布是通过对均匀分布随机数序列进行转换获得的。因此，生成符合各种分布要求的随机数是使用蒙特卡罗方法的基础。

8.2 均匀分布随机数生成器

典型的均匀分布随机数生成器有如下两种：

(1) 线性同余随机数生成器(Linear Congruential Generator，LCG)；

(2) 斐波那契随机数生成器(Fibonacci Generator，FibG)。

定义 8-1 如果一组数是由一个符合 F 分布的随机变量独立实现的，那

么这组数据称为 F 分布函数的样本。

例如，如果 F 是[0，1]上的均匀分布，那么，我们称样本为均匀分布，记为 $U[0, 1]$。如果 F 是标准正态分布，那么我们称 F 上的样本为标准正态分布，记为 $N(0, 1)$。

1. LCG

1) LCG 算法

设 a，b，$M\in N$，$a\neq 0$，a，$b<M$，并且定义 $N_0\in N$(种子)，则一组均匀分布随机数列由以下的算法产生：

choose N_0；

for $i=1, 2, \cdots, N$

$N_i=(aN_{i-1}+b)\bmod M$;

$U_i=\dfrac{N_i}{M}$；

end；

那么 U_i 是均匀分布随机数。

例如，$a=5$，$b=7$，$M=8$，x_0(seed)$=3$。利用 LCG 算法，产生的随机数序列如表 8-1 所示。

表 8-1 LCG 生成的随机数序列($a=5$，$b=7$，$M=8$，x_0(seed)$=3$)

Step_i	N_i	U_i
0	3	3/8=0.375
1	6=(5×3+7) mod 8	0.750
2	5=(5×6+7) mod 8	0.625
3	0=(5×5+7) mod 8	0.000
4	7=(5×0+7)mod 8	0.875
5	2=(5×7+7) mod 8	0.250
6	1=(5×2+7) mod 8	0.125
7	4=(5×1+7) mod 8	0.500
8	3=(5×4+7) mod 8	0.375
9	6	0.750

2）LCG 的性质

LCG 具有如下性质：

（1）$N_i \in \{0, 1, \cdots, M\}$；

（2）$N_i(i=0, 1, 2, \cdots)$序列是周期性的，周期 $P \leqslant M$；

（3）由于不可能产生 $M+1$ 个不同的N_i，因此$\{N_0, N_1, \cdots, N_M\}$中必有两个元素相同，即$N_i = N_{i+p}(P \leqslant M)$，$P$ 称为周期。

（4）U_i不是真正的随机数，它们是被确切地定义的，也是可以重复生成的，因此，我们称这些数为伪随机数(Pseudo Random)。之所以省略“伪”字，是因为这很明确是通过固定算法生成的，重要的是寻找参数 a、b、M，从而使得U_i是实际随机数的一个替代品。

2. FibG

1）FibG 算法

FibG 算法的原型为

$$N_{i+1} := [N_{i-v} - N_{i-u}] \text{mod M}$$

式中，v、u 是适当参数，可以是“－”，也可以是“＋”，还可以是更多项的运算。

例如，一个 FibG $U_i := U_{i-17} - U_{i-5}$，当$U_i < 0$ 时，$U_i := U_i + 1.0$。这个算法拥有一个下标 17。这就要求在真正使用该随机数生成器产生下一个随机数之前，需要提前生成前 17 个均匀分布随机数，然后开始本算法。

该例子的 FibG 算法如下：

```
repeat:
    ζ: =Ui-Uj
    in case ζ<0, set ζ: =ζ+1
    Ui: =ζ
    i: =i-1, j: =j-1
    in case i=0, set i: =17
    in case j=0, set j: =17
end;
```

初始设置 $i=17$，$j=5$。先利用 LCG 算法（如$M=714\ 025$，$a=1366$，$b=150\ 889$)生成前 17 个随机数$\{U_1, U_2, \cdots, U_{17}\}$，然后按照 FibG 算法生成后续随机数。

2）案例算法的MATLAB实现及质量检验

本案例算法的MATLAB程序代码如下：

```
 % create first 17 random number with LCG
a=1366;
b=150889;
M=714025;
seed=0;,
cont(1)=seed;
for k=2:17
cont(k)=mod((a*cont(k-1)+b), M);
cont(k)=cont(k)/M;
randoms(k)=cont(k);
end;
% create other random number with FibG
n=3000;
for k=17:n;
fx=cont(i)-cont(j);
fif x<0 x=x+1;
  end;
 cont(i)=x;
fi=i-1; if i==0 i=17;
end;
fj=j-1; if j==0 j=17;
end;
frandoms(k)=x;
end;
% two-dimension scatter
ffor i=1:n/2
fx(i)=randoms((i-1)*2+1);
fy(i)=randoms((i-1)*2+2);
fend;
fscatter (x, y, '.');
```

利用FibG产生3000个随机数，其二维分布如图8-1所示。由图8-1可见，该分布具有均匀的分布特征，说明这个生成器具有良好的质量。

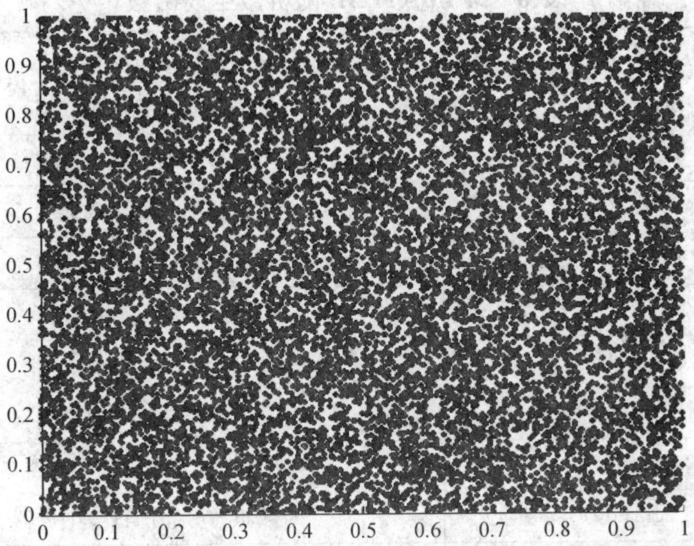

图 8－1　FibG 产生的 3000 个随机数的二维分布图

8.3　随机数的质量检验

1. 生成器“优度”检测

检测一个生成器的“优度”比创建一个生成器还难。一个好的 RNG 必须通过以下三个检测：

(1) 拥有一个长周期；

(2) 生成的随机数符合期望的分布。

① 计算样本的均值与方差，检验样本均值$\hat{\mu}$及方差$\hat{S^2}$是否与母体均值 μ 及方差σ^2近似，即$\hat{\mu}\approx\mu$，$\hat{S^2}\approx\sigma^2$；

② 检测U_i与U_{i-j}的相关性；

③ 检测样本密度函数$\hat{f}$是否与母体密度函数 f 近似，即$\hat{f}\approx f$。

(3) 随机样本的网格结构均匀性目测检验。对产生的随机样本做二维、三维或更高维的分布图，直观感受随机数的均匀性。

2. MATLAB 随机数生成函数库

MATLAB 提供了丰富的随机数生成器函数，见表 8－2，可以通过调用函数产生满足分布要求的随机数。

表 8-2　MATLAB 随机数生成函数

函数名	随机数生成器
Betarnd()	贝塔分布随机数生成器
Chi2rnd()	卡方分布随机数生成器
Evrnd()	极值随机数生成器
Exprnd()	指数分布随机数生成器
Frnd()	F 分布随机数生成器
Gamrnd()	伽马分布随机数生成器
Geornd()	几何分布随机数生成器
Hygernd()	超几何分布随机数生成器
Lognrnd()	对数正态分布随机数生成器
Mvnrnd()	多元正态分布随机数生成器
Mvtrnd()	多元 t 分布随机数生成器
Nbinrnd()	负二项分布随机数生成器
Ncfrnd()	非中心 F 分布随机数生成器
Hygernd()	超几何分布随机数生成器
Nctrnd()	非中心 t 分布随机数生成器
Ncx2rnd()	非中心卡方分布随机数生成器
Normrnd()	正态分布随机数生成器
Poissrnd()	泊松分布随机数生成器
Trnd()	t 分布随机数生成器
Unidrnd()	离散均匀分布随机数生成器
Unifrnd()	连续均匀分布随机数生成器
Wblrnd()	威布尔分布随机数生成器

8.4　其他分布的随机数生成器

其他分布的随机数都是由均匀分布随机数转化得来的。图 8-2 是随机变量的生成算法树。完成转化的方法主要包括三种：逆转(inversion)、接受-拒绝(acceptance - rejection)、转换(transformation)。

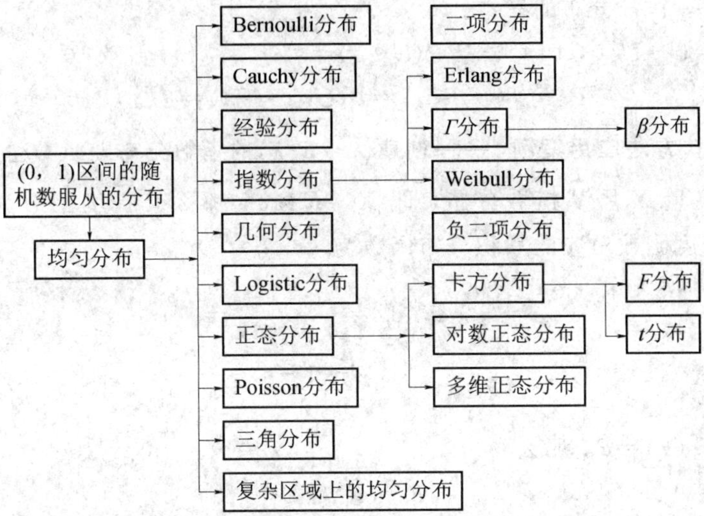

图 8-2　随机变量生成算法树

8.4.1　逆转方法

1. 逆转的概念

设 $F(x):=P(X\leqslant x)$是随机变量 X 的分布函数，$P(x)$是对应的概率密度函数。对于累计分布函数(Cumulative Distribution Function，CDF)，$r=F(x)$，首先为密度 r 确定一个值，这个值是一个服从 $U[0，1]$分布的样本；然后寻找该密度对应的 x，则有 $x=F^{-1}(r)$。这就是逆转的含义，其逻辑关系如图 8-3 所示。

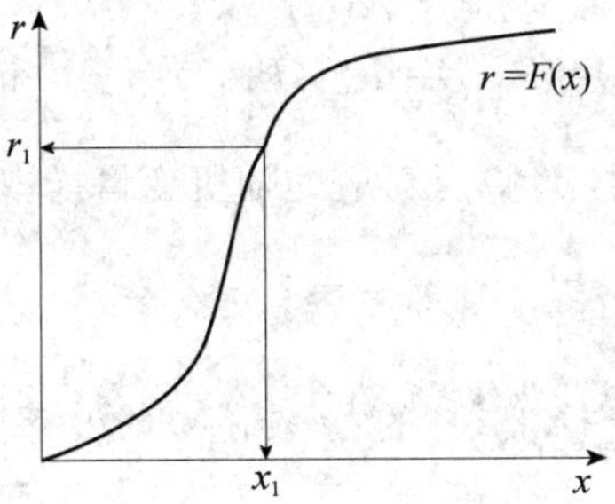

图 8-3　逆转方法原理

2. 逆转理论

假设 $U\sim U[0,1]$，F 是一个连续的严格的增分布函数，那么 $X:=F^{-1}(U)$ 是一个 F 分布的样本。

证明　$U\sim U[0,1]$ 意味着 $P(U\leqslant\xi)=\xi(0\leqslant\xi\leqslant1)$，那么

$$P(F^{-1}(U)\leqslant x)=P(U\leqslant F(x))=F(x)$$

3. 逆转方法应用案例 1——创建 $X\sim E(\lambda)$ 的指数分布随机数生成器

随机变量 X 服从指数分布，即 $X\sim E(\lambda)$，那么其密度函数为 $f_x(x)=\lambda e^{-\lambda x}$。该密度函数对应的累积分布函数为

$$F_x(x)=\int_0^x \lambda e^{-\lambda x}dx=-e^{-\lambda x}\Big|_0^x=1-e^{-\lambda x}$$

$$F^{-1}(r)=-\frac{\ln(1-r)}{\lambda}=x$$

假设 $F_x(x)=R$，那么

$$F_x^{-1}(R)=X$$

$$r=1-e^{-\lambda x}$$

$$x=-\frac{1}{\lambda}\ln(1-r)\text{ 或 }x=-\frac{1}{\lambda}\ln r$$

因为 R_i 与 $1-R_i$ 都属于 $U[0,1]$，一个简化的生成算法是用 R_i 替代 $1-R_i$。

通过 $r\sim U[0,1]$，我们生成 $X\sim E(\lambda)$ 的随机数。总结起来，产生指数分布随机变量的过程包括以下步骤：

(1) 计算随机变量 X 的累积分布函数 $F(x)$：

$$F(x)=\begin{cases}0 & (x<0)\\ 1-e^{-\lambda x} & (x\geqslant 0)\end{cases}$$

(2) 设 $F(X)=R$，$R\sim U[0,1]$，$F(X)=R=1-e^{-\lambda x}$。

(3) 针对 R 求解 $F(X)=R$，$X=F^{-1}(R)$，$x=-\frac{1}{\lambda}\ln(1-r)$ 或 $x=-\frac{1}{\lambda}\ln r$。

(4) 产生随机数样本 r_i，计算所对应的随机变量样本：

$$x_i=-\frac{1}{\lambda}\ln r_i$$

例如，需要生成 $X\sim E\left(\frac{1}{2}\right)$ 的指数随机数，我们可以推导出 $F(X)=1-\frac{1}{2}e^{-\frac{X}{2}}$，从而得出 $x_i=-2\ln(r_i)$。通过不断提取 r_i，可以生成 x_i。图 8-4 是一组

利用逆转方法生成的指数分布随机数样本。

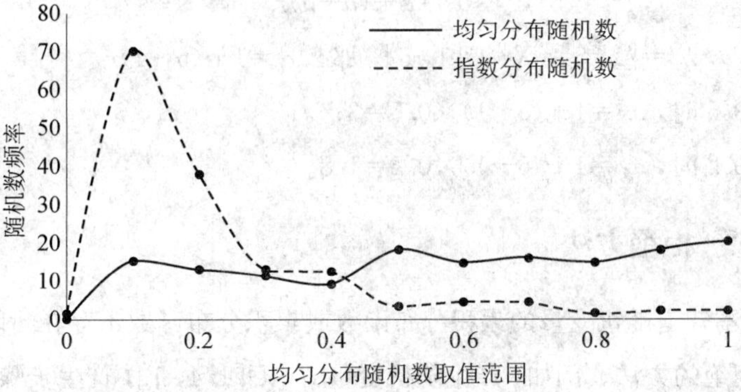

图 8-4　逆转方法生成指数随机数

4. 逆转方法应用案例 2——均匀分布

设 X 是在 $[a, b]$ 区间上均匀分布的随机变量，其概率密度函数 $f(X)$ 及累积分布函数 $F(X)$ 如下：

$$f(X)=\begin{cases}\dfrac{1}{b-a} & (a\leqslant X\leqslant b)\\ 0 & (\text{其他})\end{cases}$$

$$F(X)=\begin{cases}\displaystyle\int_a^x \frac{1}{b-a}\mathrm{d}x=\frac{x-a}{b-a} & (a\leqslant X\leqslant b)\\ 0 & (X<a)\\ 1 & (X>b)\end{cases}$$

产生随机变量的步骤如下所述。

(1) 由概率密度函数生成累积分布函数：

$$F(X)=\begin{cases}\displaystyle\int_a^x \frac{1}{b-a}\mathrm{d}x=\frac{x-a}{b-a} & (a\leqslant X\leqslant b)\\ 0 & (X<a)\\ 1 & (X>b)\end{cases}$$

(2) 由累积分布函数获得均匀随机数与目标随机数关系：

$$F(x_i)=\frac{x_i-a}{b-a}=r_i$$

(3) 获得目标随机数表达式：

$$x_i = a + (b-a) r_i$$

例如，$[a, b]=[1, 5]$，$X \sim U[1, 5]$，那么$x_i = 1 + (5-1) r_i$。

当$r_1 = 0.5$时，$x_1 = 1 + (5-1) \times 0.5 = 3$；

当$r_2 = 0.2$时，$x_2 = 1 + (5-1) \times 0.2 = 1.8$。

8.4.2 接受-拒绝方法

当我们不知道随机变量的累积分布函数或累积分布函数不存在封闭解形式时，采用接受-拒绝的方法。例如，产生随机变量 $X \sim U[1/4, 1]$，产生步骤如下：

(1) 产生随机数 $R \sim U[0, 1]$；

(2) 如果 $R \geqslant \frac{1}{4}$，接受 $X = R$；如果 $R < \frac{1}{4}$，拒绝 R，返回(1)。

接受-拒绝方法流程如图 8-5 所示。

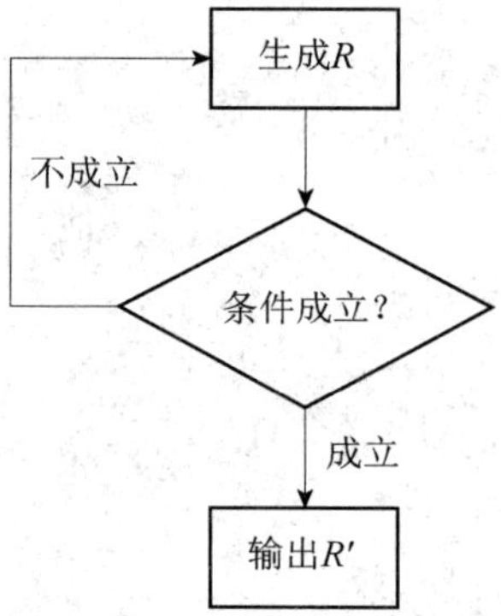

图 8-5 接受-拒绝方法流程图

R'没有所希望的分布，但R'基于事件$\{R \geqslant 1/4\}$。该方法的效率依赖于是否能尽量减少产生被拒绝随机数的数量。

1. 接受-拒绝法依赖的事实

设 f 是 $S \in \mathbb{R}$（$\mathbb{R}$ 是实数集）上的一个密度函数。A_f 是 x 轴和函数 f 围成的面积。假设两个随机变量 U 和 X 相互独立且 $U \sim U[0, 1]$，而 X 的分布密度函数为 f，那么点$(x, y) = (X, U \cdot f(X))$是在$A_f$上均匀分布的。

图 8-6 是一个正态分布密度函数下面积A_f的均匀点图。

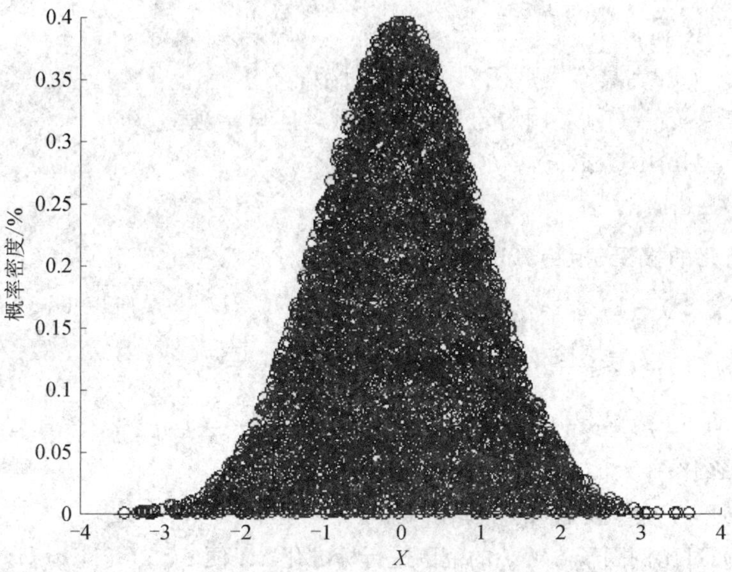

图 8-6　正态分布密度函数下面积 A_f 的均匀点图

产生该点图的 MATLAB 算法程序如下：

```
n=5000;
X=randn(1, n);
pdf_X=pdf('Normal', X, 0, 1);
U=rand(1, n);
for i=1: n
      Y(i)=U(i) * pdf_X(i);
end;
scatter(X, Y);
```

2. 接受-拒绝算法

设 $g(x)$是 S 上的另一个密度函数，假设有一个常数 $C\geqslant 1$，则有

$$f(x)\leqslant cg(x) \quad (\forall x\in S)$$

函数 $cg(x)$大于函数 $f(x)$，集合A_f是面积A_{cg}的一个子集。

拒绝算法假设 g-分布的 x 样本易于计算，那么点(x，$Ucg(x)$)是在A_{cg}上均匀分布的。目标是计算 f-分布的随机数。截取A_{cg}中超出A_f的部分，这意味着拒绝点 $Ucg(x)>f(x)$。对应于 $Ucg(x)\leqslant f(x)$的点的 x 值是被接受的且

符合所希望分布随机数样本。

接收-拒绝算法如下：

Repeat：

x：=具有密度函数 g 的随机数；

u：=$U[0, 1]$均匀分布随机数，且与 x 独立

Until $\text{Ucg}(x) \leqslant f(x)$

return：x

3. 简化的接受-拒绝算法

如果 $g(x)=1$，那么 $c \cdot g(x)=c$，$\text{Ucg}(x)=U \cdot c$。所以 $\text{Ucg}(x) \leqslant f(x)$ $\Rightarrow U \cdot c \leqslant f(x) \Rightarrow U \leqslant \frac{1}{c} f(x)$。

利用两个均匀分布且相互独立的随机数r_1及r_2去生成 x，x 具有密度函数 $f(x)$，那么比A_f大的面积是一个矩形$[a, b] \times 1$。

相应地，产生随机数的步骤如下：

(1) 通过比例因子 c 对 f 的范围进行标准化，以便 $cf(x) \leqslant 1$，$a \leqslant x \leqslant b$；

(2) 定义一个 r 上的线性函数 $x=a+(b-a) \cdot r$；

(3) 产生一组随机数(r_1, r_2)；

(4) 如果$r_2 \leqslant cf[a+(b-a) \cdot r_1]$，那么接受这一对随机数，并且 $x=a+(b-a) \cdot r_1$作为产生的随机变量；

(5) 返回(3)。

该算法的简化示意如图 8-7 所示。

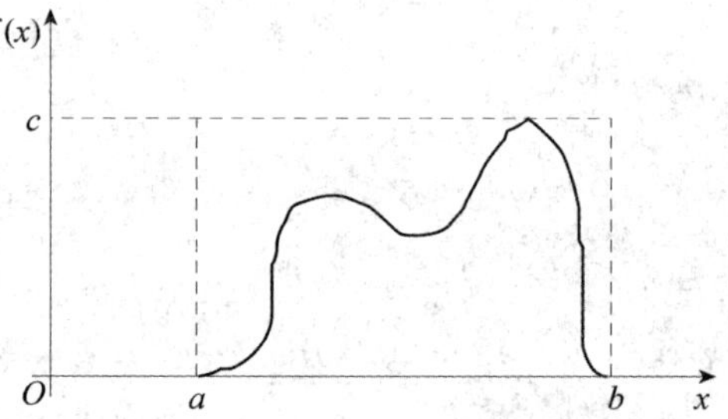

图 8-7　接受-拒绝算法的简化示意图

4. 接受-拒绝方法案例 1

利用接受-拒绝方法产生随机变量 x，x 的密度函数为 $f(x)=2x(0 \leqslant x \leqslant 1)$，$a=0$，$b=1$，$c=1/2$，$x=0+(1-0)r=r$。

设 $g(x)=\left(\frac{1}{2}\right)\times f(r)=\left(\frac{1}{2}\right)\times 2r=r$，那么，产生随机变量 x 的步骤可以进行如下简化：

(1) 产生r_1，计算 $g(r_1)$；

(2) 产生r_2，并与 $g(r_1)$比较；

(3) 如果$r_2<g(r_1)$，接受r_1为 x 且密度函数为 $f(x)$；如果$r_2\geqslant g(r_1)$，拒绝r_1，返回(1)。

标准化前后的 $f(x)$如图 8－8 所示。

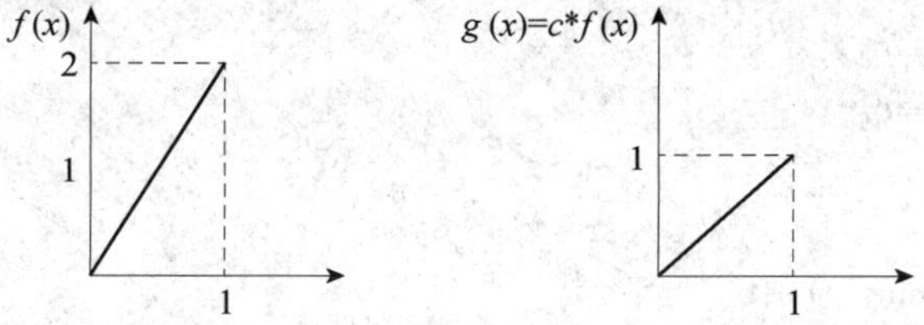

(a) 缩放前　　(b) 缩放后

图 8－8　标准化前后的 $f(x)$

5. 接受–拒绝方法案例 2——计算 π

计算单位圆在第一象限的面积，如图 8－9 所示，圆上的点坐标分别为$(r_1，0)$，$(0，r_2)$。

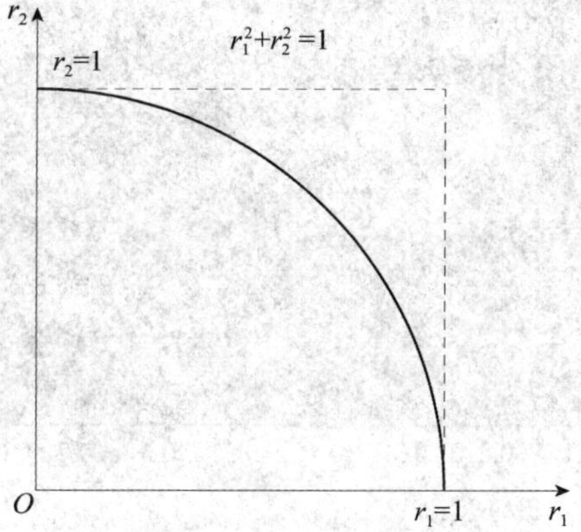

图 8－9　利用随机数计算 π

设 $g(r_1)=\sqrt{1-r_1^2}$，如果 $g(r_1)\geqslant r_2$，则点$(r_1，r_2)$是在曲线之下，否则点落在曲线之上。

接受并统计接受次数，然后除以生成的总随机点数，这个比例值就是圆周下的面积与单位矩形面积之比。图 8-10 是 5000 个点中击中圆的点的概率密度图。

MATLAB 程序如下：

```
n=5000; point=0;
r1=rand(1, n); r2=rand(1, n);
gr1=sqrt(1-r1.^2);
for i=1: n
  if gr1(i) >= r2(i)
  point=point+1;
  else
  r1(i)=0;
  r2(i)=0;
  end;
end;
pia=(point/n) * 4
scatter (r1, r2);
```

计算结果 $\pi=3.1602$。

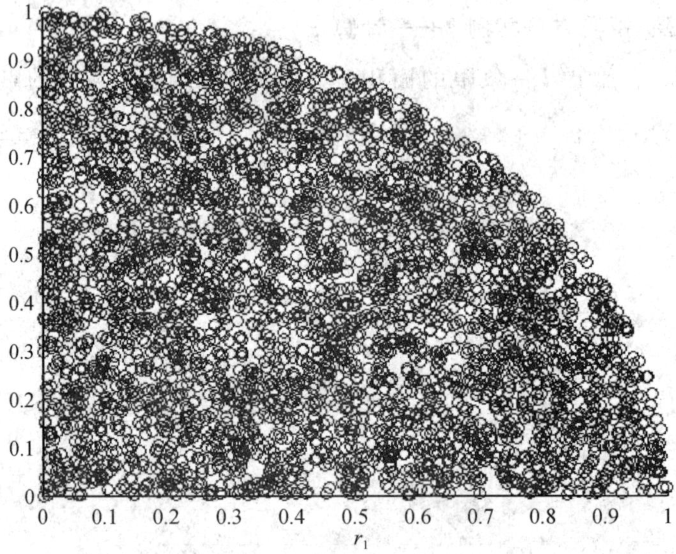

图 8-10　5000 个点中击中圆的概率图

8.4.3　直接转化方法

若 $x=g(y)$，y 为已知密度函数的随机变量，那么，当我们知道如何生成

y 时，可以很容易产生随机变量 x，具体如下：

(1) 产生 $N(\mu, \sigma^2)$随机数。如果直接产生$Y_i \sim N(0, 1)$，那么$X_i = \mu + \sigma Y_i$。

(2) 产生 lognormal(μ, σ^2)。如果直接产生$Y_i \sim N(\mu, \sigma^2)$，那么$X_i = e^{Y_i}$。

8.5　正态分布随机数生成器

设两个标准正态分布随机变量Z_1、Z_2作为平面上一个点的极坐标，画在平面图上，如图 8-11 所示。

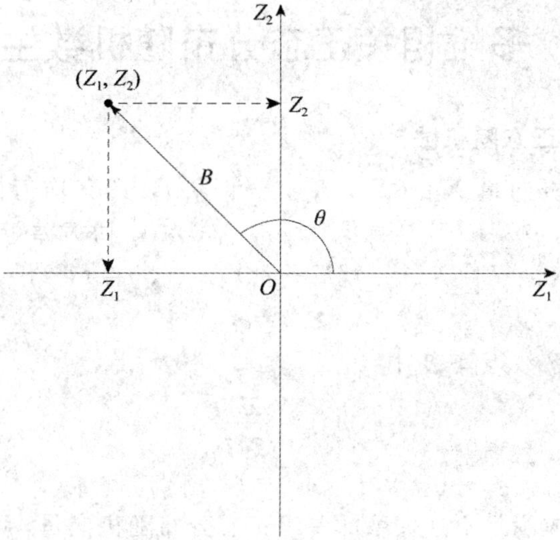

图 8-11　点对应的极坐标

图 8-11 中：

$$Z_1 = B \cdot \cos\theta$$
$$Z_2 = B \cdot \sin\theta$$
$$B^2 = Z_1^2 + Z_2^2 \quad (Z_1, Z_2 \sim N(0, 1))$$
$$B^2 \sim \chi^2_{(2)}$$

B^2属于自由度为 2 的卡方分布$\chi^2_{(2)}$，B 的密度函数等于 $E(\lambda=1/2)$的密度函数，即 B 是指数 $E(\lambda=1/2)$分布的样本。

半径 B^2 和角 θ 相互独立，依照指数分布随机变量逆转生成算法(参考逆转方法应用案例 1)以及随机量直接转化法，设R_1，$R_2 \sim U[0, 1]$，那么

$$B = (-2 \ln R_1)^{\frac{1}{2}}$$
$$\theta = 2\pi R_2$$

$$Z_1=(-2\ln R_1)^{1/2}\cos(2\pi R_2)$$

$$Z_2=(-2\ln R_1)^{1/2}\sin(2\pi R_2)$$

上述方法称为 Box-Muller 标准正态分布随机数生成法。其实现步骤如下：

(1) 产生$U_1\sim U[0,1]$，$U_2\sim U[0,1]$；

(2) $\theta:=2\pi U_2$；$\rho:=\sqrt{-2\log U_1}$；

(3) $Z_1=\rho\cos\theta\sim N(0,1)$，$Z_2=\rho\sin\theta\sim N(0,1)$。

该算法同时生成两组相互独立的正态分布随机数Z_1、Z_2。

8.6　多维相关正态分布随机数生成器

1. 多维相关正态随机数

产生正态随机向量 $\boldsymbol{X}=(X_1, X_2, \cdots, X_n)$，具有均值向量 $\boldsymbol{\mu}=\boldsymbol{E}(\boldsymbol{X})=[E(X_1), E(X_2), \cdots, E(X_n)]=[\mu_1, \mu_2, \cdots, \mu_n]$，协方差矩阵：

$$\boldsymbol{\Sigma}_{i,j}=\mathrm{Cov}X_{ij}=E[(X_i-\mu_i)(X_j-\mu_j)]\quad(i, j=1, 2, \cdots, n;\ i\neq j)$$

$$\boldsymbol{\Sigma}_{i,i}=\sigma_i^2$$

对应的相关系数矩阵 $\boldsymbol{\Sigma}_\rho$中：

$$\rho_{i,j}=\frac{\boldsymbol{\Sigma}_{i,j}}{\sigma_i\sigma_j}$$

$$\rho_{i,i}=1$$

如果需要生成满足上述关系的一组正态分布随机向量，可以利用乔列斯基(Cholesky)分解法。在此，我们简化实现细节，直接引用 MATLAB 中的生成函数 mvnrnd()。

2. MATLAB 多维正态随机数生成函数 mvnrnd()

MATLAB 多维正态随机数生成函数的语法如下：

```
r=mvnrnd (mu, sigma, cases)
```

相关量解释如下：

(1) mu(1×d)为均值向量，d 为随机向量维数；

(2) sigma(d×d)为协方差矩阵，它是一个 $d\times d$ 的二维数组；

(3) cases 为生成样本数，cases∈ℕ；

(4) $\boldsymbol{r}$ 为返回的二维矩阵，它是一个 cases×d 的二维数组。

3. 多维相关正态分布随机数生成案例 1

需要生成 10 组具有均值且相关系数满足如下条件的两个正态分布随机数

x_1、x_2样本：

$$\boldsymbol{\mu}=[\mu_1,\ \mu_2]=[1\quad 2]$$

$$\boldsymbol{\sigma}=\begin{bmatrix}\sigma_{11} & \sigma_{12}\\ \sigma_{21} & \sigma_{22}\end{bmatrix}=\begin{bmatrix}1 & 0\\ 0 & 2\end{bmatrix}$$

生成代码如下：

```
mu = [1 2];
SIGMA = [1 0; 0 2];
r = mvnrnd(mu, SIGMA, 10);
```

所产生的随机数样本为

$$\boldsymbol{r}=\begin{bmatrix}x_1^{(1)} & \cdots & x_{10}^{(1)}\\ x_1^{(2)} & \cdots & x_{10}^{(2)}\end{bmatrix}=\begin{bmatrix}0.341.211.92 & \cdots & 2.52\\ 1.912.061.19 & \cdots & 0.28\end{bmatrix}$$

4. 多维相关标准正态分布随机数生成案例 2

需要设计一个包括 3 种标的资产的一揽子期权，Basket$=[S_0^A,\ S_0^B,\ S_0^C]$，S^A、S^B、S^C分别为三家上市公司的股票。

股票价格之间具有相关系数，同时每只股票具有各自的波动性，具体如下：

$$\boldsymbol{\Sigma}_\rho=\begin{bmatrix}\rho_{AA} & \rho_{AB} & \rho_{AC}\\ \rho_{BA} & \rho_{BB} & \rho_{BC}\\ \rho_{CA} & \rho_{CB} & \rho_{CC}\end{bmatrix}$$

$$=\begin{bmatrix}1 & 0.6357 & 0.5193\\ 0.6357 & 1 & 0.5258\\ 0.5193 & 0.5258 & 1\end{bmatrix}$$

$$\boldsymbol{\sigma}=\begin{bmatrix}\sigma_A\\ \sigma_B\\ \sigma_C\end{bmatrix}=\begin{bmatrix}0.2532\\ 0.2917\\ 0.3688\end{bmatrix}$$

到期期权支付函数为

$$\text{payoff}_T=\max\{0,\ S_T^A-0.5(S_T^B+S_T^C)\}$$

而到期股票价格为

$$S_T^A=S_0^A\,\mathrm{e}^{\left(r-\frac{1}{2\sigma_A^2}\right)T+\sigma_A\varepsilon_A\sqrt{T}}$$

$$S_T^B=S_0^B\,\mathrm{e}^{\left(r-\frac{1}{2\sigma_B^2}\right)T+\sigma_B\varepsilon_B\sqrt{T}}$$

$$S_T^C=S_0^C\,\mathrm{e}^{\left(r-\frac{1}{2\sigma_C^2}\right)T+\sigma_C\varepsilon_C\sqrt{T}}$$

这里，ε_A，ε_B，$\varepsilon_C\sim N(0,\ 1)$，且具有相关系数矩阵$\boldsymbol{\Sigma}_\rho$的随机数。

为了生成满足相关系数要求的 1000 组随机数ε_A、ε_B、ε_C，可以使用如下

MATLAB 代码：

```
r=mvnrnd([0 0 0], Matric_coeff, 1000);
```

当拥有了 1000 组随机数ε_A、ε_B、ε_C样本，我们就可以代入三只股票的到期价格计算公式，生成各自的 1000 个价格样本，将标的资产价格代入到期支付函数，可以有 1000 个期权到期价格。通过求价格均值然后折现，完成定价。该一揽子期权 MATLAB 定价算法和定价结果见第 10 章。

第 9 章　市场参数估值

9.1　衍生资产定价模型中未出现标的资产收益率的原因

期权的价格依赖于标的资产的价格，而标的资产价格的确立需要两个重要参数：资产收益率(μ)和收益率波动率(σ)。如何获取和确定相应参数值是有效完成定价的关键。然而，在期权定价 B－S 模型中，我们并没有发现标的资产收益率(μ)的出现，取而代之以无风险收益率(r)。那么，为什么衍生品定价没有标的资产收益率，而采用无风险收益率？无风险收益率 r 如何获取？这样的定价为什么是正确的？

我们知道，在金融资产定价理论中，无套利原则是约束定价的唯一条件。在 B－S 模型推导中，虽然在标的资产价格模型中有收益率项，但在无套利假设下衍生资产价格推导的过程中(参看 6.2.5)，将标的资产收益率项屏蔽掉，标的资产收益率并不影响衍生品价格，影响衍生品价格的参数是(S_T，T；S_0，r，σ)。这里我们从另一个角度解释其原因。

1. 市场风险价格

标的资产为风险资产，投资者期望风险资产收益率 μ 大于无风险资产收益率 r，作为对所承受风险的一个补偿。那么，资产价格模型可以进行如下相应的转化：

$$\begin{aligned} \mathrm{d}S &= \mu S\mathrm{d}t + \sigma S\mathrm{d}W \\ &= rS\mathrm{d}t + (\mu - r)S\mathrm{d}t + \sigma S\mathrm{d}W \\ &= rS\mathrm{d}t + \sigma S\left(\frac{\mu - r}{\sigma}\mathrm{d}t + \mathrm{d}W\right) \end{aligned} \tag{9-1}$$

式中，σ 表示风险，$\mu - r$ 表示超额收益率。

定义 9－1　市场风险价格也称为风险补偿率，其定义为超额收益率与风险的比例，即

$$\gamma := \frac{\mu - r}{\sigma} \tag{9-2}$$

因此，式(9-1)可以表示为

$$\mathrm{d}S = rS\mathrm{d}t + \sigma S(\gamma \mathrm{d}t + \mathrm{d}W) \tag{9-3}$$

在概率 P 下，$\gamma \mathrm{d}t + \mathrm{d}W$ 表示一个带有漂移的布朗运动，而不是一个标准的维纳过程。

2. 吉尔萨诺夫定理

假设W_t是概率空间(Ω, F, P)上的标准维纳过程，而W_t^γ是在该概率 P 下的一个带有漂移项的非标准维纳过程，即 $\mathrm{d}W_t^\gamma = \gamma \mathrm{d}t + \mathrm{d}W$。那么，当 γ 满足一些条件后，存在一个概率 Q，使得W_t^γ转化为在概率 Q 下的标准维纳过程。

证明 将W_t^γ的随机微分方程转化为积分，那么

$$W_t^\gamma = \int_0^t (\gamma\,\mathrm{d}t + \mathrm{d}\,W) = \int_0^t \mathrm{d}W_t + \int_0^t \gamma\,\mathrm{d}t = W_t + \int_0^t \gamma\,\mathrm{d}t \tag{9-4}$$

如果 $\gamma = 0$，意味着 $r = \mu$，W_t^γ将转化为标准维纳过程。

根据吉尔萨诺夫定理可知，衍生资产价格不依赖投资者风险偏好，因此，衍生品价格与标的资产收益率无关，而与标的资产风险相关。

3. 吉尔萨诺夫定理应用于 B-S 模型

将$\mathrm{d}W^\gamma = \mathrm{d}W + \gamma \mathrm{d}t$ 代入公式(9-3)，得到

$$\mathrm{d}S = rS\mathrm{d}t + \sigma S\mathrm{d}\,W^\gamma \tag{9-5}$$

按照吉尔萨诺夫定理，我们进行如下转换：

(1) 将漂移率从 μ 转化为 r，σ 保持不变；

(2) 在概率 Q 下，S_t价格路径由密度函数 $f(S_t, t; S_0, r, \sigma)$决定；

(3) 标的资产价格密度函数从 $f(S_t, t; S_0, \mu, \sigma)$到 $f(S_t, t; S_0, r, \sigma)$的转换相当于调整概率空间从 P 到Q；

(4) 折现$e^{-rt}S_t$是在 Q 下一个无漂移项的鞅过程中进行的；

(5)Q 为风险中性概率。

因此，在风险中性定价下，标的资产收益率用无风险利率代替，进行的是公平、均衡价格的确立。

9.2 波动性模型与波动率估值方法

波动率代表资产价格不确定性的程度，可以使用波动率来体现市场风险的大小。

波动率的提取有很多种方法，整体可分为历史数据提取法(从标的资产过往

历史价格中提取所包含的波动率)和隐含波动率提取法(从现有衍生资产报价中获取隐含的波动率)。其中，历史数据提取法根据不同的统计方法，可以分为算术平均值法和指数移动平均值法(Exponentially Weighted Moving Average，EWMA)两类。

在此，我们对不同波动率的获取方法进行分析和比较，从而对期权定价中包括的主观因素及其确定方法进行分析，旨在完成定价参数的估值，更重要的是在具体估值过程中理解其确立及最终取值所体现的主观性，从而体会金融资产定价过程是一个包含了主观和客观因素的决策过程。

9.2.1　波动率相关效应

在波动率统计分析中，人们逐渐发现波动率的诸多性质和效应。

1. 波动聚集

1963 年，法国数学家贝诺特·B.曼德布洛特(Benoit B. Mandelbrot)发现了波动率的聚集效应。波动率的聚集效应也叫波动聚类，描述了波动率水平的连续性。如果某一天的波动率很高，那么第二天的波动率可能依然很高。波动率随时间的变动具有一定的黏性，即波动率具有正相关性。他指出，收益率的绝对值序列存在显著的正自相关关系。

2. 非对称性

1976 年，经济学家布莱克观察到，金融资产的收益率变动存在非对称性。非对称性指的是不同方向的冲击对波动率的影响是不一样的。比如，当市场出现不好的消息时，表示金融资产价格受到了负方向的冲击，那么其价格会下降，这也会作用到波动率上，导致波动率更大；反之，当市场出现牛市行情，市场被看好时，金融资产的价格就会上升，波动率会相应地变小。

3. 隐含波动率的微笑效应

隐含波动率是期权的标的资产应该有的波动率，由 B-S 公式反推得到。B-S 模型有一个基本假设，那就是波动率为常数。对于同一种金融资产的波动率，不管其波动率是由哪种期权反推得到的，都应该是相同的常数。但是科学家经观察发现，实际情况并不是这样的。以不同行权价格的期权为例，当标的资产和到期日等其他条件都一样时，理论的隐含波动率是行权价格的函数。函数的形态类似于向下开口的抛物线，其中间下凹，两边凸起，与人类微笑的形态相似。当行权价格接近现货价格时，理论上的隐含波动率往往较小。隐含波动率的微笑效应表明，B-S 期权定价模型对于深度实值和深度虚值期权的价格有低估的倾向。

4. 波动率的均值回归效应

波动率的均值回归是指波动率是围绕其均值波动的。当波动率高于均值时，波动率有下降的趋势；当波动率低于均值时，波动率有上升的趋势。法玛等人在对美国金融市场深入研究的基础上发现，从长期来看，股票收益呈现向均值回归的效应。根据这种理论，波动率不会永远上升或下降，而总是围绕其理论均值上下波动。波动率的均值回归效应与波动聚集效应看起来似乎有一定的矛盾，但是均值回归效应一般是在长期中体现的，表现为长期效应；而波动聚集效应一般是在短期中体现的，表现为短期效应。

9.2.2 波动率估值方法1——标准差法

1. 标准差法估值原理

连续时间股价模型认为股票价格S_t遵循几何布朗运动，即 $dS_t = \mu S_t dt + \sigma S_t dW_t$。几何布朗运动的离散形式如下：

$$\ln\left(\frac{S_{t+1}}{S_t}\right) = \mu\Delta t + \sigma Z\sqrt{\Delta t} \tag{9-6}$$

式中，Δt 代表单个周期；$\ln\left(\frac{S_{t+1}}{S_t}\right)$称作单周期收益率，也可以用$R_t$来表示，并且其服从正态分布，即满足：

$$R_t \sim N(\mu\Delta t,\ \sigma^2\Delta t) \tag{9-7}$$

根据公式(9－7)，可得

$$\mathrm{Var}(R_t) = \sigma^2\Delta t \tag{9-8}$$

那么有

$$\sigma = \frac{1}{\sqrt{\Delta t}}\mathrm{STD}(R_t) \tag{9-9}$$

这样就得到了基于标准差法计算的历史波动率。

2. 计算步骤

采用标准差法计算历史波动率的方法为：根据基础资产S_t的历史价格数据，计算资产收益率序列$\{R_i\}$($i=1, 2, 3, \cdots, M-1, M$；$M$为历史区间数量)。通过计算收益率样本序列的方差，完成在历史数据的基础上的收益率波动性统计，即得到采用标准差法计算的历史波动率。其实现步骤如下：

(1) 初始化时间区间：

$$\Delta t = \frac{T}{M},\ t_i = i\times\Delta t,\ S_i = S_{(t_i)}$$

式中，T为用于计算波动率的历史交易数据的长度，一般以年为单位；$i=1, 2, \cdots, M$；M为T年中划分的时间区间数量。

(2) 生成对数收益率序列：

$$R_i = \ln\left[\frac{S_{(i+1)}}{S_{(i)}}\right]$$

(3) 统计历史收益率序列方差：

$$\hat{\sigma}^2 = \mathrm{Var}(R_i)$$

(4) 将历史波动率年化表示。例如，一年按 250 个交易日算，那么年化历史波动率为

$$\sigma = \hat{\sigma}\sqrt{\frac{250}{T}}$$

9.2.3　波动率估值方法 2——EWMA 法

1. EWMA 思想

EWMA 模型也是基于平均的历史波动率模型，但与标准差法不同的是它赋予近期的数据更大的权重，从而可以更好地体现近期数据的变动对估值的影响。用指数加权移动平均模型估计 t 时刻的波动率时，对 $t-i$ 时刻收益率的平方赋予权重 $(1-\lambda)\lambda^{t-i-1}$（$\lambda$ 为指数平滑参数或衰减因子，并且取 0 到 1 之间的值），时间越近，权重越大。前期数据的权重会随样本数量的增加而呈指数式下降，造成离 t 时刻越久远的收益率数据对 t 时刻波动率的影响越小。EWMA 模型在下面的方程中展现：

$$\sigma_n^2 = (1-\lambda)\sum_{i=1}^{\infty}\lambda^{i-1} R_{n-i+1}^2 \tag{9-10}$$

系数 $1-\lambda$ 保证了昨天波动率和今天收益率的系数和等于 1。方程(9-10)中的表达式可以简化为

$$(1-\lambda)+\lambda = 1 \tag{9-11}$$

$$\sigma_n^2 = \lambda\sigma_{n-1}^2 + (1-\lambda)\overline{R_n^2} \tag{9-12}$$

通过引用方程(9-12)，今天的方差值 σ_i^2 根据昨天的方差（用 λ 加权）和今天收益率的平方（用 $1-\lambda$ 加权）计算。较高的权重给予了最近的观察数据并且权重呈指数式下降。图 9-1 描述了如何给每个收益率平方分配权重。

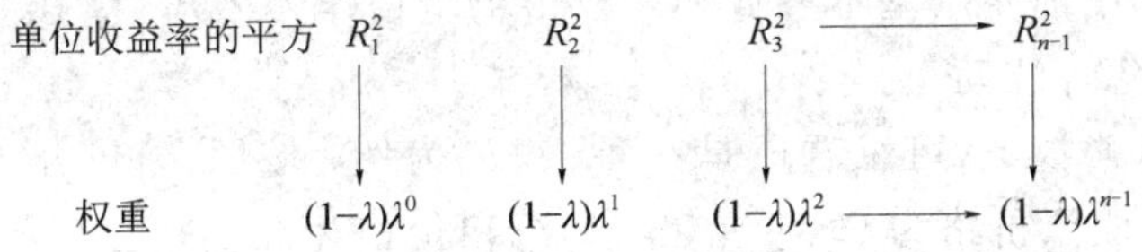

图 9-1　EWMA 模型下的权重分配

2. EWMA 计算方法

(1) 计算对数收益率序列：

$$R_i = \ln\left(\frac{S_{i+1}}{S_i}\right)$$

(2) 设置初始方差值 σ_0^2：

$$\sigma_0^2 = 0$$

(3) 通过下面的公式，迭代计算其他方差值：

$$\sigma_i^2 = \lambda \sigma_{i-1}^2 + (1-\lambda) R_i^2$$

(4) 计算波动率：

$$\hat{\sigma}_i = \sqrt{\sigma_i^2}$$

(5) 将波动率年化：

$$\hat{\sigma}_l(\text{年化}) = \hat{\sigma}_l \sqrt{\frac{250}{T}}$$

9.2.4 波动率估值方法 3——隐含波动率法

1. 隐含波动率计算逻辑

隐含波动率(Implied Volatility，IV)代表在现在情况下金融资产应有的波动率。它是通过将金融市场上已有的期权价格等数据代入 B-S 期权定价模型中反推出来的理论波动率数值。

B-S 期权定价模型给出了期权价格与五个基本参数(S_t、K、T、r、σ)之间的函数关系：

$$C_t = S_t N(d_1) - K e^{-r(T-t)} N(d_2)$$

$$P_t = S_t[N(d_1) - 1] - K e^{-r(T-t)}[N(d_2) - 1]$$

$$d_1 = \frac{\ln\left(\dfrac{S_t}{K\,e^{-r\tau}}\right)}{\dfrac{\sigma}{\sqrt{\tau}}} + \frac{\sigma\sqrt{\tau}}{2}$$

$$d_2 = d_1 - \sigma\sqrt{\tau}$$

只需将其中前 4 个基本参数和期权市场价格作为已知量，就可以推导出未知量 σ，即为隐含波动率。

以雅戈认购权证(可以看成是一种买权)为例，按照 2006 年 6 月 21 日(t)收盘价计算，股票价格为 5.81 元(S_t)，行权价格为 3.66 元(K)，2007 年 5 月 21 日到期(T)，那么距到期期限为 0.912 年($\tau = T - t$)时的市场的无风险收益

率 r 为 2.25%(以一年期银行存款利率计算)，雅戈正股日收益率的年化历史波动率为 38.8%，将上述 5 个参数代入 B－S 公式，立即可以得到雅戈认购权证的理论价格$V_{\text{B-S}}$为 2.301 元。同时，我们从市场上观察到，雅戈认购权证 6 月 21 日的收盘价V_{market}为 3.394 元，带入 B－S 公式，可求得一个新的波动率的值为 126.5%，使得对应的由 B－S 公式计算的权证价格正好等于 3.394 元，那么我们称这个波动率为隐含波动率V_{imp}。

2. 隐含波动率计算流程

为了计算隐含波动率，一种简单的方法是采用牛顿迭代法进行逼近。其步骤如下：

(1) 设置隐含波动率取值范围$[\sigma_{\text{down}}, \sigma_{\text{up}}]$，同时，为隐含波动率设定初值$\sigma_{\text{imp}}=\frac{\sigma_{\text{up}}+\sigma_{\text{down}}}{2}$，代入 B－S 公式计算期权理论价格$V_{\text{B-S}}$。

(2) 如果期权理论价格$V_{\text{B-S}}$小于市场现价V_{market}，说明波动率取值太小，则修改波动率取值下界$\sigma_{\text{down}}=\sigma_{\text{imp}}$，重新设置隐含波动率取值，并重新代入 B－S 公式定价；如果期权理论价格$V_{\text{B-S}}$大于市场现价V_{market}，说明波动率取值太大，则修改取值上界$\sigma_{\text{up}}=\sigma_{\text{imp}}$，重新设定隐含波动率取值，代入 B－S 进行期权定价。

(3) 重复(2)，直至隐含波动率取值理论定价结果与市场价格差异(err)小于预定误差范围。

3. MATLAB 算法实现

```
    % start
    S0=5.81;
    K=3.66;
    T=0.912;
    r=0.0225;
    V_market=3.394;
    sigma_down=0;
    sigma_up=2.01;
    sigma_imp=(sigma_down+sigma_up)/2;
    err=1;
%loop
```

```
while (err>0.001)
d1=(log(S0/K)+(r+sigma_imp^2/2)*T)/(sigma_imp*sqrt(T));
d2=d1-sigma_imp*sqrt(T);
V_BS=S0*normcdf(d1)-K*exp(-r*T)*normcdf(d2);
if V_BS> V_market
    sigma_up=sigma_imp;
else
    sigma_down=sigma_imp;
end;
sigma_imp=(sigma_down+sigma_up)/2;
err=abs(V_BS-V_market);
end;
```

买权隐含波动率为126.6%。如果是卖权，则修改定价语句为

```
V_BS=S0*(normcdf(d1)-1)-K*exp(-r*T)*(normcdf(d2)-1)
```

同时修改卖权市场价格。在此，卖权市场价格为1.2元，隐含波动率计算结果为100.5%。通过计算实验，我们发现买权和卖权估出的隐含波动率不同。

要特别注意的是，买权(认购权证)和卖权(认沽权证)的隐含波动率表达的预期是相反的，买权的隐含波动率越高，表明市场对正股持有乐观态度，认为标的资产上涨的概率较大，上涨的幅度也较大；卖权(认沽权证)的隐含波动率越高，表明市场对正股未来走势比较悲观，认为标的资产下跌的概率较大，下跌的幅度也可能较大。隐含波动率的高低反映了市场对于标的资产未来走势的一种溢价。如果市场的所有买权的隐含波动率大大高于卖权的隐含波动率，则表明市场对未来的走势比较乐观。

隐含波动率可以作为衍生品投资中一个重要的参考指标，通常可以通过比较隐含波动率与历史波动率来作判断，如果隐含波动率与历史波动率非常接近，表明该衍生资产的风险比较低。但是要注意的是，隐含波动率并不是衍生资产价值的判断指标，它反映的仅仅是一种预期，在一个衍生品价格被严重扭曲的市场，隐含波动率的参考作用很小。

如果同一个标的有几个不同类型、不同执行价格或不同到期日的期权，那么这几个期权的市场价格分别通过B-S公式计算出的隐含波动率就不同，也就是说，对同一个标的资产得到不同的隐含波动率，这种隐含波动率与执行价

格、到期时间之间的关系通常被称为波动性的“微笑”现象。

9.2.5　三种波动率的优缺点对比

历史波动率和隐含波动率在计算方法上有根本的区别，而且它们是依照不同的数据进行计算的，故差别较大。应该说三种波动率的计算方法各自具有不同的用途和优劣。

标准差法和 EWMA 都假定未来的波动率是过去波动率的延伸，不同的是标准差法对过去的收益率数据无差别赋予相同的权重，不同时间的数据对结果的影响程度是一样的，而 EWMA 对近期的数据赋予更大的权重。EWMA 模型认为不同时间点的收益率对波动率估值的影响是不一样的，越久远的数据对现在波动率的影响越小，越近的收益率变动对波动率的影响越大。EWMA 模型考虑了随着时间的久远，权重的衰减效应，故对最近的观察数据赋予更大的权重。

EWMA 模型相对于标准差模型能更好地捕捉最近影响波动率因素，理论上能够更好地反映期权标的资产的实际波动率。但是相较于 EWMA 模型，标准差法的计算更为简单。EWMA 模型不仅计算过程更复杂，而且其模型结果依赖于衰减因子 λ 的估计。衰减因子 λ 估计的准确性直接影响到波动率计算的准确性。λ 的估计值越大，之前的数据对波动率的影响越大，模型对新信息的反应越慢；λ 的估计值越小，比较久远的数据对现在波动率的影响就越小，模型就可以对最近的数据做出比较灵敏的反应。

隐含波动率的计算依赖标的资产价格、期权行权价、无风险利率、到期时间和期权市场价格五个参数。EWMA 模型假设期权市场价格是由上述五个因素决定的均衡的市场价格，不包含随机扰动，所以计算出来的隐含波动率就是在此期权价格下的标的资产理论波动率。但是，实际上期权价格受多方面多因素的影响，而且价格也是不断波动的，不会一直处于均衡状态下的理论价格，故采用隐含波动率法计算的波动率比较容易受到干扰项的影响。在 9.3 节我们通过上证 50ETF 及上证 50ETF 期权的历史价格数据，进行三种波动率的估值计算，同时，将不同波动率估值结果代入 B-S 模型，进行期权理论价格计算，结合计算结果与市场实际价格的差异，评估不同波动率估值方法的有效性。

9.3　不同波动率估值算法有效性的实证研究

9.3.1　上证 50ETF 指数期权波动率实证分析

为了更好地理解不同波动率估值方法的具体计算过程及实际效果，现结合市场实际进行了三种估值方法的有效性检验。在此，我们以 2018 年 4 月 26 日首次在上海证券交易所上市交易的到期日为 2018 年 12 月 26 日上证 50ETF 看涨期权为例。该证券的编号 209000010558。该期权存续期共计 180 天，共有 166 个交易日。期权的行权价格为 2.55 元，计算在此证券存续期内其标的资产的历史波动率和隐含波动率。

股票指数是将一系列同期股票价格进行加权求和产生的新的价格序列。上证 50 指数，简称为上证 50，指数代码 000016，是由上海证券交易所编制的，于 2004 年 1 月 2 日正式发布，基期为 2003 年 12 月 31 日，基点为 1000 点。上证 50 指数是根据科学客观的方法，挑选上海证券市场规模大、流动性好的最具代表性的 50 只股票组成的样本股，用以综合反映上海证券市场最具市场影响力的一批优质大盘企业的整体状况。交易型开放式指数证券投资基金(Exchange Traded Funds，ETF)是一种将跟踪指数证券化，并在证券交易所买卖，为投资者提供参与指数表现的开放式基金产品。上证 50ETF 使得投资者可以像买卖股票一样投资上证 50 指数，基金代码为 510050。50ETF 期权则是上交所以这个 50ETF 为标的推出的期权合约。标的 50ETF 就是参照物和判断物，标的 50ETF 有实时的价格变化，相应的 50ETF 期权交易可以分为“认购期权”和“认沽期权”。认购期权是支付一定权利金成本获得合约到期时以约定价格买入约定数量的 50ETF 基金的权利，也就是我们所说的买权；认沽期权是支付一定权利金成本获得合约到期时以约定价格卖出约定数量的 50ETF 基金的权利，也就是卖权。

对于标准差法历史波动率的计算，我们采用基于过去 180 天①的收益率的标准差来估计历史波动率。将得到的结果再进行年化，这样就能得到标准差法

① 因为存续期内共计 166 个交易日，所以实际交易样本数据共 166 个。

历史波动率的估计值。

从图 9 - 2 中我们可以看出，在 2018 年 4 月 26 日至 2018 年 12 月 26 日的看涨期权存续期内，使用标准差法计算的上证 50ETF 的波动率大致呈上升趋势，说明这个时间区间内上证 50ETF 的价格不确定性在不断提高。同时，我们使用标准差法计算的波动率在此区间的均值为 0.0151。

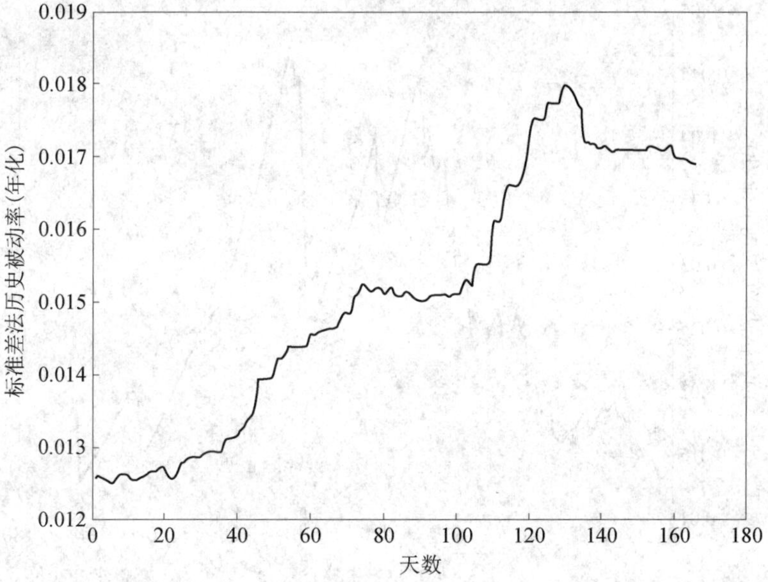

图 9 - 2　标准差法计算得到的历史波动率时序图

随后我们使用 EWMA 法计算历史波动率，将看涨期权首次在上海证券交易所上市交易的日期(即 2018 年 4 月 26 日)设为计算 EWMA 波动率的开始日期。

使用 EWMA 法计算波动率，需要对衰减因子 λ 进行计算，得出适合上证 50ETF 波动率的预测模型。EWMA 模型中的衰减因子估计值为 $\lambda=0.9254$①，因此将这个值代入之前的 EWMA 法波动率计算步骤来计算历史波动率。

由于 EWMA 法将更大的权重赋予最近的收益率数据，因此 EWMA 法计

① 衰减因子 λ 可以按照经验取值，根据摩根大通经验，在计算日波动率时，λ 通常取值为 0.94，在计算月波动率时，λ 通常取值为 0.97。也可以按照数学方法对衰减因子 λ 进行估计，具体的方法有最小均方误差法(RMSE)和 GARCH(1，1)模型。在此，我们利用上证 50 数据进行 GARCH(1，1)模型下衰减因子的计算，获得 $\lambda=0.9254$。

算的历史波动率的时序图相比于标准差法得到的时序图的波动率变动更为剧烈。在波动率上涨时，由 EWMA 法计算的波动率比标准差法计算的波动率上涨更高；在波动率下降时，由 EWMA 法计算的波动率也比标准差法计算的波动率下降更多，如图 9－3 所示。通过计算，EWMA 法计算出的上证 50ETF 波动率在看涨期权存续期间的均值为 0.0260。

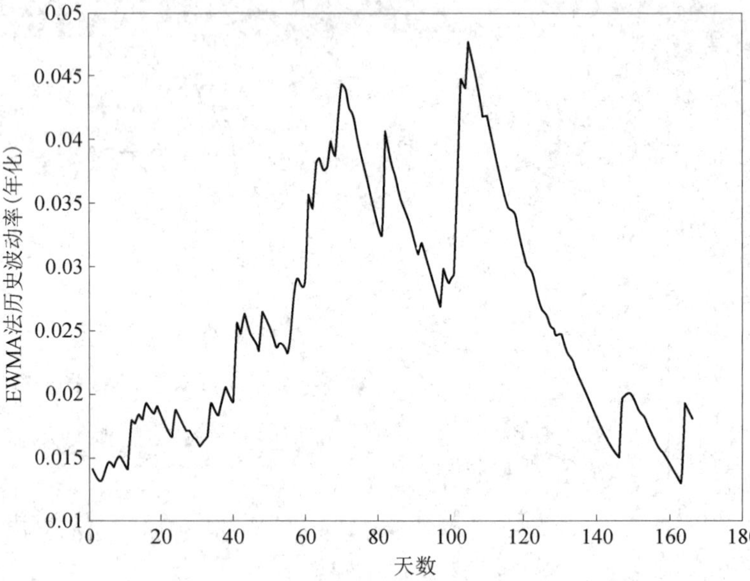

图 9－3　EWMA 法历史波动率时序图

对于隐含波动率，可以通过 B－S 期权定价公式反推得到。得到的隐含波动率本身即为年化形式，故不需要再进行年化。

通过图 9－4 我们可以观察到，在看涨期权(买权)存续期内，上证 50ETF 的隐含波动率大致呈现出波动上升的趋势。看涨期权最后到期日收盘价为 0，故无法计算其隐含价格。并且由于看涨期权存续期内后几天期权价格很低，离到期日特别近，所以隐含波动率计算结果与之前的计算结果偏差明显，误差较大。这里综合考量了以上因素，将隐含波动率计算结果的后面 10 个数据剔除来去除异常值。剔除数据相当于只是改变了预测区间而已，不影响结果。剔除异常值后，在看涨期权存续期内，上证 50ETF 的隐含波动率均值为 0.2140。

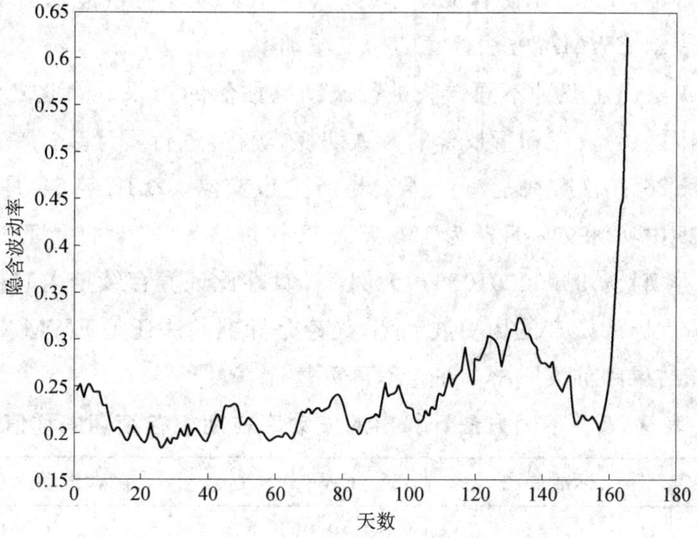

图 9－4　上证 50ETF 买权隐含波动率时序图

通过隐含波动率法计算出的波动率均值最大。EWMA 法相对于简单波动率法，计算出的波动率放大了近期波动率的变动，故其均值相对于标准差法也更大。这些现象可以从图 9－5 中看出来。

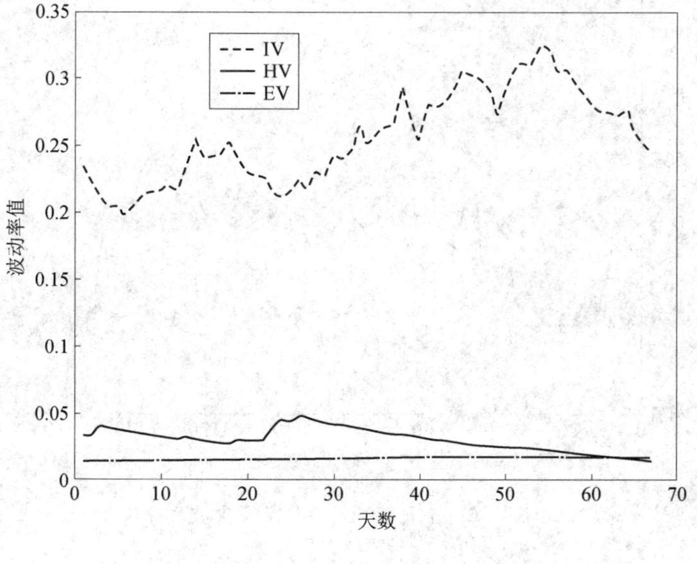

图 9－5　上证 50ETF 不同波动率时序图

图 9-5 中，IV 表示隐含波动率(买权)，HV 表示标准差法计算的历史波动率，EV 表示 EWMA 方法计算的历史波动率。

表 9-1 给出了三种不同方法进行波动率估值的结果。除此之外，我们还对同期、相同标的资产和行权价的看跌期权(卖权)进行了计算。在此，我们以 2018 年 4 月 26 日首次在上海证券交易所上市交易、2018 年 12 月 26 日到期(期权存续期内实际交易日期为 166 天)、行权价格为 2.55 的上证 50ETF 看跌期权(其证券 ID 为 209000010567)为例，计算在此证券存续期内其标的资产的隐含波动率。标的资产的历史波动率(无论是标准差法还是 EWMA 法)的计算方法和计算结果跟前文一样，在此不再重复计算。

表 9-1　不同方法计算出的波动率在期权存续期的均值

不同方法	标准差法	EWMA 法	隐含波动率法(买权)
波动率均值	0.0151	0.0260	0.2140

从图 9-6 中可以看出，看跌期权的隐含波动率和看涨期权的隐含波动率有相似的波动趋势。

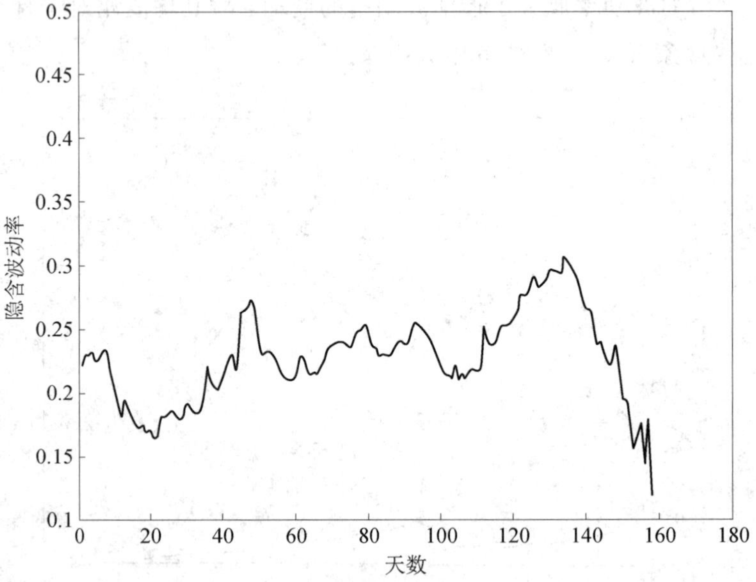

图 9-6　上证 50ETF 卖权隐含波动率

9.3.2　不同波动率估值期权定价有效性的对比分析

1. 价格偏误

为了对三种波动率估值方法的有效性进行对比分析，我们将采用不同波动率估值方法获得的波动率计算结果代入 B－S 公式，获得期权理论价格，并将理论价格与市场价格进行对比，用价格差异的大小来衡量波动率的有效性。在此，我们利用价格偏误来衡量期权理论价格与实际价格之间的偏差。

定义 9－2　价格偏差(PD)为 B－S 模型价格(MP)与市场实际价格(RP)的偏离度，即

$$\mathrm{PD}=\frac{|\mathrm{MP}-\mathrm{RP}|}{\mathrm{RP}}\times 100\% \tag{9-13}$$

价格偏差越大，代表模型价格(理论价格)与市场价格的偏离也越大。

定义 9－3　平均价格偏误(EP)为预测日期内价格偏差的平均值，即

$$\mathrm{EP}=\frac{\sum_{i=1}^{n}\mathrm{PD}_i}{n} \tag{9-14}$$

式中，n 为预测开始日期到预测结束日期价值间的交易日天数。

2. 基于不同波动率估值的看涨期权定价与真实价格偏差分析

在使用 B－S 期权模型进行价格预测时，我们分别使用滞后 1 天、5 天、10 天、一个月和两个月的波动率来进行价格预测。滞后天数 L 表示的是使用 L 天以前的波动率数据来代替预测日的波动率进行期权价格计算。预测的开始日期为 2018 年 9 月 3 日，结束日期为 2018 年 12 月 12 日，预测开始日到结束日共间隔 67 个交易日。

图 9－7～图 9－9 分别是利用滞后天数 L 为 1、10、60 的波动率估值计算的理论期权价格与实际期权价格对比图。图中，IP 表示通过隐含波动率计算的理论价格；HP 表示通过标准差法得到的波动率，进而计算出的理论价格；EP 表示使用 EWMA 方法计算波动率，进而计算出的期权理论价格，RP 是该期权市场的实际价格。

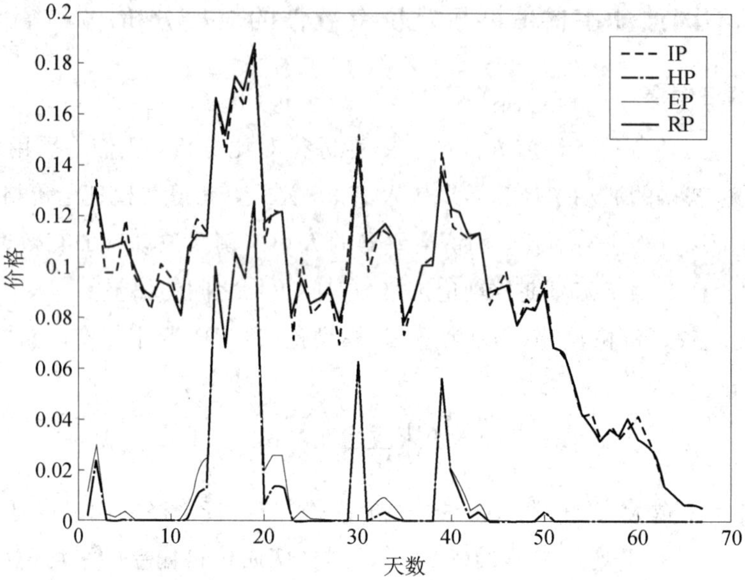

图 9-7　滞后 1 天的预测价格与看涨期权真实价格时序图

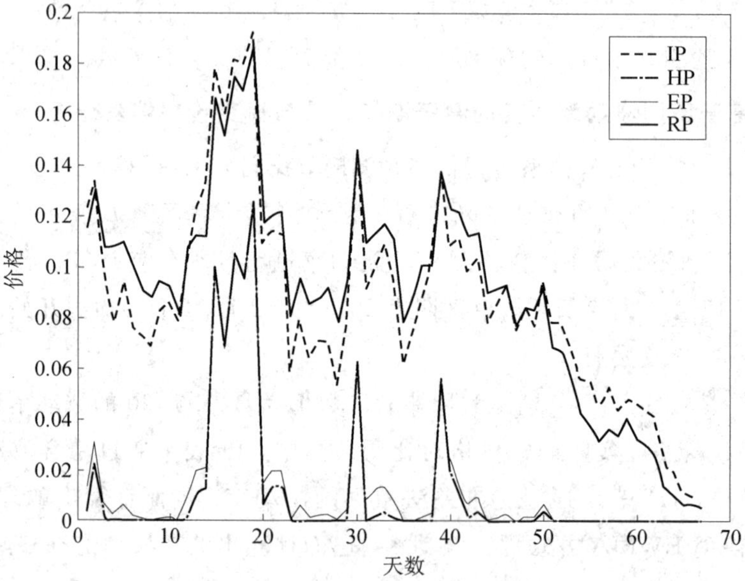

图 9-8　滞后 10 天的预测价格与看涨期权真实价格时序图

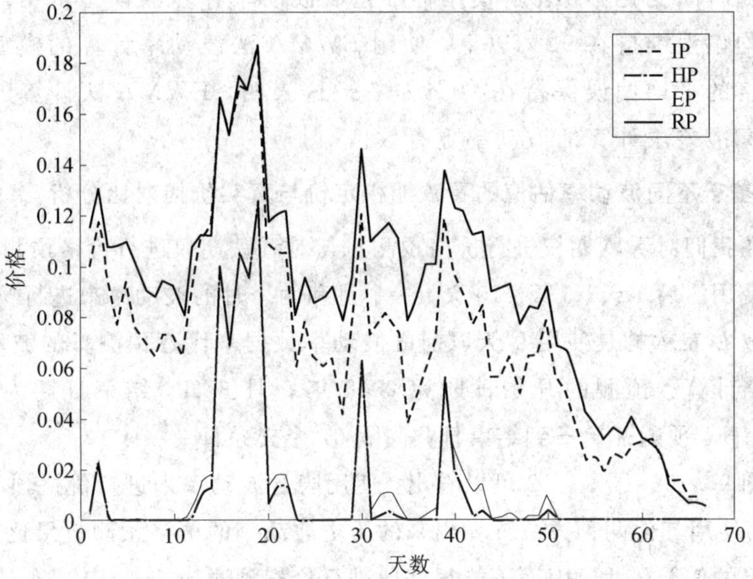

图 9－9　滞后 60 天的预测价格与看涨期权真实市场价格时序图

在使用隐含波动率来预测价格时，我们发现隐含波动率比较适合短期价格预测。随着波动率滞后天数的提高，隐含波动率预测价格的平均偏误基本也在上升。当波动率滞后天数只有 1 天时，利用 B－S 期权定价公式计算出的模型价格与实际价格的平均偏误只有 5.2%，但是滞后 30 天和滞后 60 天的波动率计算的理论价格与实际价格的平均偏误都在 24%以上，如表 9－2 所示。

表 9－2　基于不同波动率计算看涨期权价格的平均偏误

天数	标准差法	EWMA 法	隐含波动率法
1 天	92.60%	90.81%	5.20%
5 天	92.62%	90.56%	11.99%
10 天	92.64%	90.39%	19.97%
30 天	92.71%	89.96%	28.19%
60 天	92.78%	91.01%	24.11%

由表 9－2 可以发现，通过历史波动率计算的理论价格与实际价格的平

均偏误随时间变化不明显，使用标准差法波动率计算的模型价格与实际价格的平均偏误维持在 92%以上，使用 EWMA 法波动率计算的模型价格与实际价格的平均偏误保持在 90%左右。这表明，EWMA 法计算的波动率相对于标准差法计算的波动率更有效。

3. 基于不同波动率估值的看跌期权定价与真实价格对比分析

现在我们对看跌期权进行价格预测。与对看跌期权进行价格预测一样，我们分别使用滞后 1 天、5 天、10 天、一个月和两个月的波动率来进行价格预测。滞后天数 L 表示的是使用 L 天以前的波动率数据来代替预测日的波动率进行期权价格计算。预测的开始日期为 2018 年 9 月 3 日，结束日期为 2018 年 12 月 12 日，预测开始日到结束日共间隔 67 个交易日。

从图 9－10～图 9－12 可以看出，使用隐含波动率来进行价格预测的效果最好，而使用其他两种方法计算出来的历史波动率的价格预测效果比较差，与实际价格的偏差较大，因而不能很好地进行价格预测。

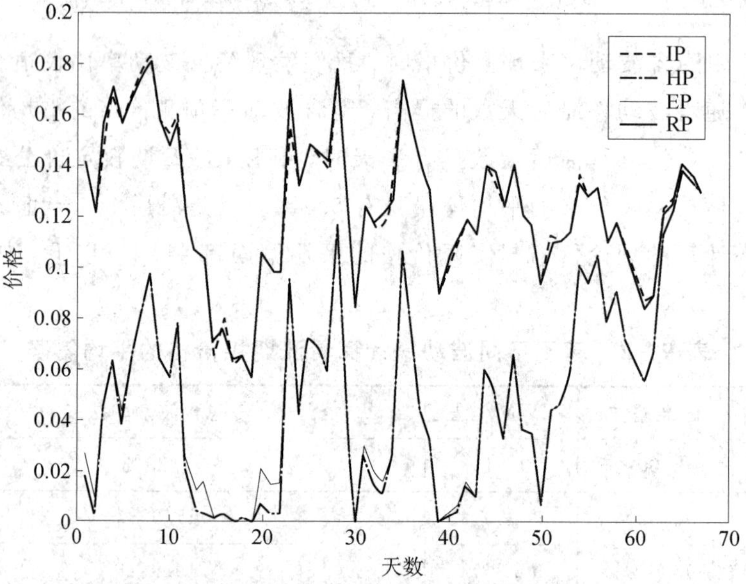

图 9－10　滞后 1 天的预测价格与看跌期权真实价格时序图

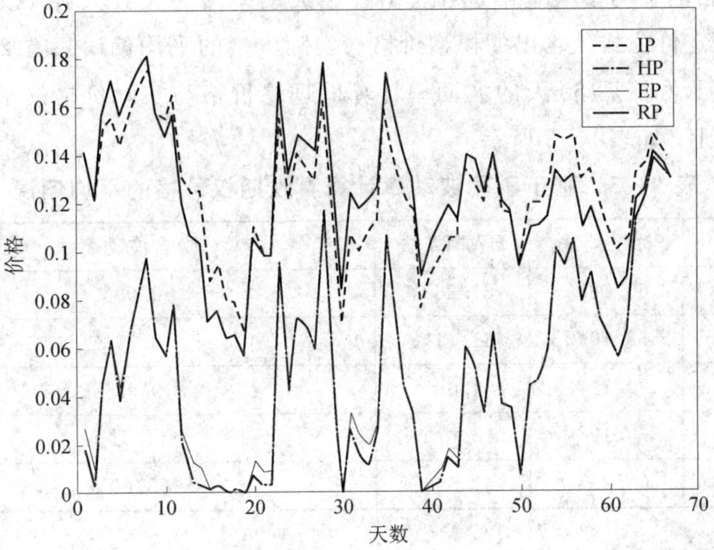

图 9-11　滞后 10 天的预测价格与看跌期权真实价格时序图

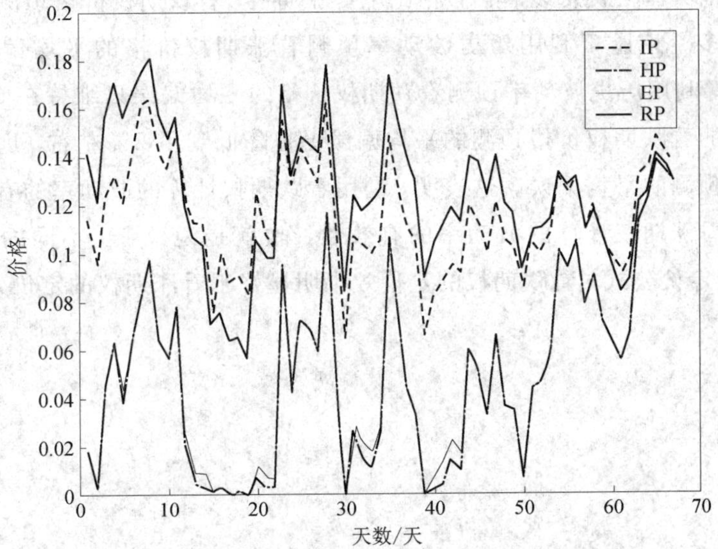

图 9-12　滞后 60 天的预测价格与看跌期权真实价格时序图

跟看涨期权的价格预测一样，在使用隐含波动率来预测价格时，我们发现隐含波动率比较适合于短期价格预测。随着波动率滞后天数的提高，隐含波动率预测价格的平均偏误基本也在上升。当波动率滞后天数只有 1 天时，利用 B－S 期权定价公式计算出的模型价格与实际价格的平均偏误只有 2.09%，但是滞后 30 天和滞后 60 天的波动率计算的理论价格与实际价格的平均偏误都在 11%以上，如表 9－3 所示。

表 9－3　基于不同波动率计算看跌期权价格的平均偏误

天数	标准差法	EWMA 法	隐含波动率法
1 天	63.08%	61.26%	2.09%
5 天	63.10%	61.11%	5.59%
10 天	63.12%	61.08%	9.92%
30 天	63.19%	60.67%	11.71%
60 天	63.26%	61.55%	13.00%

9.3.3　不同波动率估值对买权和卖权估值影响的差异分析

从上面具体实例可以看出，相比于看涨期权，看跌期权价格预测的平均偏误要小得多。相比于利用历史波动率预测看涨期权价格的平均偏误维持在 90%左右，利用历史波动率预测看跌期权价格的平均偏误只维持在 60%左右。滞后 1 天的看跌期权价格预测的平均偏误更是降低到了 2%左右，远低于看涨期权价格预测的平均偏误。这表明，利用看跌期权计算的波动率的有效性明显高于利用看涨期权计算的波动率的有效性。也就是说，基于不同的波动率和 B－S 期权定价公式，看跌期权的定价效果明显好于看涨期权的定价效果。

第 10 章　蒙特卡罗期权定价

基于风险中性定价原则，欧式期权价格为

$$V(S_0, 0)=e^{-rT}E_Q[\text{payoff}(S_T)|S_0]$$

式中，Q 为风险中性概率。

在 B－S 模型中，欧式期权定价公式为

$$V(S_0, 0) = e^{-rT}\int_0^x \text{payoff}(S_T)\cdot f_{\text{GBM}}(S_T, T; S_0, r, \sigma)\mathrm{d}S_T$$

其中，$f_{\text{GBM}}(S_T, T; S_0, r, \sigma)$为$S_T$不同取值的概率密度函数，且根据几何布朗运动的特征，概率密度函数为

$$f_{\text{GBM}}(S_T, T; S_0, r, \sigma)=\frac{1}{S_T\sigma\sqrt{2\pi T}}e^{-\frac{\left[\ln\left(\frac{S_T}{S_0}\right)-\left(r-\frac{\sigma^2}{2}\right)T\right]^2}{2\sigma^2 T}}$$

有以下两种方法可以完成上述积分计算：

(1) 利用数值方法完成积分的近似计算；

(2) 利用蒙特卡罗仿真计算。

这里我们采用第二种方法，即蒙特卡罗定价方法。

10.1　路径独立期权的蒙特卡罗定价

我们的目的是计算价值 $V(S_0, 0)=e^{-rT}E_Q[\text{payoff}(S_T)|S_0]$的欧式期权价格。

期望的计算采用蒙特卡罗方法。在计算之前，首先应选择市场模型。这里我们选择几何布朗运动 GBM 作为市场模型，即$\mathrm{d}S_t=S_t(r\mathrm{d}t+\sigma\mathrm{d}W_t)$。期权定价过程类似于用蒙特卡罗方法进行积分计算。

1. Monte Carlo 仿真欧式期权定价算法

Monte Carlo 仿真欧式期权定价算法过程如下：

(1) 在风险中性概率 Q 下，仿真 N 条标的资产价格路径。

(2) 每条价格路径从S_0开始，到 T 时刻截止，即$x_k:=(S_T)_k(k=1, 2, \cdots, N)$。

(3) 计算每个价格轨迹的到期支付函数 payoff(S_T)：

$$f(x_k):=\text{payoff}((S_T)_k)$$

(4) 计算支付函数的均值，然后利用折现因子e^{-rT}进行折现。只要 $f(x_k)$为无偏估值，那么这就是期权的期望价格。

2. MATLAB 定价程序

对于 GBM 模型，S_T的解为

$$S_t=S_0\exp\left[\left(r-\frac{1}{2}\sigma^2\right)t+\sigma W_t\right]$$

对于路径独立期权，只需要一个随机数来产生一个W_T和S_T，定价结果如图 10-1 所示。

```
T=1; S0=10;
K=12; r=0.05;
sigma=0.1;
m=10000;
ST=[];
payoff=[];
samples=1: n;
hold on
K_LINE(1: 1: n)=K; % for line of K
xlabel('SAMPLES'),
ylabel('price'),
title ('EUROPEAN OPTION PRICING WITH SIMULATION');
% produce m normally distribution random numbers
RandMat=randn(1, n);
% simulation n ST
ST=S0 * exp((r-0.5 * sigma^2) * T+RandMat * sigma * sqrt(T));
payoff=max(ST-K, 0);
plot(samples, ST, '.red', samples, payoff, '* green' , samples,
K_LINE, '-blue');
legend('stock price', 'payoff', 'exercise price');
V0=mean(payoff) * exp(-r * T)
hold off
```

在 1 万次仿真规模下，$V_0=0.0525$。

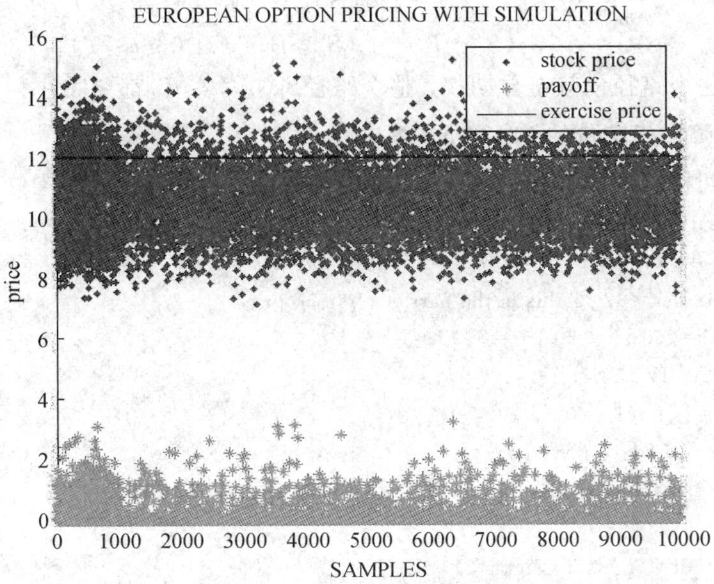

图 10 - 1　独立路径期权定价效果

10.2　路径依赖的路障期权蒙特卡罗定价

对于更一般的期权定价模型，往往没有解析解，而是更依赖于采用数值积分方法来完成对模型的近似求解。基于蒙特卡罗仿真的期权定价包括了以下两层循环：

(1) 外循环形成 N 条仿真路径($k=1, 2, \cdots, N$)；

(2) 内循环形成一条价格发展轨迹：

$$\Delta t=\frac{T}{M};\ t_j=j\times\Delta t$$

for $j=1: M$;

$$Z\sim N(0, 1)$$

$$\Delta W=Z\sqrt{\Delta t}$$

$$S_{t_{j+1}}=S_{t_j}\mathrm{e}^{\left(r-\frac{1}{2}\sigma^2\right)\Delta t+\sigma\Delta W}$$

end;

1. 路障期权支付函数

具有路障 B 的买权也称为下跌即撤销买权，其支付函数为

$$\Psi(S_t)=\begin{cases}0 & (S_t\leqslant B,\ \forall\, t,\ 0\leqslant t\leqslant T)\\(S_T-K)^+ & (S_t>B,\ \forall\, t,\ 0\leqslant t\leqslant T)\end{cases}$$

对于这个路径依赖奇异期权，整个路径$S_t(0\leqslant t\leqslant T)$都要关注。

2. 路障期权定价的 MATLAB 算法

路障期权定价的 MATLAB 算法程序如下：

```
Barrier_option. m
T=1; S0=10; K=12; r=0. 05; sigma=0. 3;
Barrier=8; % this is the barrier of stock price
M=260; N=50; dt=T/M;
payoff=[1: N];
t=[]; t(1)=0;
for i=2: 1: (Nestps+1)
t(i)=t(i-1)+dt;
end
mudt=(r-0. 5 * sigma^2) * dt;
sqdt=sqrt(dt);
sigmadt=sigma * sqdt;
hold on
xlabel('time'), ylabel('stock price'), title ('simulation stock price');
Barrier_LINE(1: M+1)=Barrier;
exercise=1;
% label if a stock path has touch the barrier. exercise=0, touch the barrier, and the path will be exercise, exercise=1, the path will be exercise.
for j=1:1:N
exercise=1;
RandMat=randn(1, M);
Increments=[mudt+sigmadt * RandMat];
LogPath=cumsum([log(S0), Increments], 2);
SPaths=exp(LogPath);
for i=1:1:(M+1)
if SPaths(i) >= Barrier
exercise=0;
payoff(j)=0;
break;
end; end;
if exercise==1
```

```
ST(j)=SPaths(M+1);
payoff(j)=max(ST(j)-K, 0);
end; end;
V0=mean(payoff) * exp(-r * T);
```

该成熟期为一年，初始价格为 10 元，执行价为 12 元，路障 8 元的买权定价结果为 $V_0=0.783\ 110$。

跟踪标的资产价格的发展轨迹，如图 10-2 所示，在 50 条轨迹中，跨越路障的轨迹有 22 条，28 条没有低于路障。

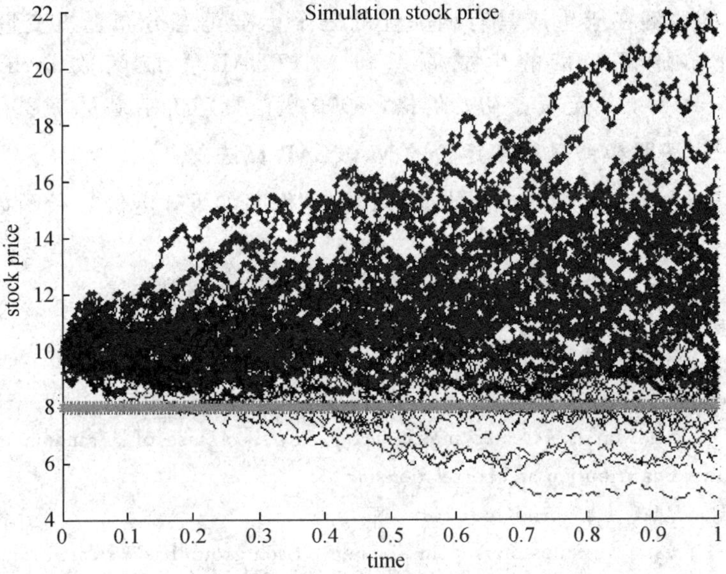

图 10-2　路障期权定价效果

10.3　多资产一揽子股权激励期权蒙特卡罗定价

1. 期权支付函数

假设有三种资产，S^A、S^B、S^C 分别代表苹果公司、谷歌及亚马逊的股票，现设计一个苹果公司股权激励机制期权，期权到期支付函数为

$$\text{payoff}_T=\max(0,\ S_T^A-0.5(S_T^B+S_T^C))$$

其含义为：到期日如果苹果公司股票大于亚马逊加谷歌股票价格的平均值，那么期权激励机制得以执行，获得超额收益作为奖励，否则，期权失效。

三种标的资产的价格发展相关系数如表 10－1 所示。

开始价格为$S_0^A=34$，$S_0^B=100$，$S_0^C=25$。我们可以将其视为路径独立期权，那么可以利用蒙特卡罗算法，生成三种标的资产价格的到期价格样本，按照支付函数模式，完成一揽子期权定价。

表 10－1　三种标的资产价格发展相关系数

$Corr(A,B)=\rho_{1,2}$	$Corr(B,C)=\rho_{2,3}$	$Corr(A,C)=\rho_{1,3}$
0.6357	0.5258	0.5193

这里的关键在于生成具有相关性的三个标准正态分布随机变量。根据多维正态分布随机变量的生成原理和 MATLAB 生成函数 mvnrand(mu, SIGMA, cases)，给定资产初始价格，5000 次仿真定价结果 $V_0=29.1014$。

2. 一揽子股权激励期权定价的 MATLAB 算法

一揽子股权激励期权定价的 MATLAB 程序如下，定价效果图如图 10－3 所示。

```
N=5000;
mu = [0 0 0];
% correlation coefficient matrix of three stock A, B, C
corr= [1 0.6357 0.5193; 0.6357 1 0.5258; 0.5193 0.5258 1];
% RandMat is a N * 3 metric. Each row is a case of 3 random number with standard normal distribution and correlationship.
RandMat = mvnrnd(mu, corr, N);
% create m groups of random numbers, Each group has 3 related random number
samples=1: N;
rfree=0.05; % risk - free interest rate. It is used in discount.
T=1;
S0=[395.28 600.95 211.22];
sigma=[0.2532 0.2917 0.3688];
for i =1: N
    ST_ap(i)=S0(1) * exp(((rfree - 0.5 * sigma(1)^2) * T)+
            sigma(1) * sqrt(T) * RandMat(i, 1));
    ST_g(i)=S0(2) * exp(((rfree - 0.5 * sigma(2) *
            sigma(2)) * T)+sigma(2) * sqrtv0=(T) * RandMat(i, 2));
    ST_az(i)=S0(3) * exp(((rfree - 0.5 * sigma(3) * sigma(3)) * T)+
            sigma(3) * sqrt(T) * RandMat(i, 3));
    payoff(i)=max((ST_ap(i)- 0.5 * (ST_g(i)+ST_az(i))), 0);
```

```
end;
V0=mean(payoff) * exp(-rfree * t);
```

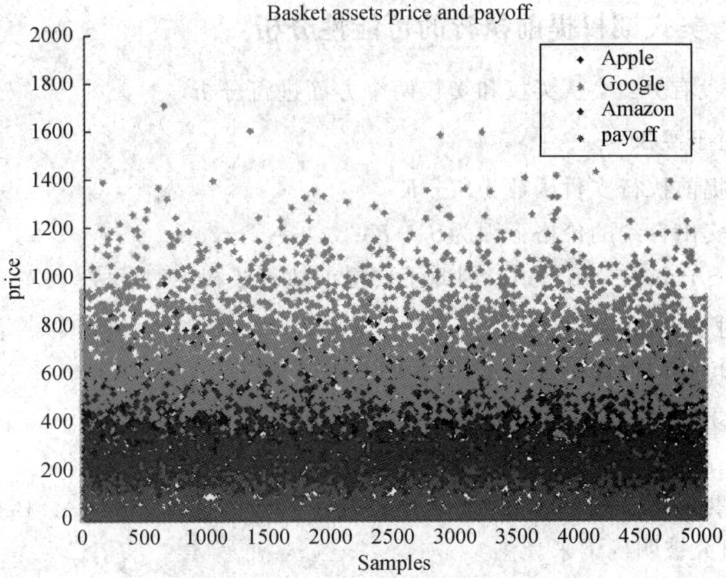

图 10-3　一揽子期权定价效果图

10.4　美式期权定价

10.4.1　美式期权支付函数

美式期权是可以在有效期中任何时间点执行的期权，即执行时间满足 $0 \leqslant t \leqslant T$。美式期权支付函数 payoff($S_t$)：

$$\text{put}: (K-S_t)^+$$
$$\text{call}: (S_t-K)^+$$
$$0 \leqslant t \leqslant T$$

在任何时刻 t，美权的价格 $V(S, t)$ 不能低于其支付函数，否则就没有必要提前执行期权，因此：

$$V_{\text{put}}^{\text{Am}}(S, t) \geqslant (K-S)^+ \quad (\forall S, t)$$
$$V_{\text{call}}^{\text{Am}}(S, t) \geqslant (S-K)^+ \quad (\forall S, t)$$

金融市场中的决策包括出售资产或行使美式期权。我们称这个决定为“停止”，而做出决定的时间称为“停止时间”，用 τ 来描述。

这些决定只能以目前掌握的信息为基础。因此，停止时间必须是非可预期的；即对于任何时间 t，人们必须知道是否作出了决定，即 $\tau\leqslant t$ 或 $\tau\geqslant t$。

10.4.2 美式期权提前执行的可能性分析

假设没有分红，从买权和卖权两个方面进行分析。

1. 对于买权

(1) 提前执行支付函数为S_t-K；

(2) 卖出合约的价格下限为$S_t-Ke^{-r\tau}$，$\tau=T-t$。

由于$S_t-Ke^{-r\tau}>S_t-K$，因此不要提前执行买权。

2. 对于卖权

(1) 提前执行获利 $K-S_t$；

(2) 卖出合约的价值下限 $K e^{-r\tau}-S_t$。

由于 $K-S_t>Ke^{-r\tau}-S_t$，因此提前执行卖权是可能的。

美式期权停止时间(t)的重要性经过法国数学家本苏桑(A. Bensoussan) 1984 的研究被明确下来。

美权支付函数 payoff(S_t)：

$$\text{payoff}(S_t)=(K-S_t)^+$$

美权价格：

$$V(S,0)=\sup_{0\leqslant\tau\leqslant T}E_Q[e^{-r\tau}\text{payoff}(S_\tau)\,|\,S_0=S] \tag{10-1}$$

$$\tau:=[t\,|\,\text{payoff}(S_t)\geqslant V_t^{\text{cont}}] \tag{10-2}$$

这里，sup()为一组数的最小上界。

10.4.3 百慕大期权

百慕大期权是可以在有限的 M 个离散时间点t_j上执行的期权。具体来说，$t_j:=j\Delta t$，$\Delta t:=T/M(j=0,1,\cdots,M)$。

定义百慕大期权价值为$V^{Be(M)}$。由于增加了可执行时间点，因此有：

$$V^{\text{Eu}}\leqslant V^{\text{Be}(M)}\leqslant V^{\text{Am}} \tag{10-3}$$

并且，对于适当的 M，$V^{\text{Be}(M)}$ 可以用来近似美权价格，即

$$\lim_{M\to\infty}V^{\text{Be}(M)}=V^{\text{Am}} \tag{10-4}$$

10.4.4 标的资产价格网格化

标的资产价格发展的预测是完成期权定价的基础。在具体期权定价算法

实现过程中，标的资产价格轨迹的生成、存储及利用是实现期权定价算法构造的前提条件。

1. 标的资产价格发展轨迹二叉树方法的生成与存储

无论是欧权还是美权，二叉树期权定价过程都可以形成一个三维网格空间。其中，时间格点和对应的标的资产价格形成标的资产价格平面(S_t，t)网格，每个结点值为$S_{(j,\ i)}$：$j=0$，1，…，i；$i=1$，2，…，Nsteps，用点代表每个格点；对应于每个价格网格点，很容易获得对应的期权价格，形成第三维空间(S_t，t，V)，用圆圈代表每个期权价格，形成期权价格网格$V_{[\text{Nsteps}+1,\ \text{Nsteps}+1]}$，如图 10－4 所示。

由于采用规则的构造方法，所以标的资产价格网格容易实现，同时，对应的期权价格也容易获得。

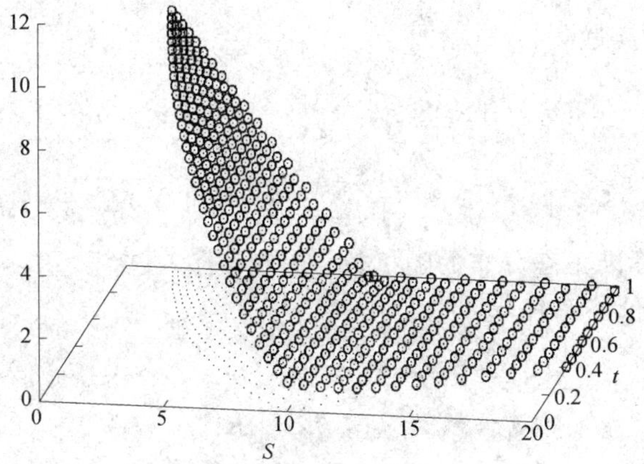

图 10－4　二叉树时间与标的资产、衍生资产价格三维网格图

[R. U. Seydel, *Tools for financial computation* (Berlin: Springer, 2008), P. 19]

创建标的资产网格的算法如下：

(1) 初始化参数：$\Delta t=\dfrac{T}{\text{Nsteps}}$，$\text{Nsteps}=\dfrac{T}{\Delta t}$，$T(\text{Mature})=\text{Nsteps} * \Delta t$，$S_{1,\ 1}=S_0$。

(2) 双循环，外循环形成具有 N 步的二叉树结构，内循环形成每个时间步 i 的 $i+1$ 个价格点，具体计算过程如下：

```
for i=2: N
    for j=1: (i+1)
        S_{j,i} = S_0 u^(j-1) d^(i-j+1);
    end j;
```

end i;

对应标的资产网格形成对应欧权或美权网格结点值，具体计算方法可参考6.3.2小节及6.3.3小节相应的公式。

2. 蒙特卡罗仿真方法构造标的资产价格网格

蒙特卡罗模拟方法假设股票价格符合几何布朗运动，即 $dS=rSdt+\sigma SdW$，S 是股票价格，r 为股票的收益率，σ 为股票价格波动率，dS 为股票价格的细小变动，dt 是时间增量，W 是维纳过程，dW 是维纳增量。根据伊藤定理，股票价格对数满足以下伊藤随机过程，即

$$d(\log S_0)=(r-0.5\sigma^2)dt+\sigma dW$$

因此，股票价格满足以下发展规律

$$S_t=S_0 e^{(r-0.5\sigma^2)t+\sigma W_t}$$

对上式进行离散化：

$$\begin{aligned}(r-0.5\sigma^2)t+\sigma W_t &\approx \sum_{i=1}^{N}[(r-0.5\sigma^2)\Delta t+\sigma\Delta W] \\ &= \sum_{i=1}^{N}[(r-0.5\sigma^2)\Delta t+\sigma\varepsilon\sqrt{\Delta t}]\end{aligned} \tag{10-5}$$

式中，ε 是服从标准正态分布的随机数。

所以，股票价格路径为

$$S_t = e^{\{\log S_0+\sum_{i=1}^{N}[(r-0.5\sigma^2)\Delta t+\sigma\varepsilon\sqrt{\Delta t}]\}} \tag{10-6}$$

或者

$$S_t=S_{t-1}e^{(r-\frac{1}{2}\sigma^2)\Delta t+\sigma\varepsilon\sqrt{\Delta t}}$$

创建标的资产网格的算法如下：

(1) 初始化参数：$\Delta t=\dfrac{T}{\text{Nsteps}}$，$\text{Nsteps}=\dfrac{T}{\Delta t}$，$T(\text{Mature})=\text{Nsteps}*\Delta t$，$S_{1,1}=S_0$。

(2) 双循环形成 M 条价格轨迹。其中，内循环生成一条分为 N 个时间步的价格路径，外循环生成 M 条价格轨迹。

for $i=1:M$

　　for $j=2:N$

　　　$S_{j,i}=S_{j,i-1}e^{(r-\frac{1}{2}\sigma^2)\Delta t+\sigma\varepsilon\sqrt{\Delta t}}$;

　　　end j;

end i;

图10-5是标的资产价格轨迹蒙特卡罗仿真结构图。

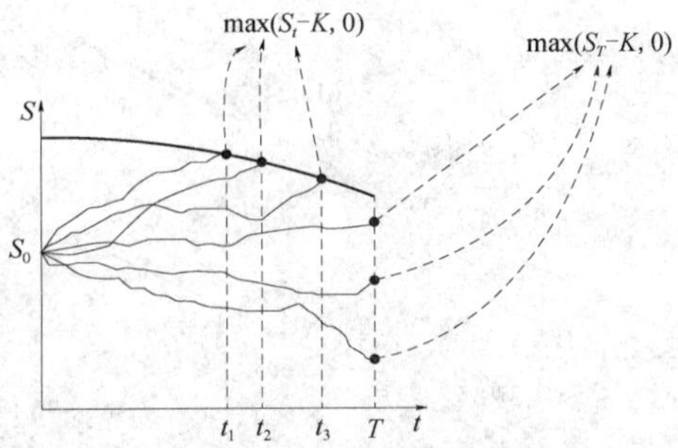

图 10-5　标的资产价格轨迹蒙特卡罗仿真结构图

10.4.5　美式期权二叉树定价算法实现案例分析

在第 6 章中已经给出了美权的二叉树定价算法，这是一个递归过程。在此，我们通过具体实例来描述这个计算过程，从而帮助我们更好地理解蒙特卡罗最小二乘定价算法。

假设一个美权具有如下参数：当前标资产价格 $S_0=41$，执行价 $K=41$，一年期期权在到期日之间划分三个时间步，即 $N=3$。在每个时间步中，标的资产价格或者上涨 $u=1.22$，或者下跌 $d=0.85$，上涨概率 $p=0.45$，下跌概率 $(1-p)=0.55$，无风险利率为 8%。

我们分别进行欧式卖权和美式卖权的价格网格计算，具体算法程序见 6.3.4 及 6.3.5 的内容，具体计算结果如图 10-6 和图 10-7 所示，其中每个节点上的一组数据分别代表该节点的标的资产价格和卖权价格。可以发现，美式卖权价格 $V_0^{Am}=4.484$，欧式卖权价格 $V_0^{Eu}=4.262$，美权价格高于欧权。

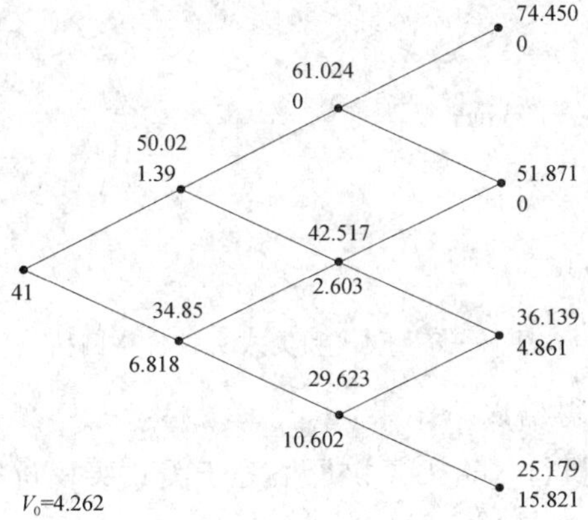

图 10-6　欧式卖权价格网格

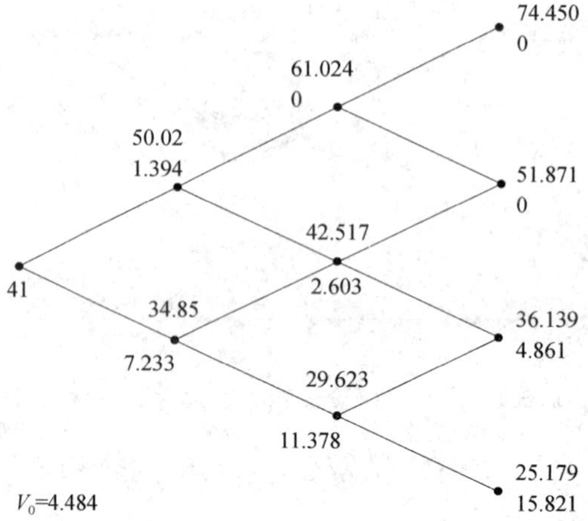

图 10－7　美式卖权价格网格

在同样的参数下，进行欧式和美式买权价格网格计算，如图 10－8 所示，会发现在每个节点上都没有提前执行的可能性，因此，美权价格与欧权价格一致，这也验证了买权从不提前执行的理论分析结果。

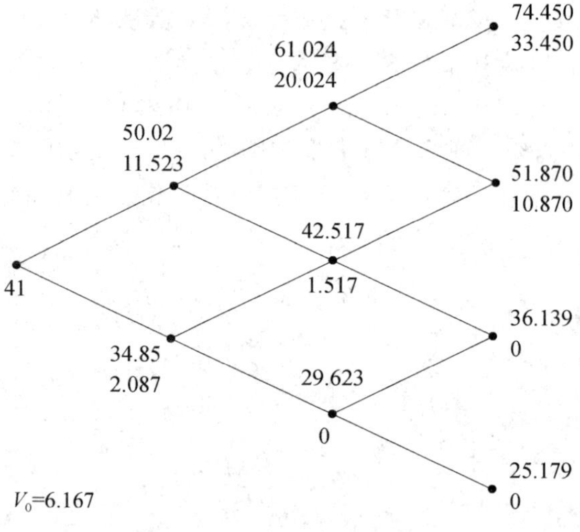

图 10－8　欧式和美式买权价格网格

通过计算实验可得出以下结果：

（1）买权不提前执行，欧式买权价格等于美式买权价格；

（2）卖权有可能提前执行，美式卖权价格可能高于欧式卖权价格。

10.4.6　美式期权最小二乘蒙特卡罗模拟算法

1. 基本原理

最小二乘蒙特卡罗模拟算法(Least Square Method，LSM)是利用蒙特卡罗模拟方法独立地模拟出单条股价演绎路径，然后采用最小二乘法解决单条股价路径无法判断某一节点的期权持有价值的难点，通过多样本数据的回归，获得标的资产价格与期权持有价格回归方程，从而获得每个时刻标的资产对应的期权持有价值的近似解，完成美式期权的定价。

利用 LSM 方法完成美式期权定价也是划分为两个过程，一是对股价路径的模拟，二是对期权价值的计算。

现假设存在一个美式看跌期权，其中 $S_0=1$，$K=1.1$，$T=3$ 年，$r=0.06$，$\Delta t=1$ 年。利用 LSM 定价方法，通过模拟 8 条股价路径，阐述该定价算法的实现过程。

(1) 创建标的资产价格网格 SS，如表 10-2 所示。

表 10-2　8 条仿真股价发展路径

股票价格	$S(t=0)$	$S(t=1)$	$S(t=2)$	$S(t=3)$
path 1	1	1.09	1.08	1.34
path 2	1	1.16	1.26	1.54
path 3	1	1.22	1.07	1.03
path 4	1	0.93	0.97	0.92
path 5	1	1.11	1.56	1.52
path 6	1	0.76	0.77	0.9
path 7	1	0.92	0.84	1.01
path 8	1	0.88	1.22	1.34

(2) 创建期权价格网格 V。

期权价格网格的构造是通过对到期期权价格的回溯，直到 $t=0$ 时刻逐步完成的，从而获得V_0。这个过程与二叉树美权定价方法完全类似，所不同的是回溯过程中每个时点期权继续持有价格形成过程。采用 Monte Carlo 方法形成标的资产网格后，每个时点的期权估值是通过不同仿真轨迹中股票价格样本及期权持有价格样本的最小二乘回归，获得回归方程，从而获得期权持有价格$E_t(e^{-r\Delta t}V_{t+1})$。

① 生成到期日支付函数。

到期时($t=3$)的支付函数值，也是到期的期权价值，如表 10－3 所示，具有如下关系：

$$V(i, T)=\text{payoff}(i, T)=K-S(i, T) \quad (i=1, 2, \cdots, 8)$$

表 10－3　到期日 8 条轨迹的到期支付函数

股票轨迹	$V(T)=\text{payoff}(t=3)$
path 1	0
path 2	0
path 3	0.07
path 4	0.18
path 5	0
path 6	0.2
path 7	0.09
path 8	0

② 回溯时点 $t=2$ 的期权持有价值 HV($t=2$)，结合该时点执行价 EV($t=2$)，优化期权部位，获得该时刻下的美权价格。

在 $t=2$ 时点，HV($t=2$)是下一时点($t=3$)的期权价值的折现，如表 10－4 所示。

$$\text{EV}(t)=K-S_t$$

$$\text{HV}(t)=E_t(e^{-r\Delta t}V_{t+1})$$

对于时点 $t=2$，立即行权具有价值的路径为路径 1、3、4、6、7；而决定这些路径应不应该提前行权，需要对持有价值与行权价值进行对比，选取最优部位。实现这个目的主要的思想是应用一个回归等式，如$V^{\text{con}}(t)=\hat{\beta_0}+\hat{\beta_1}S(t)+\hat{\beta_2}S(t)^2+v$，$S(t)$是时点 $t=2$ 时的路径 1、3、4、6、7 的股票价格，v 是白噪声且服从正态分布 $N(0, \eta^2)$，用公式(10－7)来估计期望持有价值，回归方程的系数采用最小二乘法完成。

$$E[V^{\text{con}}(t)]=\hat{\beta_0}+\hat{\beta_1}S(t)+\hat{\beta_2}S(t)^2 \tag{10-7}$$

表 10-4　时点 $t=2$ 的所有路径持有价值与行权价值

股票轨迹	执行价 EV($t=2$)	持有价 $V^{con}(t=2)$	payoff($t=3$)
path 1	0.02	0	0
path 2	0	0	0
path 3	0.03	0.0659	0.07
path 4	0.13	0.1695	0.18
path 5	0	0	0
path 6	0.33	0.1883	0.2
path 7	0.26	0.0847	0.09
path 8	0	0	0

通过 8 组数据中具有执行价的 5 条路径的标的资产价格及持有价样本数据，获得进行最小二乘回归的自变量 $S(t=2)$、$S^2(t=2)$ 与因变量 $V^{con}(t=2)$ 数据，如表 10-5 所示。

表 10-5　$t=2$ 时用于最小回归的样本数据

股票轨迹	$V^{con}(t=2)$样本	$S(t=2)$样本	$S^2(t=2)$样本
path 1	0	1.08	1.1664
path 3	0.0659	1.07	1.1449
path 4	0.1695	0.97	0.9409
path 6	0.1884	0.77	0.5929
path 7	0.0848	0.84	0.7056

然后进行最小二乘二阶回归，获得回归方程(10-7)的系数[$\hat{\beta}_0$，$\hat{\beta}_1$，$\hat{\beta}_2$]值为[-1.070，2.983，-1.813]，得到方程(10-7)的具体结构为

$$E(V^{con}(t))=-1.070+2.983S(t)-1.813\,S^2(t) \qquad (10-8)$$

将不同 $S(t=2)$ 的取值代入公式(10-8)，可以获得不同的持有价格期望值，如表 10-6 所示。

表 10－6　$t=2$ 时不同路径执行价与期望持有价格对比

股票轨迹	$E(V^{con}(t=2))$	$EV(t=2)$
path 1	0.0369	0.02
path 3	0.0461	0.03
path 4	0.1176	0.13
path 6	0.152	0.33
path 7	0.1565	0.26

对于路径 4、6、7，因为 $EV(t=2)>E(V^{con}(t=2))$，在时点 2 这些路径的期权价值就是相应的行权价值。另外，设定这些路径在后续的时点上的期权价值为 0，如当前时点就是令时点 $t=3$ 的期权价值为 0。对于其他的路径而言，期权的价值就是持有价值。设定期权价值为 0 不是必需的，但是这样做可以增强对于每条路径的最佳行权时点的理解。

③ 对于时点 $t=1$，该时点的持有价值是后续时点的期权价值的折现。时点 $t=1$ 的所有路径的持有价值和行权价值如表 10－7 所示。

表 10－7　时点 $t=2$ 的所有路径持有价值与行权价值

股票轨迹	$EV(t=1)$	$V^{con}(t=1)$	$payoff(t=2)$	$payoff(t=3)$
path 1	0.01	0	0	0
path 2	0	0	0	0
path 3	0	0.06208	0.0659	0.07
path 4	0.17	0.1224	0.13	0.18
path 5	0	0	0	0
path 6	0.34	0.3108	0.33	0.2
path 7	0.18	0.2449	0.26	0.09
path 8	0.22	0	0	0

对于时点 $t=1$ 的行权价值不为零的路径，如路径 1、4、6、7、8，运用回归分析估计期望持有价值 $E(V^{con}(t))$，如表 10－8 所示。

表 10－8　$t=2$ 时用于最小回归的样本数据

股票轨迹	V^{con} 样本	$S(t=1)$ 样本	$S^2(t=1)$ 样本
path 1	0	1.09	1.1881
path 4	0.1224	0.93	0.8649
path 6	0.3108	0.76	0.5776
path 7	0.2449	0.92	0.8464
path 8	0	0.88	0.7744

对三组数据进行最小二乘二阶回归，获得系数值为[2.038，－3.335，1.356]，得到的回归方程如公式(10－9)所示。将不同 $S(t=1)$ 的取值代入公式(10－9)，可以获得不同的持有价格期望值，如表 10－9 所示。

$$E(V^{con}(t))=2.038-3.335S(t)+1.356\,S^2(t) \qquad (10-9)$$

表 10－9　$t=2$ 时执行价与持有价对比

股票轨迹	$E(V^{con}(t=1))$	$EV(t=1)$
path 1	0.0139	0.01
path 4	0.1092	0.17
path 6	0.2866	0.34
path 7	0.1175	0.18
path 8	0.1533	0.22

对于路径 4、6、7，因为 EV＞E(HV)，这些路径在时点 $t=1$ 的期权价值是相应的行权价值。另外，设定这些路径在后续时点上的期权价值为 0，对于其他的路径，期权价值就是持有价值。表 10－10 是 8 条价格轨迹下，不同时刻最优的期权价格。

表 10－10　8 条价格轨迹下不同时刻最优的期权价值

股票轨迹	$t=1$	$t=2$	$t=3$
path 1	0	0	0
path 2	0	0	0
path 3	0.062 08	0.065 9	0.07
path 4	0.17	0	0

续表

股票轨迹	$t=1$	$t=2$	
path 5	0	0	0
path 6	0.34	0	0
path 7	0.18	0	0
path 8	0.22	0	0

④ 美式看跌期权在时点 t=0 的价值为

$$\frac{1}{8}(0+0+0.06208e^{-0.06}+0.17e^{-0.06}+0+0.34e^{-0.06}+0.18e^{-0.06}+0.22e^{-0.06})=0.1144$$

$t=0$ 的时点的立即行权价格是 0.1，这个价格低于这个美权的定价结果 0.1144，所以，这个美权立即行权不是最优的选择。

2. 最小二乘法

最小二乘法也叫最小二乘回归法，是一阶多元线性回归的重要方法。在多元线性回归应用中，为了找到因变量和自变量之间满足的具体关系，往往需要通过众多自变量数据和因变量数据画出散点拟合曲线，进行拟合回归，得出多元线性回归方程。其主要思想就是通过最小化残差平方和来求解多元线性方程的参数。设因变量列向量矩阵为 $\boldsymbol{Y}=(y_1, y_2, \cdots, y_m)^{\mathrm{T}}$，自变量矩阵为 $\boldsymbol{X}=(X_1, X_2, \cdots, X_n)$，其中 $X_i\,(i=1, 2, \cdots, n)$ 为 $m*1$ 的列向量，参数矩阵为 $\boldsymbol{\beta}=(\beta_0, \beta_1, \cdots, \beta_n)$，根据多元线性方程有

$$\boldsymbol{X\beta}=\boldsymbol{Y} \tag{10-10}$$

为了求出参数矩阵 $\boldsymbol{\beta}$，采用最小二乘法回归手段，通过最小化残差平方和，即

$$\min(\|\boldsymbol{X\beta}-\boldsymbol{Y}\|^2) \tag{10-11}$$

对上式求微分，记 $\tilde{\beta}$ 为使得残差平方和最小的参数，可得

$$\boldsymbol{X}^{\mathrm{T}}\boldsymbol{X}\tilde{\boldsymbol{\beta}}=\boldsymbol{X}^{\mathrm{T}}\boldsymbol{Y} \tag{10-12}$$

所以

$$\tilde{\boldsymbol{\beta}}=(\boldsymbol{X}^{\mathrm{T}}\boldsymbol{X})^{-1}\boldsymbol{X}^{\mathrm{T}}\boldsymbol{Y} \tag{10-13}$$

有了回归参数矩阵估值 $\tilde{\boldsymbol{\beta}}$，求不同 X 对应的 $\hat{Y}$ 值，有

$$\hat{\boldsymbol{Y}}=\boldsymbol{X}\hat{\boldsymbol{\beta}} \tag{10-14}$$

$\hat{Y}$ 是 Y 的最小二乘估值。

最小二乘方法也可以进行一元多阶非线性回归，原理与一阶多元线性回归

相类似。例如，上例中：

$$Y=\beta_0+\beta_1 X+\beta_2 X^2+v \tag{10-15}$$

利用$[(X, X^2), Y]$样本数据，可以获得系数$[\hat{\beta_0}, \hat{\beta_1}, \hat{\beta_2}]$的估值，生成回归方程：

$$\hat{Y}=\hat{\beta_0}+\hat{\beta_1}X+\hat{\beta_2}X^2+v$$

代入 X，可以获得 X 的对应近似 Y 值$\hat{Y}$。

蒙特卡罗方法对美式期权定价的难点在于持有价值的确定，最小二乘法将不同路径的第 $n+1$ 期的期权价值 $V(n+2, j)(j=1, 2, \cdots N)$贴现到 $n+1$ 期得到$e^{-r\Delta t}\cdot V(n+2, j)$，将该贴现值与 $n+1$ 期股票价格 $SS(n+1, j)$、股票价格平方$SS(n+1, j)^2$进行最小二乘回归并得到回归参数，之后代入股票价格 $SS(n+1, j)$、股票价格平方$SS(n+1, j)^2$得到该节点期权持有价值的均值 $E(V_{n+1, j}^{con})$，最后结合美式期权行权特点进行美式期权定价。

3. 最小二乘蒙特卡罗美式期权定价算法设计

最小二乘蒙特卡罗模拟算法主要分为两个部分：一部分是股价路径的蒙特卡罗模拟，另一部分是最小二乘美式期权定价。

首先进行股价路径蒙特卡罗模拟。蒙特卡罗模拟方法就是通过随机数大量模拟来覆盖可能发生的各种情况，得出结果。本文根据股票价格路径公式(10－7)，利用 MATLAB 中的 rand()随机数函数刻画离散时点股票的价格增量，按时点叠加生成股票价格路径。

然后进行最小二乘美式期权定价。最小二乘方法中算法设计有两个关键点，一是挑选出实值路径，二是最小二乘回归操作。在 n 时点，先根据执行价格 $EV(t)>0$ 选出实值路径，记录实值路径序列号(index)；其次获得实值路径序列 index 的对应期权价值矩阵：

$$\boldsymbol{y}=e^{-r\Delta t}V(n+1, \text{index})$$

$$\boldsymbol{Y}=\boldsymbol{y}^{T} \tag{10-16}$$

股价矩阵：

$$\boldsymbol{x}=[\text{ones}(1, \text{index})\quad SS(n, \text{index})\quad SS(n, \text{index})^2]$$

$$\boldsymbol{X}=\boldsymbol{x}^{T} \tag{10-17}$$

根据最小二乘法可得参数矩阵 $\boldsymbol{B}$ 为

$$\boldsymbol{B}=\text{inv}(\boldsymbol{X}^{T}\boldsymbol{X})\boldsymbol{X}^{T}\boldsymbol{Y} \tag{10-18}$$

n 时点期权持有价值$V^{con}(t)$为

$$V^{con}(t)=\boldsymbol{XB} \tag{10-19}$$

利用最小二乘方法计算出期权的持有价值$V^{con}(t)$后，就可以按照美式期权特点取 $\max(EV(t), V^{con}(t))$进行期权定价。

综上，进行最小二乘蒙特卡罗模拟定价算法的 MATLAB 程序如下：

```
% parameters setting
s=10; k=12; t=1; r=0.05; sigma=0.3; n=30; M=2*n+1; dt=t/n;
nudt=(r-0.5*sigma^2)*dt;
sidt=sigma*sqrt(dt);
for i=1:M
        Increments=nudt+sidt*randn(1, n);
        ss(:, i)=exp(cumsum([log(s), Increments], 2)');
end
% getting VT
v(n+1, :)=max(ss(n+1, :)-k, 0);
% find the paths which have the point payoff-k>0 to
% regression to produce approach value of VT
for j=n:-1:2
        index=find(ss(j, :)-k>0);
        x=[ones(size(index))' ss(j, index)' ss(j, index)'.^2];
        y=(exp(-r*dt)).*(v(j+1, :)');
        b=inv(x'*x)*x'*y(index');
        conditionalexp=x*b;
% compare the value of hold and exercise to determine the v
        for m=1:size(index, 2)
            if conditionalexp(m)<=ss(j, index(m))-k
                y(index(m))=ss(j, index(m))-k;
            end
        end
        v(j, :)=y;
end
% computing v0
v(1, :)=(exp(-r*dt)).*v(2, :);
% computing American option value at t0
value=mean(v(1, :))
```

在本例($S_0=10$，$K=12$)中，因为美权定价结果$V_0^{Am}=1.1702$，所以应持有这个美权或卖出期权合约而不是立即执行合约。

结 束 语

“金融不是一项旁观者运动”，而是在理论指导下主观与客观相结合的社会实践过程。金融资产定价是按照金融合约条款，依据无套利、风险中性原则及市场有效假设，对未来风险及收益的预期进行在现有认知条件下的公平定价。

如果所有理解金融理论及从事金融实践的人都接受相同的理论、对未来做出相同的判断，那么公平价格(Fair Value)相同，大家都会结合当前市场价格，共同做出买/卖决定，从而引发市场供求变化，在新的认知下，市场价格趋于公平价格；如果市场参与者有不同的主观认知或有不同的理论，那么就会产生异样的价格判断，从而推动市场价格偏离公平价格，并在不同的供求平衡中形成价格发展轨迹。进行金融资产定价过程计算实验，是将自己对市场的认知及对未来的判断在公平定价原则下转化为具体的价格数值，并在具体数字下获得感知，从而做出金融市场发展趋势判断及金融决策。

在现代计算平台、计算技术及计算思维理念下，将金融学习转化为理论与实验、实践相结合的过程，是社会科学发展的进步，更是金融体系更加有效发展的推动力。

参 考 文 献

[1] LEINWEBER D J. Nerds on Wall Street：Math，Machines and Wired Markets [M]. Hoboken：John Wiley &Sons，Inc.，2009.

[2] MARKOWITZ H M. Portfolio selection：efficient diversification of investments [M]. New Haven：Yale University Press，1970.

[3] BLACK F，SCHOLES M. The pricing of option and corporate liabilities [J]. Journal of political economy，1973 (3)：637 - 654.

[4] MERTON R C. Theory of Rational Option Pricing [J]. The Bell Journal of Economics and Management Science，1973(1)：141 - 183.

[5] 郝宁湘. 计算：一个新的哲学范畴[J]. 哲学动态，2000(11)：32 - 35.

[6] KLEENE S C. General recursive functions of natural numbers [J]. Mathematische Annalen，1936 (1)：727 - 742.

[7] CHURCH A. The Calculi of Lambda - conversion [M]. Princeton：Princeton University Press，1941.

[8] TURING A M. On computable numbers，with an application to the Entscheidungs problem [J]. Proceedings of the London Mathematical Society，1936 (37)：230-265.

[9] 张再跃，张晓茹. 数理逻辑[M]. 北京：清华大学出版社，2013.

[10] 王凯宁. 语境与丘奇：图灵论题意义的演变[J]. 科学技术哲学研究，2012(10)：26 - 30.

[11] 程炼. 何为计算主义？[J]. 科学文化评论，2007(4)：5 - 16.

[12] DENNING P J，COMER D E，GRIES D，et al. Computing as a Discipline [J]. Communications of the ACM，1989 (1)：9 - 20.

[13] 冯国瑞. 钱学森关于思维科学的构想[J]. 西安交通大学学报(社科版)，2011(31)：26 - 33.

[14] 李廉. 计算思维：概念与挑战[J]. 中国大学教学，2012(1)：7 - 12.

[15] WING J M. Computational thinking[J]. Communications of the ACM, 2006(3): 33 - 35.

[16] 陈志武. 金融的逻辑[J]. 北京: 国际文化出版公司, 2009.

[17] 肖四如. 金融的逻辑[J]. 银行家, 2012(2): 12 - 15.

[18] HAISS P, SÜMEGI K. The relationship between insurance and economic growth in Europe: a theoretical and empirical analysis [J]. Empirica, 2008(4): 405 - 431.

[19] 蒋超良. 金融开放条件下的金融安全[J]. 中国党政干部论坛, 2008(9): 11 - 14.

[20] 缥缈. 汇率的本质是需求[J]. 股市动态分析, 2005(30): 56.

[21] COX J C, ROSS S A, RUBINSTEIN M. Option pricing: a simplified approach [J]. Journal of Financial Economics, 1979, 7(3): 229-263.

[22] 韩博. 我国银行业上市公司数量与股价波动率相关性实证研究[D]. 西安: 西安交通大学, 2019.

[23] MONGAN J P. RiskMetrics TM: Technical Document [EB/OL]. [2019 - 11 - 12]. https: //www. msci. com/documents/10199/5915b101 - 4206 - 4ba0 - aee2 - 3449d5c7e95a.

[24] BURTON G M, FAMA E F. Efficient Capital Markets: A Review of Theory and Empirical Work [J]. The journal of finance, 1970 (2): 383 - 417.

[25] 韩传祥. 金融随机计算[M]. 台北: 新陆书局股份有限公司, 2011.

[26] OSBORNE M F M. Brownian motion in the stock market [J]. Operations Research, 1959(7): 145 - 73.

[27] BOX G E P, MULLER M E. A Note on the Generation of Random Normal Deviates [J]. The Annals of Mathematical Statistics, 1958(2): 610 - 611.

[28] SAMUELSON P A. Rational Theory of Warrant Prices [J]. Industrial Management Review, 1965(6): 13 - 31.

[29] SEYDEL R U. Tools for financial computation [M]. Berlin: Springer, 2008.

[30] 文德智, 卓仁鸿, 于大杰, 等. 蒙特卡罗模拟中相关变量随机数序列的产生方法[J]. 物理学报, 2012(61): 1 - 8.

[31] BLACK F. Studies of Stock Price Volatility Changes[J]. Meetings of

the American Statistical Association, Business & Economical Statistics Section, 1976 (81): 177 - 181.

[32] 张纯阳. 基于上证 50 的三种波动率估值算法有效性比较研究[D]. 西安：西安交通大学，2018.

[33] SHAKILA S, NORYATI A, MAHERAN M, et al. Assessing the stock market volatility for different sectors in Malaysia by using standard deviation and EWMA methods [C]. AIP Conference Proceedings, 2017.

[34] LONGSTAFF F A, SCHWARTZ E S. Valuing American options by simulation: a simple least - squares approach [J]. Reviews of Financial Studies, 2001(1): 113-147.

[35] BROADIE M, GLASSERMAN P. Pricing American - style Securities Using Simulation[J]. Journal of Economics Dynamics and Control, 1997 (1): 1323 - 1352.

[36] 李挺. 美式期权定价算法设计及优化研究 [D]. 西安：西安交通大学，2018.

致　谢

在完成本书的写作之时，要感谢的人有很多，如我的导师、我的学生、我的同事以及我的家人。

在此，我还要特别感谢我的专业和人生导师——西安交通大学计算机科学家郑守琪教授和苏黎世联邦理工大学金融物理学家 Didier Sornette 教授，是你们让我树立了从一个跟随者到一名引领者的信心和决心。

感谢我的编辑李惠萍女士的支持和包容，让我有时间和空间去完善内容，成就理想。感谢西安交通大学人文社会科学学术著作出版基金的支持。

感谢西安交通大学金融工程专业 51、61、71、81 班的全体同学，是你们的优秀促使我坚持、坚持、再坚持。

感恩相遇、相随、相伴，我将珍存这美好的一切。